A ESTRATÉGIA DO GOLFINHO

Dudley Lynch e Paul L. Kordis

A ESTRATÉGIA DO GOLFINHO
A conquista de vitórias num mundo caótico

Tradução
PAULO CESAR DE OLIVEIRA

EDITORA CULTRIX
São Paulo

Título original: *Strategy of the Dolphin.*

Copyright © 1988 Brain Technologies Corporation.
Copyright © 1988 das ilustrações Bob Hosanna, Michael Leonard e Paul Jensen.

Strategy of the Dolphin ® é uma marca comercial registrada da Brain Technologies Corporation.

Coordenação editorial
Frederico O. P. de Barros

Preparação dos originais
Newton Roberval Eichemberg

Coordenação da revisão
Nilza Agua

Revisores
Liliane Scaramelli
Maria Aparecida Andrade Salmeron

O primeiro número à esquerda indica a edição, ou reedição, desta obra. A primeira dezena à direita indica o ano em que esta edição, ou reedição foi publicada.

Edição	Ano
6-7-8-9-10-11-12-13-14	06-07-08-09-10-11-12

Direitos de tradução para o Brasil
adquiridos com exclusividade pela
EDITORA PENSAMENTO-CULTRIX LTDA.
Rua Dr. Mário Vicente, 368 – 04270-000 – São Paulo, SP
Fone: 6166-9000 – Fax: 6166-9008
E-mail: pensamento@cultrix.com.br
http://www.pensamento-cultrix.com.br
que se reserva a propriedade literária desta tradução.

A *Delphinus Delphis*
Paciência

AGRADECIMENTOS

Conceitual e intelectualmente, há três diferentes conjuntos de idéias onde foram colhidos os conceitos utilizados na produção deste livro.

Um deles é o ponto de vista de que a biologia está intimamente associada às realizações humanas – ou seja, a idéia de que, ao estudarmos os valores e o comportamento humano, estamos nos dedicando a uma tarefa *psicobiossocial*. Para nós, a principal figura aqui é a do falecido dr. Clare W. Graves, que trabalhou durante boa parte de sua carreira no Union College. Um erudito-provocador, Clare Graves se destacava de seus colegas no campo do estruturalismo evolutivo, na psicologia. Até mesmo hoje, ele ainda é pouco conhecido, pois teve de enfrentar diversos problemas de saúde quando se aproximava do auge de seus poderes criativos. Estou grato a Don Beck e a Christopher Cowan, do National Values Center, por me apresentarem pessoal e intelectualmente a Graves, e por compartilharem comigo, de forma genuinamente altruísta, os materiais, modelos e observações de Graves. Também agradeço a Vince Flowers e a Charles Hughes, do The Center for Values Research, ao falecido Arnold Mitchell, do Programa VALS (Values and Lifestyles, Valores e Estilos de Vida), da SRI International, e a mais de 65 outros "estruturalistas evolutivos", cujos trabalhos foram utilizados na criação do código de valores discutidos no Capítulo 4.

Outra grande personalidade cujas idéias permeiam este livro é Buckminster Fuller – Bucky para os milhões de pessoas de todas as partes do mundo que sempre sentirão afinidade com esse pequeno sábio brilhantemente estranho com mente de "science-fiction". Eu o conheci apenas através de seus escritos, de sua arte e de sua rede de admiradores, incluindo David G. Neenan e Marshall Thurber, os quais ajudaram a formar o meu entendimento pessoal dos conceitos de Fuller.

Há, por fim, aquelas mentes perspicazes que contribuíram para o meu entendimento dos sistemas abertos, em especial o cérebro, tanto o do golfinho como o dos seres humanos: Michael Hutchison, autor de *Megabrain*; Frank Robson, o "homem golfinho" de Taradale, Nova Zelândia, que mergulhou em anotações e em fotografias de toda uma existência para me proporcionar o equivalente a um curso de pós-graduação sobre as capacidades dos golfinhos; o sempre imaginativo Doug Michels, criador da futurística estação espacial *Bluestar*, projetada para abrigar tanto o homem como o golfinho; e Kenneth L. Adams, a quem agradeço mais uma vez por sua excepcional capacidade de proporcionar introvisões fundamentais em ocasiões igualmente importantes.

Sei que a minha família me ama, pois, caso contrário, não teria tolerado a perturbação que um projeto como este causa na vida de todos nós. À minha companheira de vida, Sherry Ann Lynch, e às minhas filhas, Kimberly Lynn e Mendy Suzanne, posso apenas dizer mais uma vez o quanto me sinto feliz por ter descoberto vocês em meu oceano pessoal.

O meu parceiro intelectual neste empreendimento, Paul L. Kordis, surgiu em meu horizonte pessoal como se fosse um nascer do Sol, e passarei o restante de minha carreira lidando com as implicações e conseqüências das coisas que aprendi com ele. Eu lhe agradeço, Paul, por sua coragem, imaginação, inteligência e, mais que tudo, por sua tolerância.

A abnegação, o companheirismo e o apoio de diversas pessoas foi crucial em diversas ocasiões, distantes ou próximas: os meus pais, Mabel e Mardell Lynch; John Ludtka, meu conselheiro de longa data; Stan e Barbara Levenson, Gary John, Dave Terrell, Fred Janisch, Paul Gilbertson, Lee Sneath, Pam Deutsch, John A. Jackson, Larry e Linda Hahn, Foy Richey e Lorrie Hart.

Quero agradecer também ao meu agente, John Brockman, e ao meu editor, Adrian Zackheim, que compreenderam imediatamente a respeito do que era este projeto e ajudaram a fazer com que ele se realizasse com extraordinária velocidade e com um mínimo de preocupação.

Quanto aos dois tipos de golfinhos, da terra e do mar, gostaria que soubessem que estou empenhado em dar continuidade a isto que começamos juntos aqui. Estarei em contato.

Dudley Lynch
Fort Collins
11 de outubro de 1988

O paradoxo dos agradecimentos é que é quase impossível ser completamente inclusivo e aceitavelmente breve. Portanto, agradeço aos meus pais, familiares e amigos por terem suportado um escritor em meio a eles e por sua contínua inspiração – e a Pauline Elson, Rich Vliet, Gary Young e Wayne Viney, que em momentos críticos de minha vida deram-me o apoio de que eu precisava quando menos o mereci. Essas pessoas deveriam ser clonadas e distribuídas por todo o universo.

Paul L. Kordis
Fort Collins
11 de outubro de 1988

SUMÁRIO

INTRODUÇÃO 13

1 BUSCANDO UM RESULTADO ELEGANTE: OS GOLFINHOS SÃO AQUILO QUE OS GOLFINHOS FAZEM 19

2 APROVEITANDO A ONDA: OS SEGREDOS ESPECIAIS DOS GOLFINHOS 69

3 LEVANTAR PERISCÓPIO: A CAPACIDADE FUNDAMENTAL DO GOLFINHO DE BUSCAR NOVOS CAMINHOS 93

4 VIVENDO ''VOLTADO PARA UM PROPÓSITO'': EVITANDO O ''DESTINO QUE FAZ SOFRER'' . . . 112

5 ''CONSTRUÇÃO DE VISÕES'': ATRAVESSANDO A ''JANELA DO TEMPO'' DO CÉREBRO 143

6 LIBERAÇÃO PARA UMA ORDEM SUPERIOR: A *PIÈCE DE RÉSISTANCE* DOS GOLFINHOS 169

7 A ORQUESTRAÇÃO DA PERTURBAÇÃO: COMO OS GOLFINHOS ''AMPLIAM SEUS LIMITES'' 206

8 O MUNDO ''AUTOCATALÍTICO'' DO GOLFINHO: PODEMOS MUDAR A TEMPO? 235

NOTAS 260

UMA BIBLIOTECA DE GOLFINHO: SUGESTÕES DE LEITURA 263

OS IMPLEMENTOS PARA O APRENDIZADO DO GOLFINHO 268

INTRODUÇÃO

Na fronteira, a vida floresce.
– James Gleick, *Chaos*

Durante pelo menos quarenta mil anos, e provavelmente por muito mais tempo, as pessoas, suas famílias e suas organizações, tanto comerciais como sociais, têm seguido, na maioria das vezes, duas estratégias para lidar com o mundo.

A *estratégia da carpa.*

E a *estratégia do tubarão.*

Este livro trata de uma nova e poderosa estratégia, que brotou tardiamente, porém de forma plenamente desenvolvida, a partir de um cérebro dotado da compreensão de que o mundo mudou e, portanto, de que também devemos mudar. *O que precisa ser mudado é a qualidade e a quantidade de nossa percepção da complexidade e as nossas habilidades e o nosso nível de comodidade ao lidarmos com ela.*

> O futuro não é mais o que costumava ser.
> ARTHUR C. CLARKE, *THE ADVENTURE OF TOMORROW*

No domínio que têm exercido sobre a história humana, as estratégias de processamento de informações da carpa e do tubarão têm imposto severas restrições sobre aquilo que os seres humanos podem observar e sobre a liberdade de que desfrutam para reagir a um mundo em mudança.

> Idéias têm conseqüências.
> RICHARD WEAVER

As pessoas que utilizam apenas a estratégia da carpa sofrem de uma *hipnose* cegante – uma incapacidade de reconhecer aspectos muito fundamentais do mundo como um todo, e de aceitá-los como verdadeiros.

> Não creio que cheguemos a ver novamente aqueles dias de prosperidade.
> JUDITH LARSEN, *SILICON VALLEY FEVER*

Por outro lado, as pessoas que estão habituadas à estratégia do tubarão são viciadas. Os seus *vícios* e *compulsões* as condenam a serem eternamente "rinocerontes em loja de louças" – ou coisa ainda pior – no âmbito de nossas sociedades, organizações e famílias. Originalmente motivados pelo prazer, os tubarões, a longo prazo, passam a ser motivados pela evitação da dor. Convivendo e fazendo negócios em ambientes com níveis de tolerância cada vez mais próximos, descobrimos que seu excesso de adrenalina e sua

As estratégias da carpa e do tubarão estão profundamente implantadas dentro de nós.

intolerância à cortesia e à flexibilidade tornam-se cada vez mais irritáveis, quando não francamente perigosos.

Tanto a estratégia da carpa como a do tubarão permanecem conosco porque estão profundamente implantadas dentro de nós. Falando em termos mais específicos, estão implantadas em nossas estruturas cerebrais "antigas", isoladas e não-verbais. Não podemos mais eliminar totalmente suas influências e continuar fazendo coisas como dirigir uma empresa de contabilidade, operar uma loja de produtos de beleza, fabricar computadores, comandar um exército ou treinar uma equipe desportiva, da mesma forma como não podemos jogar fora nossa cabeça e ainda nos considerarmos criaturas vivas dotadas da capacidade de ficar sem fundos suficientes num banco. Você reconhecerá imediatamente essas estratégias, a não ser que prefira não fazê-lo; esta seria uma situação do tipo *Catch-22**, pois optar por não reconhecer alguma coisa de valor é, em si mesmo, o uso de uma das estratégias. No caso, a estratégia da carpa.

O cérebro "antigo" nos oferece três alternativas de comportamento para reagirmos aos acontecimentos externos: *lutar, fugir* ou *nos imobilizarmos*. Uma carpa (isto é, uma pessoa que utiliza a estratégia da carpa) geralmente recorre apenas a duas dessas opções, fugir ou imobilizar-se. Obviamente, as carpas são muito predadas; todavia, se alguém se der ao trabalho de permanecer nas águas das carpas, em meio a muitos amigos-carpas, e fazendo principalmente trabalhos de carpa, em determinadas ocasiões essa pessoa será capaz de levar uma vida relativamente segura. Se tiverem uma escolha, as carpas geralmente vão em frente. No entanto, se puderem, elas evitam inteiramente fazer escolhas. George Bernard Shaw reconheceu a assinatura dinâmica da estratégia das carpas. "Liberdade [a liberdade de fazer escolhas] significa responsabilidade", escreveu ele. "É por isso que a maioria dos homens [e das mulheres**] a teme."

> Você não pode sequer encher de ar os pulmões uma só vez se Deus assim não o desejar.
> FAZENDEIRO DE SESSENTA ANOS DE GURHA, ÍNDIA

> O orgulho da nossa nação está nos nossos cemitérios.
> HINO AFRICANO

> *Je me debrouille.* (Eu me viro, eu dou um jeito, eu improviso.)
> DITO POPULAR NO ZAIRE

---

* Paradoxo no qual as supostas alternativas se cancelam umas às outras, não restando nenhum meio de escapar de um dilema. (N. T.)

** Shaw recusou assumir responsabilidade pelo reconhecimento, em seu uso da língua inglesa, de que um pouco mais da metade da raça humana é constituída de mulheres. "Carpejando", por assim dizer, ele utilizou o "homens" literário para conotar o "humano" genérico. É esse o caminho cômodo. Francamente, sentimos desconforto com a necessidade de endereçar esse problema a uma nota de rodapé, e totalmente insatisfeitos com o fato de que o inglês literário ainda não descobriu uma solução para isso, ou para a charada do ele/ela. Em *A Estratégia do Golfinho* utilizaremos qualquer dos pronomes que incite nossa fantasia no momento. Como dissemos em nossos contratos com o distribuidor no Brain Technologies Corporation: "Qualquer referência ao gênero masculino é igualmente aplicável ao gênero feminino, e vice-versa."

Há ocasiões em que faz sentido ser uma carpa dentro de uma organização. Posteriormente, discutiremos isto com maiores detalhes. Há também casos em que faz sentido ser um tubarão, o que iremos igualmente discutir com genuíno entusiasmo. A estratégia do tubarão é, muitas vezes, vista como uma estratégia voltada para produzir um ganho pessoal, independentemente dos custos. Quando você precisa nadar nas vizinhanças de tubarões, as regras são bastante claras:

- Descubra qual o aspecto dos tubarões e quem são eles ("os tais com dentes aguçados").
- Não os menospreze e faça um bocado de barulho.
- Não ande por aí junto com os peixes que servem de isca ("as carpas").
- Não tenha medo de afugentar um tubarão quando algum deles se aproximar de você com o nariz empinado ("às vezes basta uma boa pancada no focinho").
- Se for mordido, não sangre.
- Não se canse nadando contra a maré.
- E o mais importante de tudo: encontre alguns outros golfinhos para nadarem ao seu lado.[1]

Os "verdadeiros" golfinhos são algumas das criaturas mais apreciadas das profundezas. Podemos suspeitar que eles sejam muito inteligentes – talvez, à sua própria maneira, mais inteligentes do que o *Homo Sapiens*. Seus cérebros, com certeza, são suficientemente grandes – cerca de 1,5 quilograma, um pouco maiores do que o cérebro humano médio – e o córtex associativo do golfinho, a parte do cérebro especializada no pensamento abstrato e conceitual, é maior do que o nosso. E é um cérebro, como rapidamente irão observar aqueles fervorosos entusiastas dedicados a fortalecer os vínculos entre a nossa espécie e a deles, que tem sido tão grande quanto o nosso, ou maior do que o nosso, durante pelo menos 30 milhões de anos.

O comportamento dos golfinhos em volta dos tubarões é legendário e, provavelmente, eles fizeram por merecer essa fama. Usando sua inteligência e sua astúcia, eles podem ser mortais para os tubarões. Matá-los a mordidas? Oh, não! Os golfinhos nadam em torno e martelam, nadam e martelam. Usando seus focinhos bulbosos como clavas, eles esmagam metodicamente a "caixa torácica" do tubarão até que a mortal criatura deslize impotente para o fundo. Todavia, mais do que por sua perícia no combate

> Qualquer homem de negócios realmente bom tem um traço de barracuda dentro de si...
> EXECUTIVO NORTE-AMERICANO DA ÁREA COMERCIAL. CITADO EM *THE WALL STREET JOURNAL*

> Muitos investidores têm sido logrados pela trapaça da *Aparência de Vencedor*. Eles são seduzidos a embarcar numa especulação comercial que brilha intensamente com o esplendor do sucesso. Ferraris novas e reluzentes. Escritórios que mais se parecem com palácios. Trajes de seda feitos sob medida. Botas de pele de avestruz combinando com a maleta. Anéis de brilhante cor-de-rosa. Divertimentos e jantares extravagantes. "Encontros de negócios" em lugares exóticos. A lógica superficial é a seguinte: "Eles devem estar ganhando rios de dinheiro para gastar desse jeito", e "Afinal de contas, nada é tão bem-sucedido como o sucesso."
> G. RAY FUNKHOUSER E ROBERT R. ROTHBERG, *THE PURSUIT OF GROWTH*

> Estamos numa era onde se presume que a tendência limitadora para uma especialização é lógica, natural e desejável. Conseqüentemente, a sociedade espera que todas as comunicações sinceramente responsáveis sejam breves e enérgicas.

Os avanços da ciência nos permitiram agora descobrir que todos os casos conhecidos de extinção biológica foram causados por uma especialização excessiva, cuja concentração exclusiva em genes selecionados prejudica a adaptabilidade geral. Desse modo, o rápido sumário do especialista, que sempre tem em vista a brevidade, é de valor duvidoso. Enquanto isso, a humanidade tem se privado de um entendimento abrangente. A especialização gerou sentimentos de isolamento, de futilidade e de confusão entre as pessoas. Ela também fez com que os indivíduos transferissem para outros a responsabilidade pelo pensamento e pela ação social. A especialização gera preconceitos que acabam se agregando na forma de conflitos internacionais e ideológicos, que, por sua vez, têm como resultado a guerra. BUCKMINSTER FULLER, *SYNERGETICS*

Nossa esperança: que possamos aprender a deixar de interpretar os nossos fracassos como sucessos.

ao tubarão, escolhemos o golfinho para simbolizar as nossas idéias sobre como tomar decisões e como lidar com épocas de rápidas mudanças devido às habilidades naturais desse mamífero para pensar construtiva e criativamente. Os golfinhos pensam? Sem dúvida. Quando não conseguem o que querem, eles alteram os seus comportamentos com precisão e rapidez, algumas vezes de forma engenhosa, para buscar aquilo que desejam.

Se os golfinhos podem fazer isso, por que não nós?

Achamos que podemos.

A estratégia do golfinho exige que pensemos a respeito do modo como pensamos. Isto eleva em uma ordem de magnitude as capacidades humanas de competir e de se modificar. Com uma torção do caleidoscópio mental e emocional, o golfinho (da variedade humana) modifica a natureza, as regras e, talvez, o local onde está se desenrolando o jogo e, até mesmo, os próprios jogadores. Os golfinhos apreciam, utilizam, exploram e experimentam ao máximo a capacidade de um cérebro humano plenamente envolvido, integrado e altamente social (interiormente) de ajudar a si mesmo e a outros cérebros a fazerem uma avaliação crítica de suas decisões. O resultado é, com freqüência, um oceano de idéias, um turbilhão de possibilidades, um despertar do nosso potencial. Isto corresponde a uma maneira de sair de um tanque cheio de tubarões, a qual se torna subitamente visível e se revela tão surpreendente que é o equivalente mental de um soco no plexo solar.

Você poderia pensar que o início da Era Atômica assinalou a necessidade de um processo de pensamento radicalmente novo para se lidar com as questões humanas. Contudo, esse divisor de águas não foi um evento assim tão dramático. Ao contrário, foi preciso algo como o embargo do petróleo – um evento *global* – para marcar de forma indelével em nossas mentes o fato de que tínhamos atravessado um Rubicão a tal ponto significativo que as estratégias da carpa e do tubarão tornaram-se obsoletas quando se está operando e manobrando na linha avançada das mudanças. Assim, o mundo que fez esse tipo de raciocínio tão necessário e fascinante data, na verdade, do início da década de 70.

Ao escrever este livro tivemos a esperança de poder ajudá-lo a evitar, regularmente e com um mínimo de esforço, as principais armadilhas das estratégias da carpa e do tubarão:

a exasperadora capacidade de os cérebros contemporâneos "interpretarem seu comportamento como bem-sucedido mesmo quando ele os acaba conduzindo inevitavelmente a um fracasso".[2]

É variável a facilidade com que as diversas categorias de pessoas e de organizações podem alcançar a "golfinização". É óbvio que algumas terão de lutar com as "barreiras naturais da alma" para fazer isto acontecer. Por exemplo: os adeptos dos nossos sistemas de crenças tradicionais e autoritários – incluindo a maioria das nossas corporações e outras burocracias – vão ser desafiados pela idéia de se permitir o surgimento de uma nova dimensão de abundância pessoal. Para citar um outro exemplo: os pensadores da "Nova Era", com todo o seu notável potencial, precisam reunir coragem para se confrontar com mais uma verdade sobre si mesmos: a de que estão mais perto do que nunca de um salto quântico em seu poder pessoal, mas ainda não tomaram consciência disso nem lhe deram o devido valor, e que, ao agirem assim, estão se diminuindo e privando-se de seus benefícios. E *todos* aqueles que tiverem a aspiração de ser vencedores na década de 90 e nos anos seguintes devem encarar seriamente o tema subjacente a este livro: para ser bem-sucedido na espécie de mundo que, de certa forma, antecipa aquilo que veremos no século XXI, você precisa desenvolver *um novo tipo de mente.*

Ao optarmos por batizar esse novo tipo de mentalidade com o nome do mais antigo símbolo de inteligência do mundo – *delphinus delphis* – estamos sendo inspirados mais por sua tenacidade, pelo seu encanto, pela sua intuição e pela sua inteligência do que pelo seu comportamento real como a espécie dotada do melhor cérebro do oceano. Todavia, temos de admitir que há semelhanças muito interessantes entre os golfinhos do mar e a subespécie dotada de uma nova forma de pensamento, o *homo sapiens delphinus*, que estamos descrevendo.

- Golfinhos de ambas as variedades – do mar e da terra – prosperam num ambiente difícil.
- Ambos estão sempre vigilantes, interpretando as correntes, buscando informações e monitorando desenvolvimentos.
- Ambos nadam bem em qualquer oceano, flutuam em qualquer corrente e mergulham em qualquer tanque.

O homem sensato se adapta ao mundo; o insensato insiste em tentar adaptar o mundo a si mesmo. Portanto, todo progresso depende do homem insensato.
GEORGE BERNARD SHAW

A vida avança laboriosamente, espiralando-se rumo a níveis cada vez mais altos, pagando um preço para cada avanço... Ela passa para níveis de maior diferenciação e centralização e paga por isto com a perda da regularidade após a ocorrência de perturbações. Ela inventa um sistema nervoso altamente desenvolvido e, portanto, a dor. Ela acrescenta às partes antigas do sistema nervoso um cérebro que lhe confere uma capacidade de consciência que, por meio de um mundo de símbolos, lhe dá a possibilidade de prever e de controlar o futuro.
LUDWIG VON BERTALANFFY, *PROBLEMS OF LIFE*

Um ser humano deveria ser capaz de trocar uma fralda, planejar uma invasão, abater um porco, pilotar um navio, projetar um edifício, compor um soneto, fazer um balanço contábil, construir uma parede, encanar um osso, confortar um moribundo, receber ordens, dar ordens, cooperar, agir sozinho, resolver equações, analisar um novo problema, espalhar estrume, programar um computador, preparar uma refeição saborosa, lutar com eficiência e morrer galantemente. A especialização é para os insetos.
ROBERT A. HEINLEIN, *THE NOTEBOOKS OF LAZARUS LONG*

> A vida acontece com demasiada rapidez para que você possa refletir sobre ela. Seria bom se pudéssemos convencer as pessoas disso, mas elas insistem em continuar acumulando informações.
> KURT VONNEGUT, JR.

- Eles se saem bem operando em conjunto – e agem com competência quando estão sozinhos.
- Se as coisas não estão funcionando, eles muitas vezes procuram implacavelmente algo diferente, algo que *realmente* funcione.
- E, como já dissemos, se for necessário, eles podem matar um tubarão.

Poderíamos argumentar que para nós, seres humanos, a "estratégia do golfinho" é o primeiro sistema realmente novo de buscar o êxito a surgir em quase meio século. Nos últimos 50 anos, as abordagens para se atingir o sucesso ofereceram pouco mais do que uma variação em torno de um tema básico: pense positivamente. Como há muitas outras maneiras de pensar num mundo onde estão ocorrendo inúmeras mudanças – e onde há muitos desafios a serem enfrentados – queremos substituir essa venerável mas ultrapassada idéia por uma ainda melhor: *pense poderosamente.*

Entretanto, queremos fazê-lo de uma maneira que ajude *todas* as pessoas a terem as suas necessidades atendidas.

Que ajude todas as pessoas a serem bem-sucedidas, no limite de suas competências pessoais.

E que faça do mundo um lugar melhor para se viver.

Isso requer um novo tipo de jogador, com um novo tipo de mente. Aqueles indivíduos e aquelas organizações que estiverem dispostos a desenvolver esse tipo de mentalidade serão os participantes preferenciais de um novo tipo de jogo. Esses mesmos indivíduos e organizações é que tornarão possível a todos nós conservarmos a nossa sanidade mental num mundo que se modifica rapidamente.

1
BUSCANDO UM RESULTADO ELEGANTE: OS GOLFINHOS SÃO AQUILO QUE OS GOLFINHOS FAZEM

A estratégia do golfinho é uma busca eficaz daquilo que *funciona*, daquilo que faz sentido. É a busca daquilo que levará a cabo uma tarefa, que nos permitirá atingir as nossas metas e nos trará um futuro em que teremos uma razoável confiança em que o planeta, a humanidade e tantas espécies quanto pudermos levar conosco irão sobreviver e, se possível, prosperar.

A estratégia do golfinho tem uma maneira de assustar as vacas sagradas das outras pessoas.

Os golfinhos não se dão por vencidos nem desistem até que isso faça uma diferença. Quando isto acontece, então eles podem se render.

Embora os golfinhos não sejam muito ideológicos, quando isto for importante eles podem mostrar-se intensamente politizados.

Os golfinhos são inflexíveis em questões de princípios, a não ser que o princípio não faça mais qualquer sentido.

Embora os golfinhos gostem de vencer, eles não precisam que você saia perdendo – a menos que você insista nisso.

Os golfinhos dizem a verdade e, assim, evitam desperdiçar tempo, energia e recursos para manter uma encenação inútil e improdutiva.

Os golfinhos têm uma visão de como eles gostariam que fosse uma corporação, uma organização ou o próprio mundo – mas não se comportam como camicases em relação a isto.

> Tentei durante algum tempo desenvolver um estilo de vida que não requeira a minha presença.
> GARY TRUDEAU

> A fidelidade a uma opinião petrificada nunca chegou a quebrar um grilhão ou a libertar uma alma humana.
> MARK TWAIN

Os golfinhos quase sempre atuam tendo em mente o "quadro geral", mas também conseguem concentrar-se nos menores detalhes. Os golfinhos retaliam rapidamente quando a situação assim o exige, mas perdoam instantaneamente, pois sabem que um ressentimento é uma barreira artificial e, em última análise, insuportável num universo fluido e criativo.

Os golfinhos dão extraordinários líderes e administradores e, num mundo onde colocam suas capacidades superiores de raciocínio tático e estratégico para funcionar, sempre que desafiados eles então acabam mantendo as carpas e os tubarões numa situação cada vez mais desequilibrada e desvantajosa.

M esmo que esteja determinado a continuar sendo uma carpa ou um tubarão, você talvez ache interessante expandir os seus conhecimentos a respeito dos golfinhos e de sua maneira de pensar. Se não fizer isso, você talvez não consiga compreender boa parte do mundo em geral e, em particular, do mundo empresarial dos anos vindouros.

> O homem médio, que não sabe o que fazer com a sua vida, deseja uma outra que dure para sempre.
> ANATOLE FRANCE

Quando os tubarões encontram um golfinho, eles presumem equivocadamente que estão lidando com uma carpa. As carpas, por outro lado, tomam os golfinhos por tubarões. Além do mais, muitas pessoas nas organizações *pensam* que sabem como os golfinhos *são*, mas deixam de perceber muitas distinções sutis – e fundamentais – e ainda encontram outras totalmente ilusórias. Um número ainda maior de pessoas continua ignorando a existência de criaturas como os golfinhos nas organizações e, portanto, nunca consideraram a possibilidade de se tornarem golfinhos, não importando o que *isto* significa e os benefícios decorrentes dessa opção.

Você sabe que existem golfinhos por perto se ainda estiver avançando muito depois que isso devia ter cessado.

É claro que existe aqui uma certa confusão que precisa ser esclarecida.

Primeiro, uma palavra sobre aquilo que os golfinhos não são.

Eles não são "superpeixes" revestidos de platina, nadando arrogantemente pela loja, pelo escritório, pela sala da diretoria ou pelo centro de computação enquanto aguardam o momento certo para nos emprestar sua sabedoria superior, seus formidáveis ideais revolucionários e suas inspiradoras soluções. Quase que a única ocasião em que se pode ter certeza de que há um golfinho em nosso meio é quando continuamos a fazer progressos mesmo depois que, por qualquer critério razoável, isto deveria ter deixado de acontecer desde há muito tempo.

Os golfinhos não são criaturas que vivem de acordo com as regras, mesmo que elas estejam codificadas num livro chamado *A Estratégia do Golfinho*. De fato, na maior parte do tempo eles se parecem com, agem como e, talvez, não consigam resistir à tentação de serem tratados como tubarões ou carpas.

Em muitas ocasiões, os golfinhos podem realmente relutar em fazer uso de seus poderes e de seus conhecimentos de golfinho, comportando-se, por razões táticas ou estratégicas, à maneira de uma carpa, ou saltando sobre uma jugular com a ferocidade de um tubarão. Os golfinhos não são – graças a Deus! – gurus ou pessoas realmente inclinadas às abordagens "vibracionais" ou sensoriais místicas, ocultas ou não-científicas, embora geralmente sejam receptivos a qualquer coisa que funcione.

> Nunca subestime o poder da estupidez humana.
>
> A estupidez é o único crime punido com a pena capital em todo o universo; a sentença é a morte, não existe possibilidade de apelação, e a execução é automática e impiedosa.
> ROBERT A. HEINLEIN, *THE NOTEBOOKS OF LAZARUS LONG*

Embora os golfinhos possam ser "os tais" em suas organizações, muitas vezes assemelham-se mais a "abelhas operárias", principalmente em organizações de alta tecnologia e em outras da era da informação.

Os golfinhos não se opõem a vencer. Se houver pouca coisa em jogo ou se puderem aprender com isso alguma coisa significativa, eles também não se opõem a perder. Eles não relutam em se render, não hesitam em firmar compromissos e não se importam com o calor do conflito nem com os sacrifícios impostos pela luta – se isto fizer *realmente* sentido. Se fizer sentido de forma *elegante*!

Parece-nos, portanto, que quando nos concentramos em coisas que fazem sentido de forma elegante estamos definindo algo que é fundamental para os golfinhos de uma organização. Quando descobrimos pensamentos, sentimentos, ações e intuições que reúnem pessoas de maneira *elegante* estamos encontrando circunstâncias e situações que são atraentes para os golfinhos. Para compreender o valor e o poder do desenvolvimento de nossas habilidades como golfinhos, façamos como eles e vejamos quais são as nossas opções que fazem sentido de forma elegante num mundo em rápido processo de transformação.

O que queremos dizer com "elegante"? Consultando o nosso *Webster's Third New International Dictionary*, descobrimos o significado que procuramos na definição 1 (d): "Caracterizado pela precisão [científica], pela correção e pela simplicidade." As soluções elegantes realmente não aparecem com a freqüência necessária no mundo atual dos negócios devido à invariabilidade, à inflexibilidade e à insensibilidade do pensamento da carpa e do tubarão.

Soluções elegantes nos escapam em muitas negociações porque, na realidade, em virtude dos nossos arraigados sentimentos a respeito do suposto valor da competição e a respeito da vitória e da derrota nas culturas dominantes em nossas organizações, nenhuma das partes chega a ter alguma vez as suas necessidades plenamente atendidas. O popular conceito de "ganha/ganha", cuja origem está no movimento da psicologia humanista, é, muitas vezes, uma quimera – um tipo de negócio desvantajoso feito mais para produzir bons sentimentos do que bons resultados. Repetindo: temos uma profunda tendência para nos congratularmos quando – a longo prazo e considerando de forma mais ampla os nossos interesses – fracassamos.

Como homens e mulheres das cavernas, acreditando que os deuses assim o tinham ordenado, podíamos encarar com indiferença o fato de o alvo da caçada ter escapado. Cultivando cereais nas savanas do mundo, mesmo que a nossa arraigada teimosia nos tenha impedido de enxergar soluções elegantes, nós geralmente ainda tínhamos a nossa terra e a próxima safra para lidar com as conseqüências. Mesmo na Era Industrial, a flexibilidade e uma mentalidade elegante não eram exigidas ou valorizadas em demasia, nem mesmo por Frederick Taylor, o gênio do século XIX que, mais do que ninguém, criou a matriz organizacional para a época, e tampouco pela maioria dos seus descendentes em espírito empresariais.

Agora, no entanto, isso importa.

Percebendo isto, alguns formadores de opinião e teóricos de administração defendem a adoção de respostas cada vez mais rápidas. Como modelo, alguns deles se voltam para o assim chamado *loop* O.O.D.A. – o ciclo de observação, orientação, decisão, em seguida, ação, descrito pela Força Aérea Norte-americana depois de um estudo para descobrir por que alguns pilotos se saíram melhor do que outros nos combates aéreos no tempo da

---

As respostas rápidas podem ser vantajosas; porém não são, de maneira alguma, verdadeiras respostas.

O grande líder é aquele por quem os seus homens, DE BOM GRADO, dão a vida. É este o verdadeiro teste de liderança.
CONTRA-ALMIRANTE CHESTER WARD

Não fui capaz de encontrar um única pessoa em minha organização que estivesse disposta a morrer por mim, muito menos DE BOM GRADO. Isto mostra positivamente que não sou um líder segundo a definição do Contra-Almirante Ward.
A propósito, quando o artigo do Almirante Ward foi publicado, telefonei a ele e lhe perguntei quantas pessoas de sua equipe tinham se oferecido de bom grado para morrerem por ele, em conseqüência do que desligou o telefone na minha cara.
ALMIRANTE H. G. RICKOVER

guerra. Com certeza, há ocasiões em que respostas rápidas são vantajosas ou fundamentais. Em casos como esse, os golfinhos podem reverter para o raciocínio dos tubarões. Todavia, a tática O.O.D.A. não é uma boa resposta quando o desafio consiste em forjar novas e difíceis alianças, exercer o poder de uma forma radicalmente nova ou libertar-se de perspectivas restritivas.

Acreditamos que no final da década de 80 e na de 90 a maioria das organizações bem-sucedidas terá a capacidade de resolver seus desafios e problemas mais fundamentais com elegância. Elegância de golfinho.

Acreditando nisso, vamos agora mergulhar no tanque tendo em mente que em algumas ocasiões devemos agir como uma carpa, em outras como um tubarão e em outras, ainda, pensar como um golfinho. O poder deriva das informações que se tem e da ação com conhecimento de causa.

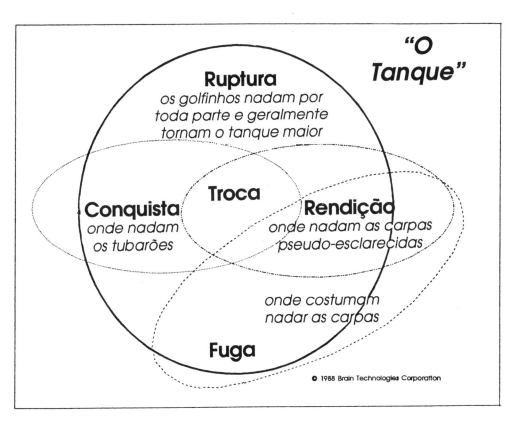

Figura 1.1. Onde as Carpas, os Tubarões e os Golfinhos Nadam

O que é "o tanque"? Fácil. O tanque é *aquilo que é possível*. Em todo o imenso universo? Não, aquilo que é possível no *seu* universo pessoal, no nosso universo e no universo de nossas organizações.

Por isso, os nossos universos pessoais e os de nossas organizações podem ser muito diferentes, dependendo daquilo em que acreditamos.

As carpas e os tubarões acreditam que *vivemos num mundo de escassez* – que existe apenas o suficiente para todos e que, como estamos sempre correndo o perigo de ficarmos sem as coisas de que necessitamos, aquilo que temos e o quanto temos dependem, em grande medida, de nos comportarmos de maneira estruturada e previsível.

Sem que tenham consciência disso, as carpas basicamente repetem para si mesmas, durante a maior parte do tempo e, geralmente, pela vida toda, este tipo de "metodologia de crença":

> **"Sou uma carpa e acredito na escassez. Em virtude dessa crença, não espero jamais fazer ou ter o suficiente. Assim, *se não posso escapar do aprendizado e da responsabilidade permanecendo longe deles, eu geralmente me sacrifico.*"**

Nada posso fazer por mim, pois o demônio usa os meus membros e os meus órgãos, o meu pescoço, a minha língua e os meus pulmões...
MALLEUS MALEFICARUM
(O MARTELO DAS FEITICEIRAS)

Se foi assim, poderia ser; e se fosse, seria; mas como não é, não é. Isto é lógico.
LEWIS CARROLL,
THROUGH THE LOOKING GLASS

A formação de uma carpa geralmente começa na infância, com um ou mais acontecimentos suficientemente traumáticos para que o indivíduo tome, nas profundezas de sua psique, esta incapacitante decisão: *Não sou capaz de vencer; não consigo agora, nem depois e nem nunca.* Com essa crença, o indivíduo passa a se concentrar em não perder. O raciocínio e suas conseqüências tornam-se cíclicos, reforçadores e, na maioria das vezes, auto-realizadores. Como observa o consultor Stewart Emery, em *Actualizations: You Don't Have to Rehearse to Be Yourself*:

> Se nos detivermos para observar, poderemos ver que a maior parte do planeta está jogando o jogo do "embora não possa vencer, como faço para não perder?" Tomada essa decisão, o melhor que podemos obter da vida é nada. Depois que chegamos a esse ponto, a felicidade para nós é a ausência de sofrimento. A ausência do mal é o melhor que se pode obter. Não mais esperamos o bem; apenas torcemos para que as coisas não sejam muito ruins.[1]

Acreditando nisso, nada ameaça – ou enfurece – mais uma carpa do que a possibilidade de abundância. A crença da carpa nos limites é nada menos do que hipnótica. Na tríade do "auto-ódio" (o perseguidor, o salvador e a vítima), que os psicólogos muitas vezes chamam de Triângulo do Drama (primeiramente identificado pelo dr. Stephen Karpman), a nossa carpa fica o tempo todo no canto das vítimas, espremida como sempre entre os outros perdedores e afligindo-se com o infortúnio de tomar conta das outras pessoas e não receber uma atenção correspondente. O fato de viver permanentemente no canto das vítimas autoriza a carpa a todos os papéis – e tormentos – que, nesta nossa era cada vez mais sensível ao males do vício, são descritos – e tornou-se moda assim o fazer – como os "co-dependentes". Co-dependentes do quê? Da oportunidade de evitar ser pessoalmente responsável pelas suas ações e fazer alguma coisa positivamente diferente, sendo sempre um escravo de outra pessoa: de um "perseguidor" (isto é, de um tubarão) ou de outras vítimas que "não podem se arranjar sozinhas". A hipnose que impede a carpa de reconhecer a possibilidade de mudança e de conquista da abundância é algo quase extraordinário para se observar e se analisar, conforme fizeram Anne Wilson Schaef e Diane Fassel. Em *The Addictive Organization*, elas notaram que:

As carpas ficam o tempo todo no canto das vítimas no Triângulo do Drama

> Os co-dependentes [as nossas carpas]... passam a maior parte do tempo compreendendo as necessidades dos outros e captando indicações sutis a respeito do que as outras pessoas esperam delas. Ao mesmo tempo, são astutos observadores. Sabem intuitivamente as respostas requeridas na maioria das situações e reagem de acordo. O controle que exercem sobre a impressão que causam nas pessoas mascara uma grande insinceridade, que é percebida

Perguntaram a uma mulher que tinha recebido ameaças de represálias de gangues por tê-las denunciado à polícia por que ela não ia morar com os pais, no West Side. "Isto apenas serviria para levar o problema até eles. Precisamos saber lidar com os problemas que surgem em nossas próprias vidas."
ADAM WALINSKY

Se for um grande acidente, que receba ampla cobertura, poderá haver um certo grau de evitação a curto prazo o qual tende a diminuir porque as pessoas têm memória curta.
ANALISTA DE AÇÕES DE EMPRESA AÉREA

pelos outros como amabilidade, integridade e uma ilimitada capacidade de ouvir e de compreender. Os co-dependentes raramente abrem o jogo e dizem o que querem. São especialistas em obscuridade, em manipulação, em boatos e em fofocas... Embora socialmente os co-dependentes pareçam pessoas amáveis e generosas, quando trabalhamos ao seu lado descobrimos que, por baixo de um exterior afetado, freqüentemente são rancorosos, deprimidos e extremamente dominadores e manipuladores.[2]

Ao se empenharem em evitar a possibilidade de abundância, as carpas, com freqüência, se consideram moradoras de uma outra parte do Triângulo do Drama. É fácil para as carpas pensar que nasceram para "salvar". No canto dos salvadores, as carpas seguram um aviso que diz: "Consertamos sentimentos, pensamos pelos outros e sofremos as *suas* conseqüências por você." Esse posto de socorro para as vítimas da vida pode gerar belos sentimentos, a sensação de ser útil e de estar "fazendo o bem" – mas só durante algum tempo. Depois notamos que, apesar de nossas ações e intenções aparentemente boas, temos a doença de Rodney Dangerfield: não recebemos consideração por parte dos outros. Os nossos beneficiários não estão seguindo os nossos conselhos nem demonstrando gratidão. Nessa altura, a carpa-*née*-salvadora sente-se traída porque ninguém está disposto a se importar com ela, especialmente aqueles a quem ajuda. Isto, por sua vez, oferece à pessoa que ela supostamente esteve "salvando" a oportunidade de se tornar o perseguidor – para começar, demonstrando indignação por ter sido julgada incapaz de cuidar de si mesma – e, subitamente, a carpa está de volta ao ambiente que lhe é familiar, o canto das vítimas, que é o seu verdadeiro lugar.

Para repelir a oportunidade de se regalar com a abundância e excluir qualquer possibilidade de mudança real, a carpa adere a soluções prescritas por ela mesma e voltadas para impedir a ocorrência de situações de ruptura. Uma vez mais, Stewart Emery é um sagaz observador. Ele identificou as seis soluções primárias que as carpas prescrevem para si mesmas a fim de evitarem assumir responsabilidade pessoal pela obtenção de abundância e realização de mudanças:

Bancar o salvador durante todo o tempo produz a doença de Rodney Dangerfield: não recebemos nenhuma consideração por parte dos outros.

Embora os passageiros das empresas aéreas possam ficar mais irritados do que nunca com a má qualidade dos serviços, os seus atos parecem proporcionar pouco incentivo para que as empresas de transporte corrijam os seus defeitos. Os passageiros freqüentemente voltam a viajar pela mesma companhia de aviação após experiências desagradáveis. Somente nos casos mais extremos as linhas aéreas chegaram realmente a perder dinheiro por causa de falhas no serviço.
THE WALL STREET JOURNAL

- Não tomar parte no jogo.
- Impedir os outros de vencer.
- Não levar até o fim coisa alguma.
- Destruir o jogo.
- Desempenhar a rotina do bom sujeito.
- Tornar-se um problema.[3]

Na Figura 1.1, o tanque, para as carpas, está limitado a uma área alongada no canto inferior direito, caracterizada, de um lado, por um modo de pensar que chamamos de Fuga e, de outro, por um modo de pensar que chamamos de Rendição. O uso consistente da estratégia da Fuga não representa uma grande contribuição para a sua sobrevivência. Em última análise, qualquer das outras estratégias representadas na Figura 1.1 acaba revelando-se melhor do que esta. Por que isto acontece? Porque, como logo veremos, cada uma das outras estratégias ao menos produz um resultado ou cria algum tipo de vínculo ou de relacionamento com os outros. As pessoas que, consistentemente, apanham os seus tacos de beisebol e vão para casa são eremitas, qualquer que seja a sua idade ou o seu jogo. *Eremitas*. Herméticos, fechados, isolados. Na maioria dos casos, a carpa que adota consistentemente a estratégia da Fuga convive com um ou com outro tipo de escassez. Neste caso, a crença é, na verdade, uma precursora da realidade: realidade de carpa, com escassez de carpa.

A longo prazo, a estratégia da Rendição não é muito melhor. De fato, ela pode ser muito pior. Adote a estratégia da Rendição de maneira consistente e você corre o risco de se extinguir. Por quê? Por duas razões que atingem um grau elevado na Escola Richter de resolução de dilemas.

E m primeiro lugar, os jogadores aos quais você tem maior probabilidade de se render são, geralmente, tubarões, e se você continua a não fazer nada a não ser se render, acabará perdendo tudo o que tem. (No que diz respeito a isto, o tubarão terá o mesmo destino, pois acabará sendo forçado a canibalizar os membros de sua própria espécie depois de ter comido todas as carpas.) A outra escolha é jogar com os golfinhos, e eles rapidamente descobrirão que você não tem estômago para lidar com questões desafiadoras e que só pode contribuir com pouco, ou com nada, para a proposição de soluções elegantes; conseqüentemente, eles preferirão nadar com outros parceiros. Frustrado por ser ignorado, humilhado ou excluído, você pode *então*

Para falar a verdade, isto não me incomoda nem um pouco. Eu realmente não me importo com isso. Estou com cinqüenta e cinco anos, tive uma boa vida e acho que temos de partir de uma maneira ou de outra.
MORADOR DA GEÓRGIA FALANDO A RESPEITO DO PERIGO REPRESENTADO PELO GÁS RADÔNIO

Quando as pessoas são livres para agir como lhes aprouver, elas geralmente imitam umas às outras.
ERIC HOFFER

A Fuga o deixa incapaz de dar uma contribuição positiva – de se beneficiar com a colaboração das outras pessoas.

Se você não pode controlar o tempo, não cometa o crime.
DITO QUE CIRCULA NO SUBMUNDO

O ponto mais brilhante da defensiva é a rápida e vigorosa suposição de ofensiva, a rutilante espada da vingança.
KARL VON CLAUSEWITZ

Toda guerra baseia-se no logro... Se você estiver perto, faça parecer que está longe; quando estiver longe, procure dar a impressão de que está perto.
SUN TZU

tentar retaliar passivamente, procurando formas veladas de manipulação e de sabotagem. Ao agir assim, você corre o risco de que o seu golfinho reverta ao comportamento do tubarão. Subitamente, algo que era tido como "certo" – a segurança e a inviolabilidade dos seus vínculos com os outros jogadores – estará sob ataque. Sendo uma carpa, é provável que você passe apressadamente para a Fuga e, ao fazê-lo, elimine-se completamente como um fator a ser levado em conta nas equações que chamamos de "organização", "equipe", "família", "grupo" ou "relacionamento". Qualquer que seja o caso, você não é mais capaz de contribuir ou de receber positivamente. O maior perigo de adotar a estratégia da Fuga está no fato de que você precisa cometer todos os seus erros sozinho. Ela não permite que você se beneficie com as experiências dos outros.

Os tubarões agem de maneira muito diferente. Eles dizem a si mesmos repetidamente e, uma vez mais, de maneira quase que totalmente inconsciente:

> **"Sou um tubarão e acredito na escassez. Em razão dessa crença, procuro obter o máximo que posso, sem nenhuma consideração pelos outros. *Primeiro, tento vencê-los; se não consigo, procuro juntar-me a eles.*"**

O tubarão acredita que precisa haver um perdedor e está determinado a fazer com que este seja uma outra pessoa e não ele. Assim, em vez de migrar para o canto das vítimas, no Triângulo do Drama, os tubarões procuram ficar no canto dos perseguidores. Lá, tornam-se adeptos do "jogo da escassez", e criam organizações e sistemas viciados, que constituem o seu legado para as pessoas que empregam, às quais vendem, das quais compram e com as quais, de uma maneira ou de outra, se relacionam. Você pode inferir que está na zona de perigo constituída pelas águas onde os tubarões se alimentam quando se depara constantemente com:

- **O "trapaceiro".** Se não houver perigo imediato e se você compreender o que estiver acontecendo, pode ser fascinante observar até onde vai um tubarão consumado para evitar ter de assumir responsabilidades. Qualquer que seja sua eventual vítima, o seu propósito é sempre o mesmo: minimizar os riscos (e, portanto, a probabilidade de sofrer) de não ser um vencedor, por menos importante que seja a questão ou as conseqüências desse comportamento.

- **A obscuridade.** A confusão é uma cobertura natural para os tubarões. Além disso, a pessoa ou o grupo que estiver na origem da confusão raramente é objeto de exame, pois todos estão se esforçando para entender o que está acontecendo. Para os tubarões, turvar a água é uma tática tão comum quanto deslizar silenciosamente nas sombras.

- **A negação.** Aquilo que não é reconhecido não pode ser confrontado, coibido, alterado ou sentido. E os tubarões têm uma grande capacidade para evitar a realidade dos fatos. Assim, o maior perigo para o tubarão talvez seja o de acreditar em suas próprias invencionices como um meio de repelir verdades indesejáveis ou desagradáveis.

- **O "pico".** Em seu narcisismo, os tubarões assemelham-se à corrente alternada. Em sua visão deformada, todas as coisas que estão dispostos a reconhecer fluem a favor deles ou contra eles. Por sua própria constituição, não conseguem privar-se durante muito tempo de uma injeção revigorante de uma droga chamada "eu". Como este "eu" não está ligado a um propósito nem a um sentido humano mais amplo, ele contribui para manter viva a sensação de que apenas a escassez é real.

- **A pressuposição.** Visite qualquer feira industrial para efetuar um grande contrato de negócios e você se verá rodeado pela "pressuposição". Todos os estandes são ocupados por tubarões que insistem no fato de que os seus produtos ou as suas abordagens constituem a única resposta *correta* possível. A pressuposição baseia-se na necessidade do tubarão de acreditar que, se tudo o mais falhar, ele ou o seu produto não falharão. Trata-se de um fardo terrível: o tubarão precisa estar certo em 100% do tempo e tem de estar sempre vigilante para esconder os inevitáveis fracassos.

Você precisa reconhecer que é ganancioso. Eu quero mais do que o meu vizinho tem. Quero um carro melhor, melhores roupas; quero que os meus filhos vão para uma escola melhor. Quero uma melhor alimentação em minha casa. São estas as coisas básicas. Além disso, quero conquistar o respeito da comunidade onde vivo – quero que as pessoas saibam que sou um vencedor. Quero ter controle sobre as coisas. Quero tomar decisões. Depois, quero o mais importante: o poder.
CITADO POR JIM WALL EM *BOSSES*

Ele era um jogador exaltado que sofria com as derrotas mais do que o normal. Marv saíra algumas vezes com Freddy, Pete e eu. Quando ganhávamos, ele sempre passava horas agradáveis. Quando perdíamos, ele se mostrava propenso a extravasar sua irritação com quem quer que encontrasse. Se ele se atrapalhava e perdíamos, era pior. Ele se encharcava de *bourbon* e, em algum momento da noite, sabíamos que iria quebrar alguma coisa. Um copo, uma garrafa, uma janela – algo tinha de ser quebrado.
KEN STABLER E BERRY STAINBACK, *SNAKE*

Com a Conquista, você acaba ficando sem vítimas apropriadas.

- **A crise e o poder.** Estar nas garras de alguém ou de alguma coisa significa ser mantido sob controle. Os tubarões querem desesperadamente que você esteja sob o controle deles e, portanto, estão sempre fabricando crises que forçam você a se comportar da maneira como eles querem. Porém, para se deter o controle sobre algo, é preciso uma constante vigilância. Como os tubarões precisam passar boa parte do tempo no perímetro de seus sentimentos e na superfície dos acontecimentos, tentando manter o controle, acabam perdendo contato com os seus processos interiores: suas intuições, emoções, seus propósitos mais profundos. Embora boa parte da vida *possa* ser controlada, um dos paradoxos da existência é que você precisa se entregar, a fim de levar a cabo essa estratégia. Os tubarões preferem até mesmo a ilusão de controle a fazerem algo que possa melhorar as coisas.

Sendo este o caso, não deveríamos estranhar o fato de que duas das principais estratégias no espaço elíptico da Figura 1.1, indicado como "águas dos tubarões", sejam a Conquista e a Troca.

Estas duas estratégias são, de longe, as preferidas por executivos, administradores, proprietários, supervisores, membros de faculdades de administração de empresas, advogados, contadores, banqueiros, investidores e inúmeros outros jogadores que buscam o poder no mundo dos negócios.

Em 1976, o dramaturgo Tom Stoppard fez que o protagonista do seu *Travesties* dissesse: "A guerra é o capitalismo sem luvas." Toda uma geração de administradores modernos comportou-se de modo a endossar o ponto de vista de Stoppard a respeito do capitalismo. No jogo dos executivos, poucos se arrependeram de ter à mão exemplares das obras dos grandes pensadores militares: Sun Tzu, Nicolau Maquiavel, Karl von Clausewitz, Ferdinand Foch. Às vistas de todo o mundo, a estratégia da Conquista dominou tão literalmente a atenção das grandes corporações nas décadas de 70 e de 80 que os "invasores empresariais" tiveram quase tantas manchetes quanto o presidente. Em *The Corporate Warriors*, o escritor Douglas K. Ramsey, especializado em questões empresariais, discriminou nove "princípios" da estratégia militar, que considerava igualmente aplicáveis aos conflitos empresariais, tais como aqueles personificados pelos "invasores":

1. Manobra: é preciso ter flexibilidade, mantendo abertas opções para dispor as tropas em formação de combate, expandir a produção, reduzir preços, e assim por diante.
2. Objetivo: definir claramente o objetivo do combate [que deve sempre ser o de adquirir domínio], definir a situação em que a empresa deverá estar no final da operação.
3. Ofensiva: atacar o inimigo, ou o competidor.
4. Surpresa [do inimigo ou do oponente]: Clausewitz chamava isso de "o fundamento de todas as iniciativas militares".
5. Economia de forças: mobilizar o mínimo de recursos e de pessoal necessário para atingir o objetivo.
6. Massa: "Concentre a sua força", tal como Sun Tzu recomendou.
7. Unidade de comando: linhas de autoridade bem-definidas estendendo-se a partir do oficial-comandante – ou do dirigente principal.
8. Simplicidade: aquilo que os departamentos militares resumem com o acrônimo KISS: *K*eep *I*t *S*imple, *S*tupid (Não complique, Estúpido).
9. Segurança: Manter a lealdade e a discrição dentro da unidade militar ou empresarial.[4]

> Maquiavel era um tremendo esperto.

> Aqui, a base do treinamento é a confiança. É por isso que lhes mostramos como deixar um tanque passar sobre eles. Isso os faz ter mais confiança em si mesmos.
> OFICIAL RESPONSÁVEL POR UMA FORÇA DE OPERAÇÕES ESPECIAIS DOS ESTADOS UNIDOS

> Por falar nisso, a ganância é válida. Acho que a ganância é uma coisa saudável. Você pode ser ganancioso e ainda se sentir bem consigo mesmo.
> IVAN F. BOESKY

Por volta do final da década de 80, alguns dos maiores invasores individuais ajudaram a ilustrar o lado ruim da estratégia da Conquista, da mesma forma como, alguns anos antes, eles tinham se revelado alguns dos exemplos mais visíveis, sonoros e viáveis da eficácia da técnica.

Em vez de passar noites sem dormir negociando com dirigentes de gigantes

industriais como a Gulf, a Unocal, a Phillips Petroleum, a Diamond Shamrock e a Amerada Hess, como tinham feito no passado, alguns dos principais invasores ficaram reduzidos a trabalhinhos ocasionais em seus esforços para obter o controle de outras corporações. Oh, eles ainda estavam por aí, de vez em quando ainda eram manchete e, uma vez que o suprimento de carpas e de tubarões dos Estados Unidos não foi de maneira alguma exaurido, eles ainda causam preocupações em empresas vulneráveis. Não há dúvida de que terão outros triunfos. Todavia, alguns dos invasores empresariais que tinham se mostrado praticamente inexpugnáveis na década passada – quando ganhavam rotineiramente milhões de dólares, mesmo quando perdiam – estavam descobrindo o que poderia ter sido o princípio número 10 na relação de Douglas Ramsey: *Não é fácil destruir aquilo que não podemos encontrar, que não fica parado ou que o destruirá primeiro.* Eles estavam ficando sem alvos fáceis. Os alvos que restavam eram cada vez mais semelhantes aos próprios invasores, e tinham se tornado cada vez mais habilidosos no recrutamento de poderosos aliados entre os *''white knights''*, compradores de papéis podres (alto rendimento, alto risco), emprestadores, legisladores, reguladores e a imprensa.

Embora um tubarão – como o invasor empresarial é com freqüência chamado nas manchetes – possa ter um grande retorno potencial em termos de poder, de influência e de controle utilizando a estratégia da Conquista, isto acontece apenas durante algum tempo. Na verdade, a expectativa de vida de um tubarão não é muito maior do que a de uma carpa, fator que é flagrantemente ignorado no mundo dos negócios. As vítimas fáceis – carpas e outros tubarões – começam a escassear. Cedo ou tarde, à medida que cresce o número dos seus inimigos, à medida que os seus oponentes se tornam mais sábios e ardilosos e que o suprimento de vítimas apropriadas diminui, essa estratégia entra em colapso, reduzindo a zero suas chances de sobrevivência ao ser ultrapassada pelas duas outras estratégias, a da Troca e da Ruptura. Esse fenômeno só não é reconhecido de maneira mais ampla porque o suprimento de tubarões humanos parece ilimitado. Embora sempre existam tubarões ensangüentando as águas, as chances de um determinado tubarão sobreviver são alarmantemente pequenas. Aqueles que o conseguem com freqüência o fazem porque são suficientemente sensatos para

---

Aos vencedores nada pode parecer tolice.
SHAKESPEARE, *HENRIQUE IV, PARTE I*, ATO V, CENA I

Desde o jogador de beisebol da Divisão Infantil que irrompe em lágrimas depois de uma derrota de seu time até o estudante universitário que, no estádio de futebol, canta: ''Somos o número um!''; desde Lyndon Johnson, cuja avaliação foi quase que certamente distorcida por seu desejo, expresso várias vezes, de não ser o primeiro presidente americano a perder uma guerra, até o aluno de terceiro ano primário que desdenha de seus colegas por ter se saído melhor num exame de matemática, todos nós manifestamos uma assombrosa obsessão cultural pela vitória.
ELLIOT ARONSON, PSICÓLOGO

migrarem para a estratégia da Troca. Não conseguindo vencer seus adversários, ele agora vai tentar juntar-se a eles.

Em *Dealmaking: All the Negotiating Skills and Secrets You Need*, Robert Lawrence Kuhn, de um banco de investimentos, afirma:

> Chegar a um acordo é a arte de fazer ambos os lados concordarem com uma solução que não agrada a nenhum deles. Desde que todos estejam descontentes, diz o adágio, o acordo é justo.[5]

Um acordo justo. Esta é uma maneira – a maneira do tubarão – de encarar a estratégia que estamos chamando de Troca.

Em *No Contest: The Case Against Competition*, Alfie Kohn nos oferece um outro ponto de vista acerca da Troca:

> Há muitos conselhos a respeito de como ser bem-sucedido – o que vestir, como negociar, e assim por diante – e praticamente todos partem da premissa de que você deve ajustar-se às condições que for encontrando. A adaptação é uma parte fundamental do modelo de auto-ajuda: você precisa ser bem-sucedido dentro das instituições e de acordo com as regras já existentes. Sair-se bem é ajustar-se, e ajustar-se é fortalecer as estruturas às quais você está se ajustando.[6]

Sair-se (suficientemente) bem. Ajustar-se. Fortalecer as estruturas às quais você está se ajustando. *Adaptar-se*. Essas são outras maneiras de descrever a Troca.

Em termos de resultado, uma palavra caracteriza quase qualquer coisa que acontece na estratégia da Troca: moderada.

Há um *moderado* ganho de alguma espécie para todos os jogadores.

Há um *moderado* acesso pessoal ao poder, à influência e ao controle para todos os jogadores.

Há um *moderado* número de opções para todos os jogadores, embora isto diminua com o tempo.

Há somente um *moderado* gasto de tempo e consumo de recursos enquanto o "compromisso" está sendo forjado.

Um grau *moderado* de auto-estima é preservado porque os jogadores perdem apenas uma parte daquilo que desejavam.

> Esse troféu é a verdade, a única verdade. Eu lhe disse para ser duro, para castigar algumas pessoas, para assustar outras... você precisa odiar para vencer. Eu não mandei ele quebrar as costelas de ninguém... Falei que não existe essa história de segundo lugar.
>
> O TREINADOR EM *THAT CHAMPIONSHIP SEASON*, DE JASON MILLER

> Três importantes atitudes – o ignorar o crescente descontentamento dos outros, a primazia da auto-exaltação e a ilusão de um *status* invulnerável – são aspectos constantes da insensatez.
> BARBARA TUCHMAN, *THE MARCH OF FOLLY*

Há, geralmente, um *moderado* valor de sobrevivência na Troca, pelo menos a curto prazo.

Se a estratégia da Troca permite a ocorrência de progresso em tantas frentes distintas, por que deveríamos ser tão cautelosos a ponto de colocar um aviso de perigo ao lado dela? No final das contas, em certos aspectos ela parece um resultado em que todas as partes ganham algo, talvez até mesmo o suficiente para continuarem em frente na busca de coisas maiores e mais importantes.

Em termos de rápida transformação, a Troca não funciona porque se trata, basicamente, de uma estratégia defensiva. Ela não joga em busca do poder, mas sim para minimizar a vulnerabilidade decorrente da fraqueza. Nessa estratégia, não há genuínos "vencedores" porque o objetivo maior é "não perder", obtendo pelo menos *alguma coisa*. A estratégia da Troca irrita porque, quando termina e quando os benefícios são distribuídos, ninguém se sente totalmente satisfeito. As emoções manifestam-se na forma de suspiros e encolhimentos de ombros, e a bebida mais adequada para os velórios não é o borbulhante champanhe mas os fortificantes destilados.

Em *Dealmaker*, as instruções de Robert Kuhn para o fechamento de acordos são todas negativas, próprias de um tubarão:

> Uma cultura competitiva perdura ao custo de arrasar as pessoas.
> JULES HENRY

> Sempre que escuto alguém falar a palavra "cultura" estendo a mão para apanhar o meu revólver.
> HERMANN GÖRING

- Não seja o primeiro a fazer concessões em questões importantes.
- Sugira inicialmente apenas acordos de menor importância.
- Não faça acordos próximos de prazos fatais.
- Aprenda a maneira certa de fazer concessões.
- "Chore" antes de fazê-las.
- Opere de modo a evitar uma ruptura.

Quando usada de maneira consistente, a estratégia da Troca pode reduzir a qualidade de vida que você poderia ter nos períodos mais favoráveis e colocar em risco a própria sobrevivência de sua empresa, sua auto-estima e seu futuro. Por quê? Porque cada vez que se faz uma Troca, aquilo que você esperava ganhar é, na verdade, reduzido pela metade. É por isso que, em nossa maneira de ver, a Troca não representa um resultado do tipo ganha/ganha mas apenas meio ganha/ganha. Um ganha/ganha dividido por 2. É possível, de fato, que você se "adapte" à sua extinção. Toda rã que já morreu cozida numa panela sem tampa serve como evidência. A criatura tem instintos suficientes para acionar a força muscular necessária à sua saída imediata de uma panela com água fervente. Mas se a rã for colocada na sopa quando esta ainda se acha fria ou apenas morna, e se o calor for aumentado gradualmente, será o seu fim. O mesmo pode acontecer com os tubarões e com qualquer outra pessoa que faça o jogo da Troca muitas vezes e durante muito tempo.

Adaptar-se é aquilo que uma rã faz quando o calor é aumentado lentamente.

E quando está disputando com golfinhos, o tubarão que adota a estratégia da Troca não tem muita chance. Os golfinhos são golfinhos porque estão acostumados a utilizar as estratégias de ganha/ganha,[2] ganha/ganha,[3] ganha/ganha[4] e, às vezes, estratégias com um potencial de resultados geométricos ainda maiores.

Examinemos agora a parte do tanque onde os golfinhos nadam, procurando identificar, se pudermos, a característica central que distingue um golfinho de uma carpa ou de um tubarão.

Lembre-se de que tanto as carpas como os tubarões acreditam na escassez. Em virtude dessa crença, eles acreditam que a sua sobrevivência é resultado de seus comportamentos – e do modo como agem. E eles agem de modo característico: carpas Fogem e se Rendem e tubarões Conquistam e fazem Trocas. Em épocas de mudanças mais lentas e em tanques menores, o indivíduo muitas vezes consegue se arranjar como um adepto da crença na escassez; no entanto, em economias avançadas essa estratégia é utilizada cada vez menos. Ela não se mantém quando enfrentamos uma complexidade crescente e quando temos um número cada vez menor de respostas simples. Ela não se mantém quando temos uma interação cada vez maior numa economia global. Ela não se mantém diante de uma superabundância de informações e da necessidade de se acelerar a curva de aprendizagem. Num mundo assim, as carpas e os tubarões correm um risco cada vez maior, pois estão *presos* aos seus comportamentos, pensando equivocadamente que esses *são* os seus comportamentos. Quando confrontados com a necessidade de efetuar mudanças, eles costumam "enterrar-se" cada vez mais fundo nesses comportamentos; tentam continuar com a mesma estratégia e

procuram melhorar os resultados trabalhando com *mais afinco*. Os golfinhos não. Eles acreditam que o seu valor independe dos seus comportamentos. Aos golfinhos, aplica-se o seguinte preâmbulo psicológico:

> **Sou um golfinho e acredito na escassez e na abundância potenciais. Assim como acredito que posso ter qualquer uma dessas duas coisas – é esta a *nossa escolha* – e que podemos aprender a tirar o melhor proveito de nossa força e utilizar nossos recursos de um modo elegante, *os elementos fundamentais do modo como crio o meu mundo são a flexibilidade e a capacidade de fazer mais com menos recursos.***

Sendo adeptos dessa crença, os golfinhos não vêm o ''tanque'' de uma maneira convencional. Visto pelos olhos dos golfinhos, o tanque aparece da forma como é representado na Figura 1.2.

Falamos anteriormente sobre a necessidade fundamental de, em épocas de rápidas mudanças, *pensarmos* de maneira regular, sistemática e estratégica *sobre o modo como pensamos*. Os golfinhos o fazem. Em vez de deixarem que os *comportamentos* determinem quem eles são, os golfinhos *assumem* – em qualquer momento e situação específicos – qualquer comportamento que lhes permita, em primeiro lugar, fazer mais com menos, e, em segundo lugar, procurar obter resultados elegantes (isto é, simples, precisos e inteligentes).

Portanto, é esta a diferença entre a estratégia do golfinho e a maioria das outras estratégias de ''sobrevivência'' atualmente em uso ou em teste: a estratégia do golfinho é uma abordagem *sustentável* e *abrangente* projetada para auferir benefícios jogando partidas finitas a partir de uma perspectiva infinita. Isto equivale a dizer que a diferença entre a estratégia do golfinho e as estratégias da carpa e do tubarão reside no modo como lidam com o fator surpresa.

Este súbito emaranhado de idéias talvez lhe pareça confuso, ou mesmo desanimador. O que são jogos finitos? E o que se ganha no duro mundo da realidade discutindo termos estranhos como

> O mundo abre passagem para qualquer um que saiba para onde está indo.
> DAVID STARR JORDAN

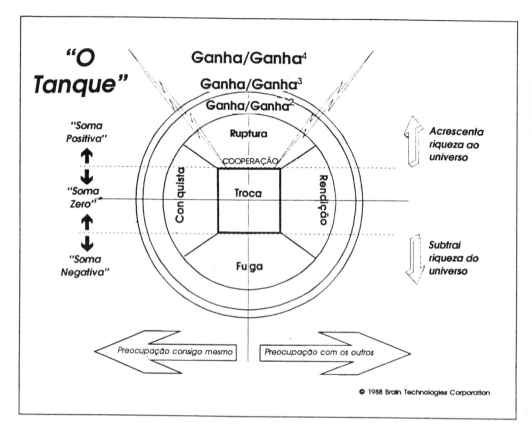

Figura 1.2. Valor Adicionado, Valor Trocado, Valor Perdido

"perspectiva infinita"? Admitimos que isto dá a impressão de que fizemos um grande desvio e fugimos do assunto.

Mas o esclarecimento dessas questões requer apenas poucos instantes e, quando essas idéias se cruzam com o estado de ser dos golfinhos, vemos que elas são muito mais do que relevantes; encontraremos novas respostas para as incertezas e os gargalos que, atualmente, estão atormentando o nosso futuro e o das instituições às quais pertencemos.

As carpas e os tubarões procuram jogar apenas jogos finitos. Num jogo finito, conforme o filósofo James Carse observou tão elegantemente em *Finite and Infinite Games*, procuramos controlar todas as possíveis eventualidades – controlar totalmente o futuro *e* o passado como uma forma de anestesiar o presente. Queremos controlar o jogo, os jogado-

As carpas e os tubarões jogam apenas jogos finitos.

res, o resultado e a platéia. As carpas o fazem repetidamente rendendo-se ou fugindo, e os tubarões sendo impiedosos ao tomarem o que desejam ou ao fazerem pressão para conseguir vantagens nas Trocas. Atualmente, o cérebro humano muitas vezes está programado dessa maneira aberrante por razões em grande parte desconhecidas.

Num jogo infinito que é único, o futuro se aproxima desafiando o presente e modificando o passado.

Se isto for permitido, o jogo infinito sempre oferece ao presente a perspectiva de um novo início e de um novo fim. Portanto, em todo encontro, em toda situação, o golfinho sempre *está pensando na maneira como ele e os outros estão pensando* e sempre está consciente de que nada é mais esclarecedor sobre o tipo de jogo que estamos disputando.

Algum participante está pensando que esta é a única maneira pela qual a partida pode ser jogada?

Alguém está insistindo para que apenas determinados jogadores possam participar?

Alguém está argumentando que é preciso haver ganhadores *e* perdedores?

Alguém está dizendo que o tempo está acabando?

Alguém está afirmando enfaticamente que regras são regras e não podem ser mudadas?

O jogo ficou demasiado sério – tão sério que os jogadores estão procurando consolidar os seus ganhos em vez de arranjar as coisas de modo que todos os envolvidos possam continuar jogando com eficácia?

O jogo degenerou em algo que simplesmente consome tempo mas não gera opções?

Alguém está tentando ocultar as jogadas futuras como uma maneira de manter os outros despreparados e com a guarda baixa?

Aquilo de que as pessoas são chamadas (os seus títulos, prêmios e diplomas) e as coisas que elas possuem (suas prioridades, remuneração e privilégios) tornaram-se mais importantes para elas do que os seus nomes?

Conforme observa Carse: "Os jogadores finitos jogam dentro de limites; os jogadores infinitos jogam com os limites... As

> A chave para gerenciar a nós mesmos é a capacidade de auto-observação. É importante perceber que a auto-observação não deve ser confundida com o excesso de crítica, de julgamento, ou com a paralisia da análise. Ela é mais o consistente monitoramento da *performance* do indivíduo a partir de uma perspectiva significativamente distanciada para que seja possível uma avaliação precisa.
> CHARLES A. GARFIELD, *PEAK PERFORMERS; THE NEW HEROES OF AMERICAN BUSINESS*

Os jogadores infinitos jogam com os limites; os jogadores finitos jogam dentro dos limites.

regras de um jogador finito não podem mudar; as regras de um jogador infinito precisam mudar."[7] Dentro de um jogo infinito são jogados inúmeros jogos finitos.

Enquanto golfinhos, sempre abordamos o tanque a partir de uma posição de força e não de fraqueza, embora os golfinhos compreendam e, quando necessário, possam utilizar a paradoxal força que reside na vulnerabilidade. Posteriormente, poderemos *optar* por sermos vulneráveis. Mas *nunca* – no que depender de nossa força e de nossa influência – faremos isto antes que tenhamos tempo de avaliar e de pensar a respeito da maneira como os outros estão pensando. Para sobrevivermos jogando com tubarões ameaçadores e traiçoeiros, temos *sempre* de agir para preservar a nossa capacidade de, se necessário, sair do tanque. Ou então, se precisarmos nos proteger ou convencer os outros dos benefícios de nos levar a sério e de jogar limpo, devemos conservar a capacidade de dar uma boa pancada no focinho do adversário.

O golfinho se preocupa, inicialmente, com a parcela da realidade representada pelos segmentos da Figura 1.2 mostrados na página seguinte.

Conquista. Rendição e Troca são, todos eles, jogos de "soma zero" nos quais nenhuma riqueza é criada. Em vez disso, a riqueza apenas muda de mãos. Você pode – ou nós podemos – ganhar riquezas, mas será às expensas de outros. Os golfinhos sabem que, com o tempo, todas as estratégias de soma zero tendem a degenerar em estratégias de "soma negativa", ou de "perde/perde", nas quais não há ganhadores, temporários ou permanentes. Os jogadores que utilizam a estratégia da Conquista ficam sem vítimas – e sem amigos. A cada Troca, os jogadores cada vez ficam com menos. Os que optam pela Rendição privam os colegas da oportunidade de mostrar o que poderiam trazer para a mesa. Além disso, os jogadores que se rendem mostram-se propensos a sabotar a partida numa tentativa desesperada de salvar uma pequena parcela de sua auto-estima.

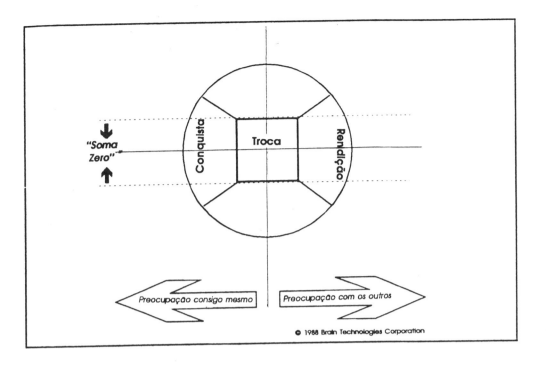

Sabendo disso, por que os golfinhos sempre entram em jogos de "soma zero"? Pelas seguintes razões:

Os Golfinhos não são mágicos: Não tendo varinhas mágicas, os golfinhos percebem que têm de lidar com o mundo como ele é. Conforme escreveu James Carse: "Um mundo deve ser a sua própria fonte espontânea."[8] No meio de um jogo finito da carpa ou do tubarão pode aparecer uma oportunidade de mudar as regras, ou limites, mas o golfinho nunca sabe. Ele muitas vezes pode jogar sem que a sua sobrevivência seja ameaçada, desde que os resultados sejam aceitáveis, inofensivos ou mantenham as coisas em movimento.

Os resultados de "soma zero" podem ser úteis mesmo quando consomem tempo e recursos. Os golfinhos utilizam deliberadamente as estratégias ganha/perde nestas ocasiões:

Conquista:

- Quando o tempo é muito limitado e um resultado específico é crucial.
- Quando um relacionamento é pouco importante e um resultado específico é crítico.
- Quando uma retaliação apropriada é necessária.

Troca:

- Quando o tempo é curto.
- Quando a questão é de trivial a moderada em importância.
- Quando outros não têm boa-vontade em cooperar plenamente.
- Quando o relacionamento ainda é a prioridade número um para você.
- Quando as posições estão altamente polarizadas mas é preciso fazer algum progresso.

Rendição:

- Quando a questão é trivial e o relacionamento fundamental.
- Quando esta for uma boa maneira de ajudar os outros a aprenderem com a experiência.
- Quando for aconselhável "ganhar tempo" e você não puder fugir.
- Numa emergência, quando um acordo for essencial.
- Quando você descobre que está errado.

> (As pessoas que lidam bem com o *stress*) acreditam que é preciso haver um aumento da dor e da tensão antes que o problema desapareça. O modo como essas pessoas abordam o *stress* e a vida assemelha-se à afirmação de Nietzsche: "O que não me mata me faz mais forte."
> SALVATORE MADDI

Em algumas ocasiões, as estratégias de "soma zero" podem ser muito eficazes. Se é preciso corrigir os rumos de uma situação ou de um relacionamento, talvez faça sentido utilizar uma estratégia de Rendição na qual o usuário aceita conscientemente os limites e sofre as conseqüências. Por outro lado, uma emergência médica ou de outro tipo pode criar uma situação na qual a Conquista é a única estratégia que faz algum sentido. Por exemplo: nenhum paramédico ou médico irá tolerar a interferência de outros em questões de vida ou morte. Os relacionamentos podem ser posteriormente aplainados; o que importa é o resultado final: estabilizar as condições do paciente, e assim por diante. No entanto, o médico também poderia ter optado por uma Troca caso fosse necessário abrir caminho para preocupações mais importantes. Os golfinhos podem aceitar alguma perda para que as partes possam continuar trabalhando em questões e em oportunidades que, talvez, venham a produzir resultados "revolucionários".

Quando um golfinho não vê nenhuma vantagem em permanecer num jogo de "soma zero", ele tem ainda uma outra opção: fugir.

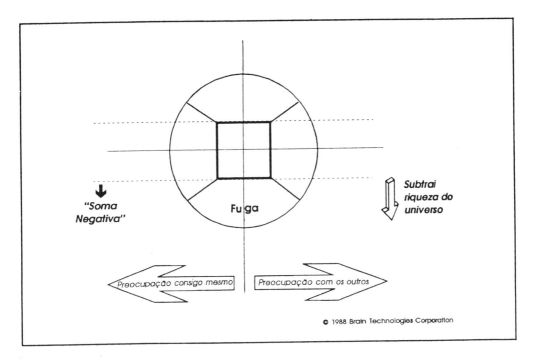

Fugir pode ser uma estratégia de vida – uma estratégia muito danosa. Conforme vimos acima, trata-se de uma estratégia de "soma negativa"; é a única das opções do golfinho que subtrai riqueza do universo ou de um indivíduo. Uma pessoa que usa exclusivamente a estratégia de Fuga, ou que a usa em excesso, é alguém que evita o envolvimento com as outras pessoas, que resiste vigorosamente à intrusão de outros em seus espaços privados e que reage contra situações que a forçam a fazer escolhas não-desejadas. O resultado é previsível: baixo rendimento, poucos relacionamentos, pouca energia e pouco drama – muitas vezes é justamente isso o que um dedicado solitário está procurando.

Os golfinhos, porém, utilizam a estratégia de Fuga por outras razões. Eles a utilizam:

- Quando o resultado não importa muito.
- Quando há outra necessidade mais premente.
- Quando é preciso acalmar os ânimos para que problemas mais fundamentais recebam a devida atenção.
- Quando precisam obter informações.

A vida assemelha-se mais a andar de bicicleta do que a construir uma fortaleza. Um ciclista precisa ter vivacidade, flexibilidade, inteligência e habilidade. Uma fortaleza mental seria uma estupidez num mundo como este e nós, provavelmente, seríamos arruinados por nossas armaduras psicológicas e espirituais.
CHARLES MILLIGAN

Depois da iluminação, a lavagem de roupa.
PROVÉRBIO ZEN

- Quando precisam de tempo para mobilizar os seus recursos.
- Quando fica claro que a situação não produzirá nada de bom, a não ser uma penosa experiência de aprendizado.

Estas são razões táticas. Os golfinhos também utilizam a Fuga estrategicamente. Em parte, os golfinhos são golfinhos porque se esforçam muito para estar voltados para um *propósito*, da mesma forma como o faz um piloto de avião que procura manter o *seu curso*. Quando os golfinhos percebem antecipadamente que uma situação, uma oportunidade ou um relacionamento não lhes convém, por estar em oposição aos seus objetivos, eles têm acesso a uma variação da Fuga que pode lhes poupar muito cansaço e sofrimento. De fato, Ficar de Fora é uma das opções mais produtivas dos golfinhos. Evitando situações que encerram pouca ou nenhuma esperança de aproximá-los de suas metas, os golfinhos podem poupar tempo, energia e recursos preciosos. Ficar de Fora é, pois, uma importante contribuição para se fazer mais com menos, embora isto valha apenas para o golfinho. Não há nenhuma oportunidade de um lucro líquido para o "universo como um todo", pois não há a possibilidade de juntar forças com as outras pessoas. Para criar um ganho líquido em riqueza para uma comunidade mais ampla, os golfinhos voltam-se para aquela parte do tanque, apresentada no diagrama ao lado, que é o seu refúgio e o seu domínio.

Ruptura!

> *Ficar de Fora é um jogo que impede um golfinho de entrar em situações nas quais desperdiçará energia.*

O economista Garrett Hardin sensibilizou-nos para "a tragédia das terras públicas". Do ponto de vista de cada criador de gado, faz sentido continuar acrescentando animais à manada que ele cria em pastagens públicas. Mas o que é razoável para um fazendeiro também é razoável para os outros, e as "pastagens públicas" acabam sendo utilizadas em excesso, as gramíneas morrem e todo mundo perde. Se fosse emitido um brado de alerta, sugerindo que as manadas sejam reduzidas, poder-se-ia esperar que os tubarões rea-

> *O resultado mais apreciável para o grupo é também o mais apreciável para cada indivíduo.*

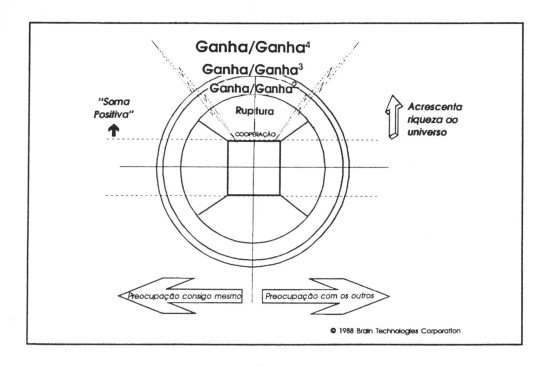

gissem gritando: "Todas menos a minha!", e se apressassem a acrescentar mais animais enquanto ainda houvesse algum alimento. Também podemos prever a reação das carpas: "Ai de mim! É o destino." Se nenhum golfinho estiver envolvido, há uma boa chance de que em meio à atribuição de culpas, troca de xingamentos e disputa territorial ninguém se lembre de chamar a atenção para o óbvio: que o resultado mais razoável para o grupo é também o mais razoável para cada indivíduo.

Em *No Contest: The Case Against Competition*, Alfie Kohn cita diversos outros exemplos nos quais a cooperação é mais produtiva:

- O economista Fred Hirsch chamou a atenção para o fato de que cada indivíduo de uma multidão é capaz de enxergar melhor ficando na ponta dos pés, principalmente quando outros estão fazendo o mesmo. Mas todos ficariam em melhor situação se ninguém ficasse nas pontas dos pés.
- Embora cada indivíduo ache que é do seu interesse correr para as saídas quando irrompe um incêndio, uma fuga cooperativa protege os interesses de todos e salva vidas.

- Cada jogador de hóquei reluta em usar capacete quando os outros não estão fazendo o mesmo, pois isto limita sua visão. Entretanto, uma decisão conjunta de usar capacete beneficia a todos ao reduzir os riscos de ferimentos graves.[9]

Verificou-se que é extremamente difícil fazer esta mensagem chegar aos empresários e aos executivos – especialmente nos Estados Unidos, onde a visão de mundo individualista está profundamente arraigada. Dificilmente passaria pela cabeça de um golfinho a idéia de eliminar o individualismo, pois, num sentido mais profundo, ninguém é mais individualista – no que diz respeito a lutar pela mais ampla variedade de opções pessoais e de defender a integridade e a auto-estima individuais – do que um golfinho. Por outro lado, se existe uma coisa que um golfinho considera importante é isto: em épocas de rápidas transformações nada é mais fundamental do que a cooperação. Se as coisas estão para se modificar, a cooperação é uma estratégia muito melhor do que a competição ou a busca independente de benefícios individuais.

A percepção de que as coisas são assim produziu uma enxurrada de teorias sobre trabalho e espírito de equipe, negociação e organização, as quais estão frouxamente reunidas em torno da idéia de se buscar resultados em que todas as partes saiam ganhando. Esta é uma idéia que, em teoria, pode-se esperar que um golfinho aplauda. No final das contas, é um começo. Logo no início, uma Troca pode ser satisfatória. Contudo, se alguma coisa importante precisa acontecer, se parece que as pessoas estão simplesmente jogando limpo para serem simpáticas, se a sobrevivência estiver em jogo ou se um resultado genuinamente criativo for essencial, o golfinho pode pôr de lado, rapidamente, os adeptos dos resultados do tipo ganha/ganha, considerando-os diletantes na arte da ação coletiva. Uma estratégia do tipo ganha/ganha – cooperação – é simplesmente uma porta, o ponto de partida do jogo da Ruptura. Veja, no segmento da Figura 1.2 reproduzido

> *Os golfinhos podem pôr de lado jogadores adeptos dos resultados do tipo vitória/vitória, considerando-os diletantes na arte da ação coletiva.*

anteriormente, a parte do "tanque" onde os tubarões e as carpas não nadam, porque, embora não sintam medo, não existe nenhum caminho, nenhum meio de tração ou de aceleração que lhes permita ultrapassar os seus limites. Pelo menos, não existe até que os golfinhos entrem no quadro.

Em vez de serem festejados em excesso, muitos jogadores adeptos de estratégias do tipo ganha/ganha devem ser vistos como realmente são: pensadores apanhados na penumbra que precede a era dos golfinhos, uma penumbra que combina muitas promessas e muito sofrimento. Nós os chamamos de carpas pseudo-esclarecidas e, como existem muitas delas entre os nossos amigos íntimos, nós celebramos suas dádivas e seus talentos, ao mesmo tempo que nos afligimos com a paralisia que tomou conta de seu autodesenvolvimento.

Esta é a declaração inconsciente de uma Carpa Pseudo-Esclarecida – a nossa CPE.*

Sou uma CPE e acredito num universo de absoluta abundância. Portanto, não acredito no verdadeiro mal e na existência de perdedores verdadeiros – é só uma questão de tempo até que todos vençam. Como minha necessidade básica é a da cura, *não me sinto à vontade com a retaliação ou com a fuga e, assim, simplesmente não posso demonstrar amor ao poder.* Isto me faz impotente e a minha impotência me deixa irritada; todavia, como é importante para mim manter uma imagem de espiritualidade, *expresso a minha raiva secretamente.* Acredito que tudo que precisamos na vida é aprender a nos soltar, a *fluir, a nos transformar num canal para uma força maior,* e é assim que justifico a minha existência.

No lado positivo – e elas são vantagens muito importantes – estão as habilidades e a sensibilidade das CPEs na arte de curar as emoções. A visão de mundo da CPE é, obviamente, mais esclarecida que a de um tubarão. Ela se processa numa ordem de

---

* A escolha deste termo foi objeto de controvérsia. Após longas deliberações, nós o selecionamos para salientar o obstáculo fundamental que as pessoas adeptas dessa visão de mundo colocam no caminho de seu autodesenvolvimento. Há dois problemas associados à crença de que você é esclarecido. A visão de mundo da CPE cria uma nova hipnose, semelhante à da carpa, que a impede de enxergar a possibilidade de se criar outras opções. Além disso, numa nova e terrível debilitação, a armadilha da CPE também produz a doença do *tubarão* – a dependência. A CPE é viciada não na crise mas sim no processo de cura.

complexidade maior e começa a utilizar um espectro de possibilidades que está fora do alcance da mentalidade do tubarão. A conquista de uma melhor saúde psicológica leva tempo e as CPEs, em parte por causa da revolta contra as agitações viciantes do tubarão e de uma nova apreciação da dinâmica da transformação, vão arranjar tempo para ajudar os outros a se curarem. Assim, temos um local *seguro* para as CPEs, onde se pode curar as feridas, buscar a autodescoberta, e onde os conflitos são amenizados, ou até mesmo totalmente eliminados. Quer os seus interesses específicos sejam o de levar proteção e cura a mulheres espancadas, a vítimas da selva do mundo dos negócios, a crianças de guetos, à raça marginalizada dos deserdados suburbanos, a viciados em drogas ou a vítimas de abusos sexuais, as CPEs são tão ritualistas na criação e na proteção de seus refúgios quanto os índios norte-americanos costumavam ser ao se reunirem em torno da fogueira na parada de cada noite. Quando a cura psicológica para as vítimas de maus-tratos é uma necessidade fundamental, as CPEs e seus refúgios podem fazer uma profunda diferença.

> Obviamente... *está ocorrendo uma transformação global, mas ela é de natureza mental e não espiritual...* (Confunda) ''global'' com ''espiritual'' e você vai achar que o esquadrão de Deus está a caminho.''
> KEN WILBER, CITADO EM *NEXUS*

Entretanto, o calcanhar-de-aquiles da CPE também se encontra em seu conceito de lugar seguro. Já não há mais o hipnótico apego da carpa a um senso de escassez absoluta. Em seu refúgio, a CPE está agora hipnoticamente atraída por um senso de absoluta abundância. Operacionalmente, os ''lugares seguros'' das CPEs são regidos por suposições – as falsas crenças – de que não existem limites a serem enfrentados ou temidos, nenhuma fronteira a ser respeitada na busca do potencial humano e *nenhum fim a ser esperado no processo de cura*. Não desejando e, em muitos casos, sendo incapazes de reconhecer as realidades das limitações humanas, a natureza, às vezes inflexível e implacável, da ''condição universal'' e, nos casos mais críticos, a necessidade de se sair bem, as CPEs não conseguem compreender que as suas falsas crenças num

A crença da CPE num universo benigno faz com que ela se furte à tarefa de assumir responsabilidades pessoais.

universo onisciente e totalmente amoroso, que *sempre* irá lhes proporcionar indicações a respeito de finalidade, descendem diretamente da velha estratégia da carpa: fugir da responsabilidade pessoal. E quando as pessoas não querem ser pessoalmente responsáveis, seja porque não acreditam que possam vencer ou por acharem que um universo benigno vai tomar conta delas, os resultados são os mesmos: decepção, dor, perda e o concomitante surgimento de rejeição e de raiva.

Na prática, as CPEs oscilam entre dois extremos. Um deles é a crença no fato de que qualquer coisa é possível. Pensando assim, elas freqüentemente lançam mão das evidências mais tênues e da mais grosseira supergeneralização que possa ser citada para sugerir que o mundo da realidade corresponde de fato ao mundo utópico de seus sonhos e de suas visões. O episódio do centésimo macaco é apenas um exemplo. Uma duvidosa pesquisa sobre o comportamento de um grupo de macacos japoneses que lavavam batatas transformou-se quase que da noite para o dia numa alegação generalizada por parte das CPEs de que o simples fato de alguma coisa ser realizada por um número suficiente de indivíduos poderia fazer com que a nova prática se propagasse instantaneamente para outros usuários e para outras localidades. Supostamente, quando o centésimo macaco deste grupo aprendeu a lavar sua batata na rebentação, todos os macacos dos arredores da ilha japonesa começaram a lavar suas batatas. A pesquisa não resistiu a um exame mais atento. Os fatos simplesmente não eram aqueles. Apesar disso, CPEs de muitas nacionalidades e variados interesses imediatamente passaram a usar a história do centésimo macaco como uma prova de que se pode transformar o comportamento por meio da simples manipulação do *número* de participantes. De maneira semelhante, eventos surpreendentes, mas obviamente isolados, na

área da parapsicologia – visão a distância, clarividência ou psicocinesia – são imediatamente rotulados por CPEs como faculdades de que todas as pessoas são capazes. Evidências de que algumas pessoas parecem ter a capacidade de entortar uma colher com a força da mente são rapidamente amplificadas para sugerirem que a mente é capaz de erguer um corpo humano ou mesmo um caminhão. A crença das CPEs na ausência de limites – crença esta que se assemelha a um transe – faz com que elas se tornem vulneráveis à seguinte suposição: qualquer coisa que seja possível é, portanto, provável *e* universal.

Quando as coisas não acontecem da maneira como ela esperava, a CPE fica irritada: irritada porque o mundo não está se modificando instantaneamente, porque existem de fato limites e porque o sistema de crença das CPEs é demasiado impotente contra os tubarões.

Num mundo de rápidas mudanças, as CPEs e sua ausência de fronteiras acabam sendo forçadas a se definirem e aos seus lugares seguros quase que exclusivamente pelas coisas em relação às quais elas são contra; assim, elas e o objeto de sua ira estão constantemente se fustigando. Porém, não se trata tanto de raiva da carpa vitimizada. É mais o ultraje de uma mente e de um espírito capazes de perceber os mais elevados potenciais da espécie humana mas que, ao fazê-lo, confrontam-se com sérios grilhões. O elemento central do dilema sisifiano da CPE é a sua crença no fato de que precisa "ser curada" para ser poderosa, embora, em seu íntimo, ela procure evitar o poder pessoal a todo custo. Assim, uma cura verdadeira e libertadora é frustrada e a CPE continua sem o poder de impulsionar a humanidade rumo à realização de sua visão utópica.

A posição das CPEs é cheia de paradoxos. Embora elas se vejam como perenes e consumadas "salvadoras" (para citar mais uma vez o Triângulo do Drama), determinadas a lutar contra as *mais revoltantes* injustiças, as CPEs freqüentemente dirigem os seus protestos contra os alvos *menos ameaçadores*. (Elas protestam contra o *apartheid*, por exemplo, construindo palhoças no gramado do Palácio do Governo.) Elas tendem a se irritar com os hábitos e com as atitudes dos tubarões, mas, ao se debaterem na água, furiosa e ineficazmente, atraem a atenção e sofrem retaliação por parte das próprias criaturas que afirmam detestar (por exemplo, a tragédia de Kent State e o "tumulto da polícia de Chicago", de 1968.) As CPEs amaldiçoam "o sistema" mas, na verdade, dependem dele para a sua própria existência: elas *precisam* do sistema para impedi-las de mudar. E assim, uma vez mais, estamos de volta a uma dinâmica semelhante à das carpas: a necessi-

> *Ao se debaterem na água, as CPEs tendem a atrair a atenção das próprias criaturas que desejam evitar: os tubarões.*

dade de serem vítimas. Sem as armadilhas e sem os sentimentos de vitimização – tanto para si mesmas como para seus co-dependentes – as CPEs são intensamente pressionadas a defenderem sua negação da responsabilidade pessoal.

A organização pode encontrar CPEs sob uma das duas formas: a CPE *metafísica* e a CPE *social*. A primeira muito provavelmente será um funcionário da empresa; a segunda, alguém de fora censurando a organização por causa de suas falhas, reais ou imaginárias.

As carpas metafísicas povoam densamente a "leva" que ocupa os níveis administrativos médios na década de 80. Estando, atualmente, no final da faixa dos 30 ou na dos 40, essas pessoas são, em todos os sentidos, os filhos de *The Big Chill*, do *Grande Calafrio*, a sensibilizadora década de 60. A coisa mais verdadeira que podemos dizer é que um antipático mundo de tubarões expulsou as *%*$#%&*& de seu convívio, tanto que elas estão abandonando os valores básicos do mundo ocidental e da civilização judeu-cristã. Em sua fuga do mundo da *realpolitik* elas preferem acreditar no feminino, no etéreo, no livre fluxo do universal – e se abster de reconhecer a existência de qualquer forma de mal. Como a maioria das CPEs são definidas com base nas coisas às quais se opõem, a CPE metafísica é:

> Muitos liberais consideram o mal um conceito religioso – o que me põe fora da jogada. Assim, ficamos com esse tipo de esterilização das ciências sociais. Eles acham que o mal pode ser *corrigido*.
> HARRIET TYSON-BERNSTEIN, CITADO EM *NEWSWEEK*

- **Contra a matéria.** Secretamente ressentida pelo fato de os seres humanos serem constituídos de matéria e viverem num mundo material, a CPE metafísica procura com freqüência escapar por intermédio do uso de drogas, de sessões espíritas, de canalização, de estudos metafísicos, de "retiros", de meditação, de terapias espirituais e de outros caminhos e atividades que, supostamente, promoveriam a "desmaterialização".
- **Contra o masculino.** Uma conhecida CPE metafísica – um homem – fez a seguinte recomendação: "O ser humano do sexo masculino deveria ser desqualificado para cargos importantes. Governo e testosterona constituem uma combinação perversa e letal."
- **Contra a estrutura.** Estrutura, obviamente, implica a existência de limites, uma idéia que as CPEs não aceitam.

O outro tipo de CPE, a CPE social, provavelmente atacará a organização a partir de fora, acreditando que os males do mundo são produzidos, basicamente, por um "complexo industrial-tecnológico" dominado pelos tubarões. As CPEs sociais procuram cercar-se daquilo que é natural, puro, prístino; elas se lançam na busca do "holístico". Vêem com desconfiança qualquer coisa que pareça ter múltiplos aspectos. Portanto, em seu negativismo, as CPEs sociais são:

- **Contra a tecnologia.** A tecnologia pode perturbar "o fluxo", que elas vêem como uma resposta universal para os problemas da condição humana.
- **Contra a complexidade.** A complexidade oferece muitos esconderijos e as CPEs geralmente consideram que os labirintos do pensamento abstrato conferem vantagem tática aos tubarões.
- **Contra a autoridade.** Aceitar o ponto de vista de que a autoridade é algo necessário para a organização da sociedade significa ter de aceitar a realidade do mal.

> Houve uma conspiração alguns anos atrás para acabar com os pequenos fazendeiros. As pessoas que participaram disso achavam que era realmente uma idéia inteligente eliminar os pequenos e deixar os grandes cuidarem do negócio.
> WILLIE NELSON, CANTOR *COUNTRY*

Em suma, as CPEs metafísicas e sociais são consumidas por um ofuscante enfatuamento com uma nova descoberta: a busca constante e aperfeiçoante da força vital do universo. Essa nova fonte de esperança é tão tentadora e cativante que as CPEs as escondem nas armadilhas douradas da espiritualidade. Incapazes de perceber que o seu recém-descoberto poder é gerado por elas mesmas, as CPEs desenvolvem uma intensa devoção às suas novas "fontes" espirituais de poder e de contentamento, e se esforçam por ficar alinhadas e sintonizadas com elas. Não se sentindo psicologicamente à vontade com a geração interna de poder, as CPEs relutam em assumir o controle sobre as suas vidas e, portanto, sua perspectiva – como a da carpa – ainda é, em última análise, o sacrifício. As CPEs, geralmente:

- Acreditam apenas na abundância; em sua visão de mundo não há espaço para a escassez, para o mal ou para o fracasso ou o julgamento definitivos.
- Evitam assumir a responsabilidade pessoal de corrigir os males da sociedade. Em seu entender, basta chamar a atenção para eles. Portanto, esperam que tudo se conserte de alguma forma mágica e mística.
- Acreditam que estar no "fluxo" é uma resposta para todos os problemas, sendo incapazes de compreender, como fazem os golfinhos, que há ocasiões nas quais é impossível e desaconselhável estar no "fluxo".

- Compreendem que há necessidade de se ter um propósito, mas procurar entrar em ressonância com ele, sem tê-lo, necessariamente, procurado ou analisado com cuidado.
- Têm uma extraordinária fé num resultado positivo, acreditando que "o universo" sempre ajeitará as coisas.

Psicológica e espiritualmente, as CPEs precisam de bondade, de quietude, de companhia e de cura. Precisam de todo o encorajamento possível para evoluírem, além de um poder pessoal apropriado e do desenvolvimento de uma visão de mundo como a dos golfinhos, voltada para a busca de opções. Dessa maneira, os seus variados talentos poderão ser utilizados para resolver os inúmeros problemas da organização e do mundo. Infelizmente, porém, parece que no caso da maioria das CPEs a cura nunca termina, os seus biscoitos nunca ficam prontos.

Para a CPE o golfinho se parece com o tubarão que ela tanto teme.

As soluções que propõem e os caminhos que seguem em suas tentativas, muitas vezes altamente emocionais e energizadas, de consertar os erros do mundo simplesmente demoram demais ou têm pouco ou nenhum efeito duradouro. A visão de mundo da CPE pode ser uma insidiosa armadilha para ela própria, impedindo-a de se juntar aos golfinhos. Em virtude de seu senso de poder pessoal e do inteligente uso que faz dele, para a CPE o golfinho se parece com o tubarão que ela tanto teme.*

Portanto, é este o mundo a partir do qual brota boa parte da filosofia que hoje é chamada ganha/ganha. Esses "aspirantes a golfinho" compreendem intuitivamente que se pode auferir valiosos benefícios e ter melhores relacionamentos fazendo com que as pessoas assumam um comportamento cooperativo. Infelizmente, porém, para a maioria dos consultores modernos que tratam de estratégias de ganha/ganha, e para os seus desafortunados clientes, os benefícios provavelmente nunca são atingidos devido à tendência dos jogadores de considerar como resultado aquilo que para um golfinho é apenas um

---

* Muitas vezes nos perguntam se existe a crença do *tubarão* pseudo-esclarecido. Achamos que é possível, embora seja rara. Os atributos viciosos da visão de mundo do tubarão fazem com que a adoção de metodologias curativas seja difícil para o indivíduo voltado para a estratégia do tubarão. Muito mais comuns são os tubarões disfarçados de carpa. Fingindo ter interesse na cura e na capacidade de realizá-la, os tubarões comumente assumem o papel de "gurus" e, com a mesma freqüência, "se aproveitam dos tolos".

prólogo. A adoção de uma estratégia do tipo ganha/ganha simplesmente aumenta a *possibilidade* de um resultado de Ruptura, porém não o produz, em particular se a sua *coterie*, que joga de acordo com a estratégia de ganha/ganha, permanecer cercada por tubarões. Aposte suas fichas e tenha confiança! Quando os adeptos das estratégias do tipo ganha/ganha se reúnem, mais cedo ou mais tarde haverá um ou mais tubarões observando avidamente as perspectivas.

Três elementos cruciais, característicos dos golfinhos, estão ausentes da maioria das fórmulas do tipo ganha/ganha, que agora estão sendo avidamente apresentados à comunidade empresarial e organizacional:

- Uma genuína compreensão do modo de usar o cérebro para fazer mais com menos, excedendo as expectativas de todas as pessoas.
- Uma avaliação do que é necessário para a utilização dos recursos – especialmente os recursos *humanos* – de maneira elegante.
- A capacidade de exercer o poder, incluindo a retirada com dignidade e a retaliação quando for apropriada.

Mais do que qualquer outra pessoa até agora, o cientista político Robert Axelrod ajudou-nos a compreender o que há de importante acerca da retaliação.

Para isso, precisamos utilizar uma ferramenta de pesquisa de que os psicólogos gostam muito, um jogo chamado Dilema do Prisioneiro. Não cabe aqui discutir as suas regras; são um pouco complicadas. O essencial é que cada um dos dois jogadores tem a oportunidade de cooperar ou de trair. Consideradas as coisas a partir da perspectiva de cada indivíduo, a melhor estratégia é trair. Porém, à medida que o jogo se desenrola, torna-se rapidamente óbvio que, do ponto de vista de ambos, *cada* um dos jogadores se sai melhor quando está cooperando.

Axelrod perguntou-se como fazer com que os jogadores percebessem rapidamente, em qualquer situação – mas, em especial, nos governos nacionais –, as vantagens da cooperação. Concluiu que a situação mais difícil para fazer os jogadores cooperarem ocorre quando eles não podem se comunicar – ocasião em que as suas próprias jogadas precisam ser a comunicação.

Para estudar essas circunstâncias, ele convidou habilidosos especialistas em jogos de todo o mundo para submeterem à sua apreciação estratégias computadorizadas para jogar o Dilema do Prisioneiro; cada estratégia foi comparada com todas as outras. Na primeira rodada, o vencedor foi a estratégia do Olho por Olho, Dente por Dente, uma estratégia que começava com a cooperação e, daí em diante, como o nome indica, "pagava na mesma moeda", repetindo o último lance do adversário, ou seja: cooperando quando o oponente tinha cooperado e retaliando se o oponente tivesse retaliado.

Depois de informar os participantes do sucesso do Olho por Olho, Axelrod realizou um segundo torneio. Embora o número de inscrições fosse menor, o resultado foi o mesmo: o Olho por Olho ganhou novamente. Axelrod acredita que as abordagens Olho por Olho de *retaliação estrategicamente limitada* "foram bem-sucedidas devido ao fato de evocarem a cooperação dos outros em vez de derrotá-los". Ele acrescenta:

> A cooperação baseada na reciprocidade pode ter início num mundo predominantemente não-cooperativo, pode prosperar num ambiente diversificado e pode manter-se depois de plenamente estabelecida.[10]

O mais surpreendente, porém, talvez seja a "Solução 5%" de Axelrod. Coloque cinco golfinhos habilidosos, cooperativos, motivados e adeptos da estratégia do Olho por Olho num tanque com 95 tubarões; sendo todos os outros fatores iguais, estará tudo acabado para os tubarões. Isto pode demorar algum tempo. Naturalmente, as pessoas que *sempre* jogam limpo – as carpas – vão "morrer" primeiro. Infelizmente, as carpas não fazem qualquer discriminação a respeito das pessoas com as quais estão jogando e têm uma melancólica tendência para acabar como peixe-isca ou jantar de tubarão. No final, porém, diz Axelrod, os tubarões precisam se converter ou, então, se transformar em canibais e comer uns aos outros, coisa que eles freqüentemente fazem, e que não dura muito tempo.

Isto pode ser *realmente* verdadeiro? Axelrod pode estar certo? É razoável pensar que cinco golfinhos possam vencer 95 tubarões?

As carpas sempre "morrem" primeiro porque não distinguem os jogadores.

Depois de um certo tempo, aprendi a confiar tanto em certos apanhadores que eu, realmente, os deixava apitar o jogo para mim nos dias ruins. Os dias ruins geralmente vinham depois das noites boas... Naqueles dias não havia muita coisa que eu pudesse fazer além de tomar duas aspirinas e apitar o mínimo possível. Se alguém no qual eu confiava estivesse jogando como apanhador, eu lhe dizia: "Olhe, estou num dia ruim. É melhor que você me ajude. Se for um *strike* (ponto contra o batedor), fique com a luva em posição por um segundo ou mais. Se for uma *ball* (bola arremessada pelo lançador para o batedor e que não passa pelo quadrilátero do batedor e nem é rebatida), jogue-a para trás. E, por favor, não grite." Ninguém com quem trabalhei tirou vantagem dessa situação e nenhum batedor jamais percebeu o que eu estava fazendo. E só uma vez, quando Ed Herrman estava apitando os arremessos, um lançador se queixou de um apito. Eu sorri, gargalhei – mas não disse uma só palavra. Mas fiquei tentado, fiquei realmente tentado.

RON LUCIANO, *THE UMPIRE STRIKES BACK*

O experimento de Axelrod foi conduzido num mundo artificial de jogos simulados e foi muito simplista. Mesmo reconhecendo essas limitações, porém, convidamos o leitor para investigar os seus dados, premissas e princípios exaustivamente, como nós mesmos e outros fizemos,[11] e para verificar se *você* consegue descobrir um motivo para rejeitar as conclusões de Axelrod.

Quando você está preso a uma situação da qual não pode escapar, e os outros envolvidos não estão cooperando nem se comunicando, restam-lhe apenas três escolhas:

1. Você pode ser uma carpa.
2. Você pode ser um tubarão.
3. Você pode adotar a estratégia do Olho por Olho.

Se estiver adotando a estratégia do Olho por Olho, você também estará seguindo a estratégia da Ruptura na parte do tanque habitada pelos golfinhos.

Eis como os golfinhos jogam segundo a estratégia do Olho por Olho:

Eles entendem que, se o "chefe" não suporta a cooperação, leva mais tempo para que a estratégia do Olho por Olho vença.

Pode ser necessário recorrer a uma guerra de guerrilha ou, até mesmo, derrubar o chefe. O fundamental é estabelecer conexões rapidamente com outros golfinhos e aumentar a interação entre os jogadores cooperativos.

Eles ampliam a influência do futuro sobre o presente.

Quanto mais os jogadores souberem que irão se ver e que terão de lidar uns com os outros no futuro, maior será a probabilidade de desenvolvimento de cooperação. Sabendo disso, os golfinhos agem no sentido de estabelecer ligações duráveis. Em termos geopolíticos, eles podem enfatizar os rituais da diplomacia – os brindes, a troca de presentes, as cerimônias e os desfiles. No contexto do mundo dos negócios, eles atendem de imediato as disposições contratuais, atuam rapidamente para resolver conflitos, ficam atentos às oportunidades para introduzir um "toque humano" e observam os rituais e os aspectos pessoais durante a realização de negócios.

Eles evitam conflitos desnecessários cooperando, enquanto os outros jogadores também o fazem.

Esta política de "reciprocidade básica" é fundamental, pois qualquer tentativa de tirar proveito da cooperação, mesmo ocasionalmente, pode deflagrar o Efeito Eco. O eco é um efeito colateral potencialmente sério do Olho por Olho, no qual as duas partes ficam "trancadas" numa competição mútua. Os golfinhos procuram evitar deflagrar o Efeito Eco ou ficarem trancados por ele utilizando duas estratégias:

- Quando acham necessário retaliar, eles o fazem com apenas "90%" da força do lance do outro jogador.
- Encontrando maneiras de demonstrar que, embora sejam suficientemente fortes e possam jogar a estratégia do Eco indefinidamente, eles estão dispostos a deixar de lado um padrão de competição mútua e a buscar uma estratégia mais generosa.

Eles reagem prontamente a um lance "mesquinho" retaliando de forma apropriada.

A importância de manter um "baixo limiar de probabilidade" surpreendeu Robert Axelrod. Ele admitiu haver iniciado o seu torneio computadorizado acreditando que a melhor política era a de ser lento em demonstrar irritação. Todavia, os resultados convenceram-no de que esperar para reagir à provocação pode conduzir a um erro de interpretação, equivalendo à emissão de um sinal errado. Quer o problema seja o seu vizinho de cima tocando tambor à meia-noite ou um empregado que esteja abusando de sua licença-saúde, o seu silêncio pode ser interpretado como aquiescência, aprovação ou covardia. Os golfinhos retaliam prontamente para evitarem ser mal-interpretados ou subestimados.

Uma política de cooperação incondicional tende a produzir exploração por parte de um adversário, ao passo que uma política de constante coação tende a produzir um combate. Todavia, uma estratégia que se inicia com firmeza – incluindo a ameaça ou o uso da coerção – nos primeiros estágios da disputa, e que depois muda para a conciliação, em geral parece ser eficaz para assegurar a cooperação por parte de um oponente. Ao que parece, a demonstração da capacidade de usar a força e os maus resultados de um relacionamento inicialmente competitivo geralmente fazem com que um adversário receba bem e reaja positivamente a uma última oportunidade de cooperar.
MARTIN PATCHEN, *JOURNAL OF CONFLICT RESOLUTION*

Embora sejam rápidos em retaliar, os golfinhos também são rápidos em perdoar.

Quando a outra parte emite sinais de que está disposta a cooperar, os golfinhos fazem uma aproximação.

Os golfinhos esforçam-se por não ser demasiadamente espertos.

Ser demasiadamente esperto pode confundir os outros. Ter uma estratégia clara e consistente comunica de imediato o modo como a sua reação deveria ser interpretada. Respostas que são inconsistentes ou altamente complexas podem impedir o outro lado de formar uma imagem clara a respeito do modo como você está pensando. Se isto acontecer, eles talvez não saibam como ajustar-se aos seus padrões de ação.

Eles fazem coisas criativas para aumentar os benefícios da cooperação.

(Depois que) um fabricante começa a afundar, mesmo os seus melhores clientes começam a recusar pagamento pela mercadoria, alegando defeitos de qualidade, falha em atender as especificações, demora na entrega ou qualquer outra coisa. O grande Impositor de moralidade no comércio é o contínuo relacionamento, a crença de que um determinado indivíduo terá de voltar a fazer negócios com esse cliente ou fornecedor. Quando uma empresa com problemas perde esse Impositor automático, provavelmente nem mesmo um administrador enérgico poderá encontrar um substituto.
MARTIN MAYER, *THE BANKERS*

Se um lado percebe que a competição mútua produzirá maiores benefícios do que a cooperação mútua, não se pode esperar que a cooperação evolua. Ao contrário, os tubarões é que irão triunfar. Assim, os golfinhos se esforçam para fazer com que os benefícios de longo prazo da cooperação sejam maiores do que os benefícios de curto prazo da traição. Eles também jogam a partir de uma posição de força para que sempre possam "cair fora" com integridade. Isto pode significar o desenvolvimento de múltiplas fontes de rendimento, por exemplo, para que eles sempre possam dizer a verdade e sair impunemente se uma organização tentar controlar o seu comportamento com sanções econômicas.

Quando se está jogando com tubarões, a estratégia do Olho por Olho equivale a "buscar uma Ruptura". A sua meta é contribuir para o desenvolvimento da cooperação mútua. Uma vez instalada, a cooperação mútua prepara o terreno para os aspectos realmente excitantes e produtivos da estratégia da Ruptura, aspectos que têm um elevado valor de sobrevivência para *todos* os jogadores, tanto a curto como a longo prazo. Ao adotar a estratégia da Ruptura ao jogar com colegas, amigos, parentes ou organizações amistosas e protetoras, os golfinhos buscam resultados do tipo ganha/ganha,[2] ganha/ganha,[3] ganha/ganha[4] e benefícios mútuos ainda mais elevados com as seguintes injunções:

- Desenvolver confiança e harmonia.
- Dizer a verdade, de modo que se possa esclarecer explicitamente as necessidades de cada um.
- Especificar, explicar e definir o resultado desejado.
- Comprometer-se com ele e se ver atingindo a sua meta.
- Permanecer "centrado" no *presente* durante o conflito – isto ajuda as pessoas a evitar que fiquem atormentadas por culpas e desapontamentos do passado e por ansiedades e temores do futuro.
- Concentrar-se no que está acontecendo *agora* – é no aqui e agora que surgem as soluções.
- Permanecer flexível e capaz de reagir.
- Eliminar todos os sentimentos de culpa e concentrar-se naquilo que dá resultado.
- Se emoções fortemente negativas vierem à tona, reconheça esses sentimentos e pergunte: "O que precisa acontecer agora? O que precisa mudar? Como posso usar esta energia de forma construtiva?"
- Se surgir alguma resistência, explore-a e tire proveito dela em vez de criar uma batalha de vontades.
- Desenvolva a crença de que você tem o poder de afetar diretamente a sua vida e que, no fim, você será apoiado pelos outros.
- Suspenda sua apreciação crítica.
- Esteja disposto a ser ilógico.
- Concentre-se em ir além de "ganhar" em vez de procurar simplesmente "não perder".
- Dê a todos permissão para ganhar.
- Fale sobre aquilo que você está fazendo e não tem funcionado.
- Procure significados alternativos que irão satisfazer de forma mais produtiva as necessidades da situação e de todas as pessoas.
- Pergunte: "E se..."
- Use metáforas, analogias e histórias que correspondam à situação que você estiver enfrentando.

- Use o humor. Se essa situação fosse engraçada, do que você estaria rindo?
- Esteja disposto a identificar os seus hábitos e ir além deles.
- Procure o inesperado.
- Arranje tempo para receber mensagens inconscientes.
- Procure pela segunda, pela terceira ou pela quarta solução "correta".
- Aceite a tensão necessária para motivá-lo a atingir uma ordem superior de processamento.

Muito embora a estratégia da Ruptura requeira mais tempo e mais energia, esta abordagem é, de longe, a mais eficiente das estratégias disponíveis para criar e implementar poderosas soluções inovadoras, originais e de grande alcance, poupando o seu tempo no longo prazo.

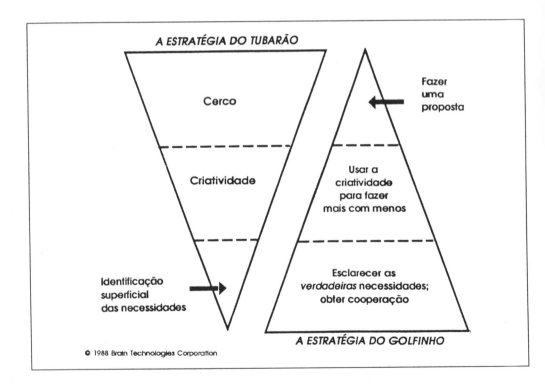

Figura 1.3. Atuando Efetivamente

A Ruptura também oferece uma nova perspectiva – a perspectiva do golfinho – em muitas outras áreas. Uma área importante é representada na Figura 1.3, um diagrama que, tanto quanto sabemos, foi usado pela primeira vez pelo consultor Marshall Thurber para mostrar as principais diferenças nas maneiras como os golfinhos e tubarões abordam as interações humanas. Pode-se ver num relance que os tubarões tendem a concentrar o grosso de seu tempo e esforço naquele venerado ritual de vendas – o cerco. Pouquíssimo tempo é devotado a uma área que é sagrada para os golfinhos, os rituais de construção de confiança e de harmonia, as trocas e as explorações mútuas das *verdadeiras* necessidades, as quais conduzem à cooperação. Desse ponto em diante, os golfinhos aumentam as apostas, os esforços e as expectativas, esperando que os vínculos de cooperação mútua continuem a existir. No final, os golfinhos esperam o desenlace para venderem a opção pelo melhor dos mundos possíveis: um ''ganho líquido'' em riqueza para todas as partes envolvidas. Assim, os dois aspectos mais importantes representados na Figura 1.3 são estes: a estratégia do golfinho é o inverso daquela do tubarão e coloca muito mais ênfase no estabelecimento de um relacionamento exeqüível. Além do mais, o uso da criatividade nas duas abordagens é muito diferente. Para o tubarão, a criatividade é dirigida para a construção de um cercado que ''captura'' o possível cliente e faz com que ele reaja como o tubarão quer. A criatividade do golfinho é baseada na idéia de ir elegantemente além das expectativas e necessidades de todas as pessoas multiplicando os recursos disponíveis e aproveitando a oportunidade para buscar resultados de ruptura. (A área de cada segmento dos dois triângulos é proporcional ao tempo aproximado gasto em cada atividade.)

Até recentemente, a "estratégia do golfinho" raramente era necessária. Numa análise final, a Troca – o espírito de fazer acordos – geralmente era capaz de produzir os resultados desejados quando aquilo que você esteve fazendo não funcionou.

Depois as coisas começaram a ocorrer com maior rapidez. Surgiu o computador para ampliar os limites da mente humana. A nossa capacidade de multiplicar conhecimentos elevou-se da noite para o dia. Em milhares de frentes relacionadas umas com as outras – desde a aceleração da taxa de natalidade em todo o mundo e os ganhos nos esforços para se prolongar a vida até o súbito e sério esgotamento de recursos vitais como o petróleo, a madeira, a água potável, o ar puro e a camada de ozônio da atmosfera até a redução da curva de aprendizado – velhas equações se desmoronaram e novas incertezas surgiram. As ladainhas que rodávamos e que representávamos em nossos cérebros individuais e coletivos passaram a soar cada vez mais como os sons agudos emitidos pelos lemingues enquanto correm irracionalmente para se precipitar ao mar.

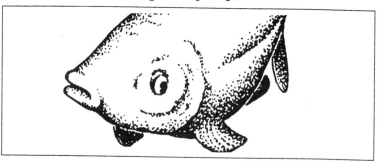

As carpas cantam "Não posso vencer", e repetem essa mensagem em todas as suas possíveis variações negativas, até mesmo a ponto de negarem as verdadeiras conseqüências do fracasso:

- "A ignorância é uma bênção."
- "Eu era indefesa antes e sempre serei indefesa."
- "O meu sofrimento tem um propósito."
- "Viver implica sofrer derrotas."
- "Em todos os ganhos importantes, há sempre um elemento de sacrifício."
- "Ofereça a outra face uma quarta ou quinta vez; ande mais trinta ou quarenta quilômetros."

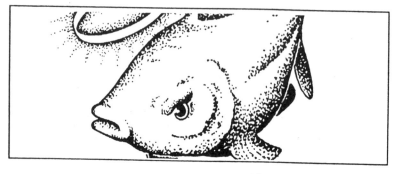

As carpas pseudo-esclarecidas acreditam que "todos os peixes deveriam amar e cuidar uns dos outros. Para isso, tudo que temos a fazer é acreditar que as coisas são assim".

Elas promovem esta filosofia de diversas maneiras:

- "Não importa quem ganha ou quem perde, mas o modo como você joga a partida."
- "Não é o desenlace que conta, mas sim o modo como fizemos a jornada."
- "Temos apenas de 'renunciar' às coisas durante o tempo todo e tudo estará bem."

Os tubarões cantarolam: "Tenho de vencer". Sua propaganda inclui estas variações:

- "Afinal de contas, há um mundo lá fora onde tubarão come tubarão."
- "Eu realmente não queria decepar a sua mão na altura do pulso mas não tive nenhuma escolha quando você a estendeu para pegar as batatas fritas."
- "Eu realmente quis decepar a sua mão na altura do pulso e antes de estender a mão para pegar as suas batatas fritas você deveria ter se lembrado do meu aviso."
- "Eu realmente quis decepar a sua mão na altura do pulso quando você a estendeu para pegar as suas batatas fritas, muito embora eu tenha lhe assegurado que esta nunca foi a minha intenção."[12]
- "A competição é inevitável."
- "A competição nos motiva a dar o máximo."
- "A competição é a única maneira de nos divertirmos."
- "A competição constrói o caráter."[13]

O golfinho diz: "Quero que ambos ganhemos – e ganhemos de forma simples, precisa e retumbante, não importando quais sejam as nossas chances, as dificuldades que temos pela frente ou o tempo que vai levar."

Deixando os lemingues se lançarem ao mar, se necessário, os golfinhos substituem os cantos de sereias da competição, do desastre, da confusão e do sacrifício, profundamente implantados no cérebro humano, trocando-os por sublimes melodias de mudança e de criação. São estas as estrofes importantes da canção do golfinho:

- "Precisamos aprender a *aproveitar a onda.*"
- "Precisamos aprender a *criar e a agir com base em visões que nos levem para a frente.*"
- "Precisamos aprender a *relaxar e ficar soltos.*"
- "Precisamos aprender a *inovar.*"
- "Precisamos *desenvolver – todos nós – uma forte auto-estima.*"
- "Precisamos aprender a *trabalhar cooperativamente.*"
- "Precisamos nos concentrar em *fazer mais com menos.*"
- "Precisamos aprender a *estar preparados para as surpresas e para o futuro.*"
- "Precisamos *ser responsáveis.*"
- "Precisamos *descobrir e agir com base num propósito pessoal.*"

E por aí vai a letra que define a estratégia do golfinho.

TRABALHO DE GOLFINHO

Exercício Nº 1

Abaixo há uma lista de circunstâncias que têm acontecido às pessoas. Reflita a respeito de cada uma delas e faça breves anotações numa folha à parte sobre as mudanças que, em sua opinião, cada um desses acontecimentos traria para a sua vida, e como você reagiria a eles:

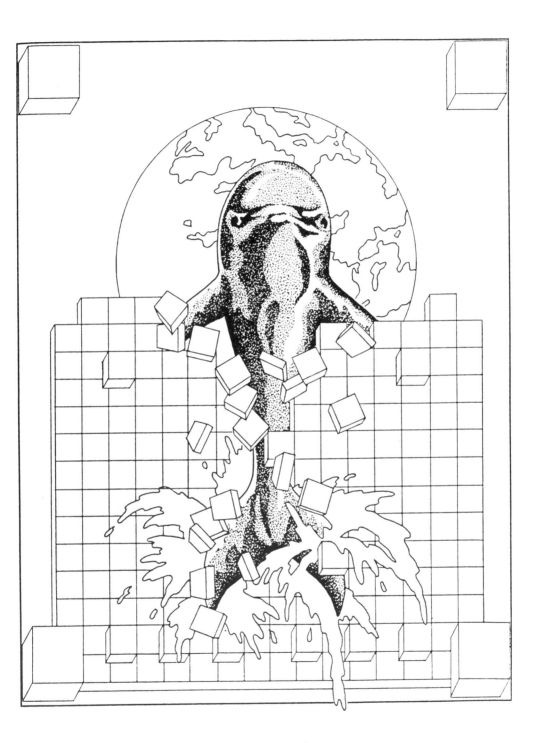

- *História A:* Um de seus filhos, um amigo íntimo ou alguém que você muito admira afirma ter tido uma visão na qual falou diretamente com Deus.

- *História B:* A sua organização ou empresa elimina subitamente o seu cargo e põe você na rua.

- *História C:* Levado às pressas para a sala de emergência de um hospital, você é considerado morto. Todavia, médicos persistentes conseguem revivê-lo. Agora você precisa decidir se conta ou não aos outros que teve uma experiência de "viagem para fora do corpo", na qual sua mente pareceu ficar acima dos frenéticos esforços para salvá-lo e você observou tudo acontecer com todos os detalhes.

- *História D:* Você é acusado injustamente de roubar uma mercearia numa ocasião em que estava com um amigo. Pressionado pela polícia e pelos promotores, o amigo testemunha contra você, que é mandado para uma prisão. Dois anos depois surgem novas provas e você é solto.

O primeiro passo para desenvolver a capacidade de promover mudanças dirigidas por nós mesmos é estarmos preparados para sermos surpreendidos pelo futuro. Isto exige que desenvolvamos uma atitude receptiva para com o inesperado, o desconhecido.

Na surpresa, o futuro estende-se para trás, modifica e triunfa sobre o passado. Ele oferece ao passado um novo começo, um novo ponto de partida. Como para o jogador de jogos infinitos, o futuro está sempre nos surpreendendo, o passado também está sempre se modificando.

Recordando suas reflexões a respeito das quatro situações descritas acima, pergunte a si mesmo: Há um padrão em minhas respostas? Se houver, ele é positivo ou negativo? As minhas opiniões atuais sobre essas circunstâncias indicam que tenho uma atitude aberta, parcialmente aberta ou fechada em relação à surpresa?

Exercício Nº 2

Refletindo sobre as diversas maneiras pelas quais poderia reagir às situações descritas a seguir, você aumentará a sua capacidade de reconhecer as estratégias tipicamente utilizadas pela carpa, pelo tubarão e pelo golfinho.

Leia cuidadosamente cada uma das descrições e, então, crie uma resposta que simplifique as estratégias da Fuga, da Rendição, da Conquista, da Troca e da Ruptura. Se precisar rever as descrições de cada uma dessas estratégias, consulte os trechos apropriados deste capítulo.

- *Situação A:* Uma pessoa que você adora acabou de preparar-lhe um prato que você detesta (talvez fígado de frango ou almôndegas). Quando você expressa relutância em comê-lo, ela diz: ''Se me amasse, você gostaria de fígado de frango [almôndegas ou o que quer que seja]!'' Como você reagiria?
- *Situação B:* O seu novo professor de arte disse-lhe que você precisa de mais ''espontaneidade'' em seu trabalho. Você gosta do professor e quer agradá-lo mas sabe que, caso se *esforce* por ser espontâneo, perderá realmente sua espontaneidade. Como você reagiria?

Exercício Nº 3

Numa folha de papel à parte, identifique os dez mais importantes relacionamentos de *longo prazo* que estão diretamente envolvidos com os resultados/objetivos mais importantes que você atualmente deseja atingir.

Agora, volte ao início da lista e procure identificar a estratégia *básica* (Fuga, Rendição, Conquista, Troca ou Ruptura) que você usa nesses relacionamentos. Coloque uma ''/'' após a designação de cada relacionamento e escreva o nome da estratégia básica utilizada em cada um deles (por exemplo: ''Minha filha/Conquista'').

Como você considerou esses relacionamentos como sendo fundamentais e de longo prazo e como todas as estratégias de soma zero (Rendição, Conquista e Troca) degeneram ao longo do tempo em resultados do tipo perde/perde:

- Existe alguma mudança que você precise fazer nas estratégias que utiliza nesses relacionamentos?

- Em cada um desses relacionamentos, ambas as partes estão mutuamente conscientes de suas verdadeiras necessidades? Se não estiverem, quais seriam as verdadeiras necessidades?
- Considerando as necessidades reais de ambas as partes, como vocês podem trabalhar juntos de forma ainda mais criativa para fazer mais com menos?

2
APROVEITANDO A ONDA: OS SEGREDOS ESPECIAIS DOS GOLFINHOS

As focas adoram bolas, e os golfinhos símbolos, e mais ou menos pelas mesmas razões. Ambos apresentam uma boa flutuabilidade e manobrabilidade. Você pode atirá-los de um lado para o outro, testando sua elasticidade e sua estabilidade. Você pode colocá-los de lado se perderem sua atração ou sua eficácia e, em seguida, refletir sobre as conseqüências de não tê-los mais por perto.

Neste final do século XX, dois dos símbolos/bolas mais importantes para os golfinhos são estes:

> Acho que tenho de partir para o Território na frente dos outros porque a tia Sally vai *adotar eu* e *civilizar eu* e eu *num* suporto isso. Já sei como é.
> MARK TWAIN, *ADVENTURES OF HUCKLEBERRY FINN*

O símbolo = na fórmula de Albert Einstein, $E = mc^2$.

E

a palavra "nanossegundo".

> "Há algum outro assunto para o qual você deseje chamar a minha atenção?"
>
> "Para o curioso incidente com o cachorro durante a noite."
>
> "O cachorro não fez nada durante a noite."

Eis o porquê:

Para o golfinho, o sinal de igual de Einstein é uma indicação de que, considerando-se todos os fatores, tudo o que vai acaba voltando. Se tentamos ganhar energia, o que obtemos é matéria. E ao obstruir o curso da matéria, estamos de volta no negócio da energia. Trata-se de um fenômeno de soma zero, como indica o

> "Esse foi o curioso incidente", observou Sherlock Holmes.
> ARTHUR CONAN DOYLE

> O choque do futuro é a vertiginosa orientação produzida pela chegada prematura do futuro.
> ALVIN TOFFLER

sinal de igualdade da equação de Einstein. Não existe atuação eficaz aqui – por assim dizer. Ao contrário, a atuação eficaz é feita por meio da expansão do conhecimento e das informações – no quanto os temos, na rapidez com que os processamos e os acondicionamos, e no que fazemos com eles. Isto não significa dizer que não existe *nenhum* limite para as informações e para a velocidade de seu processamento. Conforme Sherry Turkle comentou em *The Second Self: Computers and the Human Spirit*: ''Todo mundo sabe que o jogo vai terminar 'algum dia', mas esse 'algum dia' é, potencialmente, infinito.''[1] Mencione um universo em expansão para um golfinho e ele imediatamente pensa em informações – e em nanossegundos.

Um nanossegundo simboliza uma nova perspectiva de tempo na qual os golfinhos podem ter a esperança de serem os administradores e os líderes preferenciais. Um nanossegundo é um bilionésimo de segundo.

Quanto tempo demora isso? É muito rápido. Você leva cerca de 500 milhões de nanossegundos para estalar os dedos. O crítico social Jeremy Rifkin observa:

> No contexto industrial, a *organização sempre está atrasada em relação à estratégia*. Partindo da premissa de que você tem de saber o que quer antes de descobrir como consegui-lo, todas as organizações baseadas no modelo industrial são criadas para lidar com negócios que não mais existem ou que estão em processo de desaparecimento. Este é um terrível estado de coisas.
> STANLEY M. DAVIS, *FUTURE PERFECT*

> Embora seja possível conceber teoricamente um nanossegundo, ou até mesmo manipular o tempo nessa velocidade de duração, *não é possível experimentá-lo*. Isto marca um momento decisivo na maneira como os seres humanos se relacionam com o tempo. Nunca antes o tempo foi organizado a uma velocidade que está além do domínio da consciência.[2]

Em termos dos golfinhos, as novas perspectivas de tempo introduzidas pelos computadores e por outras formas de processamento, de armazenamento e de recuperação de informações são basicamente estas: *Existem lá fora mais ondas para serem cavalgadas ou utilizadas de forma criativa do que jamais existiu antes.* Grandes, incríveis e energizadas ondas de *mudança*! Enquanto que antes essas ondas se formavam muito lentamente, ao longo de milhares e milhares de anos, hoje elas estão tomando forma e se quebrando sobre nós com rapidez sempre crescente. Alguns observadores – Jeremy Rifkin é um deles – querem reduzir a velocidade da ''nova cultura dos nanossegundos''. Mas os golfinhos são mais intrépidos, mais esperançosos, mais ambiciosos, e assumem a responsabilidade pelas conseqüências de expandir os próprios limites.

Os golfinhos compreendem que o princípio organizador mais importante do final do século XX e início do século XXI é "a onda". A onda de mudança. E os administradores e líderes que não aprenderem a surfar na onda – e não gostarem de aprender a fazê-lo – arriscam-se a ficar abandonados num tanque cada vez menor e com uma superpopulação de carpas e de tubarões excitados, confusos e desalentados (ou, às vezes, mesquinhos) ou, então, a serem transformados em seres ineptos e ineficazes pelos imprevisíveis e implacáveis turbilhões de um agitado oceano de mudanças.

Você pode esperar, portanto, que este capítulo seja uma experiência náutica. A nossa meta é esta: equipá-lo com o discernimento e com a astúcia de um golfinho para que você possa navegar nas grandes e cada vez maiores ondas de mudança de hoje e de amanhã. Aqueles que ignorarem isto estarão condenados a destruir muitos empreendimentos esperançosos e muitos sonhos alegres que, de outra forma, poderiam ter prosperado.

Lição N° 1: As ondas estão se acelerando.

O atrativo do golfinho como um símbolo de novos tipos de abordagens de administração e de liderança tornou-se cada vez maior no decorrer das pesquisas da Brain Technologies, e transformou-se no conceito que chamamos de *Neuropreneuring*® – a idéia de nos encarregarmos de nossas próprias mudanças, de mudarmos (se necessário) antes dos outros e de desenvolvermos novas ferramentas pessoais para a orientação de nossa vida.

Em larga medida, os golfinhos se qualificam como golfinhos porque compreendem e reagem com habilidade àquilo que chamamos de Ciclo de *Neuropreneuring*. Começando pela Figura 2.1 e usando o Ciclo de *Neuropreneuring*, vamos nos concentrar na dinâmica central das grandes ondas de mudança – onde os golfinhos adeptos do conceito de *Neuropreneuring*

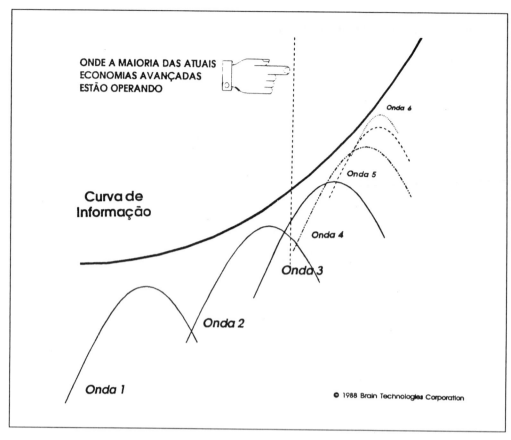

Figura 2.1. Ondas de Mudança

Na Onda 1, a demora era tão grande que as pessoas dispunham quase que de uma eternidade para mudar.

Um professor chamado Alex Bavelas freqüentemente joga golfe com outros professores. Certa vez, ele levou um quarteto para um campo de golfe e, quando eles estavam começando a tirar a sorte para definir os parceiros, ele disse: "Vamos deixar para fazer isso *depois* do jogo."
STEWART BRAND

têm os seus locais de procriação, de diversão e de teste. Deixando os "por ques" para outra hora e lugar, o que há de importante para o golfinho neste diagrama é isto: *Atualmente, as ondas tomam forma e assumem o controle dos acontecimentos com espantosa rapidez, em comparação com as épocas anteriores.*

De acordo com o futurista Alvin Toffler, que foi o primeiro a nos lembrar disso, a Onda 1 – o predomínio da agricultura – durou cerca de seis mil anos. Entre a "chegada" dessa onda e o desaparecimento da cultura nômade precedente, baseada na caça e na coleta, dezenas de gerações viveram e morreram com pouca ou nenhuma mudança em seus estilos de vida, hábitos de trabalho e vínculos sociais, tal a lentidão com que a mudança ocorria. Na verdade, houve tal *demora* entre o desaparecimento da "sementeira" incipiente e amorfa da era dos caçadores-coletores e a chegada substancial da Onda 2 que os seres humanos dispunham quase que de uma *eternidade* para mudar.

Com a Onda 2, a era industrial, o ritmo se acelerou. Em três centenas de anos, essa onda atingiu o seu máximo e, neste momento, está rapidamente se desfazendo nas economias avançadas.

A nossa atual era da informação, a Onda 3, anunciada pelo advento do computador apenas algumas décadas atrás, já está sendo suplantada nas frentes avançadas do desenvolvimento das idéias e das técnicas. Embora a maioria dos jogadores de nossas economias avançadas esteja somente começando a fazer adaptações e transformações organizacionais em resposta à Onda 3 (ver Figura 2.2), os futurólogos lhe dão uma meia-vida de apenas quinze a vinte anos.

Já entrando em cena em seus estágios iniciais, o poder da Onda 4 é potencialmente tão grande que podemos apenas fazer uma idéia de muitas de suas implicações. Ela também é chamada de Onda da Produtividade, devido aos enormes ganhos que promete em energia, na reconstituição da matéria básica e de formas de vida, além de avanços adicionais na área da informação. Neste ponto, os principais componentes tecnológicos parecem ser a biotecnologia, a robótica, a inteligência artificial e o advento da supercondutividade e de outros ganhos em energia excepcionalmente produtivos. Você acreditaria em robôs *inimaginavelmente* pequenos que poderiam penetrar na parede de uma única célula humana (um milhão de células humanas cabem na cabeça de uma alfinete) e fazer os necessários reparos no ADN dessa célula? E quanto a um computador tão pequeno que pudesse caber entre as infinitesimais fendas ou sinapses que separam os neurônios no cérebro humano? Ou então num computador *baseado em bactérias*, e tão extraordinário que poderia duplicar a capacidade computacional de *mil* Crays – ainda o rei dos supercomputadores atuais – e que coubesse num espaço de um *centímetro cúbico*, menor que um cubo de açúcar?[3] Estas são as possibilidades que, neste minuto, estão sendo buscadas seriamente pelos pioneiros – os membros fundadores de uma nova elite tecnológica – da Onda 4.

> Simulações computadorizadas (de organizações) têm a propensão de atrair os pesquisadores para o paradoxo de Bonini – quanto mais realista e detalhado é um modelo, mais ele se assemelha à organização modelada, incluindo semelhanças no sentido da incompreensibilidade e da indescritibilidade.
> W. H. STARBUCK

> A única pessoa educada é aquela que aprendeu como aprender e... como mudar.
> CARL ROGERS, *FREEDOM TO LEARN*

> Aprender é uma maneira de abordar o conhecimento e a vida, em que a ênfase é colocada na iniciativa humana. Ela engloba a aquisição e a prática de novas metodologias, novas habilidades, novas atitudes e novos valores necessários para se viver num mundo em mutação. O aprendizado é um processo em que nos preparamos para lidar com novas situações.
> ALVIN TOFFLER, *FUTURE SHOCK*

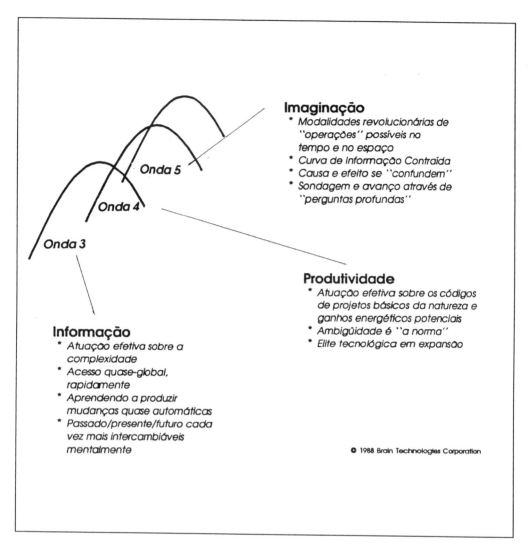

Figura 2.2. Ondas de Vanguarda

Um computador feito de bactérias tão poderoso quanto mil Crays?

Estamos chamando a Onda 5 da Onda da Imaginação porque podemos prever que esse novo ciclo de tecnologias vai nos capacitar a oferecer grande número de novas explicações e de novas teorias sobre as questões mais fundamentais do universo. Excluindo a ocorrência de uma terrível catástrofe, a Onda 5 deve estar quase que certamente prestes a chegar, e com as Ondas 6 e 7 à espreita esperando a sua vez, desde que um número suficiente de golfinhos gere mais golfinhos.

Embora eles efetivamente não saibam e não possam saber em detalhes a natureza dessas ondas futuras, os golfinhos entendem e estão preparados para agir com base nas seguintes realidades:

Em virtude da aceleração da Curva de Informação, pode-se esperar que, num futuro próximo e por um tempo indeterminado depois disso, novas ondas de mudança chegarão praticamente nos calcanhares da onda anterior. Assim, os grandes períodos de tempo que os nossos antepassados tinham para reagir e para entrar em sincronia com os novos desenvolvimentos e com os novos desafios não estão mais disponíveis. A opção de manter um pé no antigo e outro no novo já desapareceu. Com a taxa vertiginosa de criação de novas informações, com os ganhos quase exponenciais nas taxas de armazenamento e de troca de informações, e graças à simples diversidade das escolhas disponíveis, a probabilidade de haver períodos estáveis de normalidade – isto é, períodos abundantes – torna-se cada vez menor. Conforme sugere a Figura 2.3, quando o fluxo [*flux*] transforma-se em fluir [*flow*], toda nova onda, qualquer que seja o seu nome, transforma-se numa ''onda cerebral'', exigindo novas funções e novas qualidades cerebrais para acomodar as mudanças globais que ela acarreta.

Com ondas de mudança irrompendo em cena a cada poucos anos, dentro em breve poderemos nos defrontar com um espetáculo de diversidade global sem precedentes, no qual, talvez, quatro, cinco, seis ou um número até maior de ''sistemas de idéias e de crenças'' – visões de mundo – criados por essas ondas de mudança estarão concorrendo simultaneamente pelo domínio. Cada uma das modificações sucessivas ao longo da Curva de Informação representou uma tensão maior ou menor para os indivíduos e para as instituições sujeitos mais diretamente a essas mudanças. A mudança da Onda 1 (agricultura) para a Onda 2 (a era industrial) deflagrou uma sangrenta guerra civil nos Estados Unidos. Quaisquer que sejam as ondas envolvidas, famílias podem ser divididas no assim chamado conflito de gerações. As realidades políticas freqüentemente estão petrificadas na cabeça das pessoas e a economia pode crescer ou declinar ao longo de um curso sem precedentes, que não pode ser previsto e nem ao menos permite uma análise sólida. Lidar com uma multiplicidade de mudanças dentro da comunidade global ou

Figura 2.3. Quando o Fluxo se Torna Fluir...

<small>Seja espontâneo!
UM PARADOXO

A experiência não é o que acontece a um homem, mas aquilo que ele faz com o que lhe acontece.
ALDOUS HUXLEY</small>

mesmo de comunidades nacionais será, com certeza, uma tarefa própria para os golfinhos.

Pode-se esperar que a situação daqueles que tentarem apenas surfar no lado descendente de uma onda – isto é, simplesmente reagir ao que está acontecendo no ambiente – torne-se cada vez mais precária. Não apenas as ondas de mudança chegam com uma freqüência cada vez maior como também estão chegando num estado compactado – ou seja, os desenvolvimentos estão dentro da própria onda, em rápida sucessão. O sistema computacional que você comprou há nove meses pode já estar obsoleto. A informação "confidencial" que você recebeu na última semana sobre um importante avanço industrial no seu ramo de negócio foi manchete no *Wall Street Journal* desta manhã. A idéia que você teve ontem para um novo produto ou serviço já está em desenvolvimento na Califórnia, na Suécia ou na Alemanha há diversos meses. O mercado com que você estava contando para impulsionar sua companhia para sua próxima fase de crescimento já foi preenchido – ou eliminado.

O que impulsiona a Curva de Informação?

A capacidade de homens e mulheres dizerem uns aos outros aquilo que aprenderam ou descobriram, e de fazer uso desse conhecimento.

Buckminster Fuller contou a seguinte história. Dois marinheiros sobreviventes de um naufrágio vão parar num banco de areia terrivelmente isolado de uma ilha distante das rotas marítimas normais. Eles se separam e começam a procurar algo para comer. Um deles descobre um emaranhado de trepadeiras com bagas vermelhas, come sofregamente um punhado delas – e morre.

Quando o outro marinheiro acha o cadáver, percebe que os frutos são venenosos.

Posteriormente, duas belas jovens são lançadas à praia na mesma ilha. Mal acreditando em sua sorte, o marinheiro sobrevivente apressa-se a saudá-las. E qual é a primeira coisa que ele grita para elas?

''Não comam as bagas vermelhas!''*

Esta é a essência da Curva de Informação – a transmissão dos resultados do aprendizado e das descobertas, e a disposição de compartilhar informações de forma aberta, confiante e criativa, para que todos possamos nos beneficiar com isso.

Com a eletrônica – que torna possível a comunicação de informações sobre bagas vermelhas ou qualquer outra coisa – avançando tão depressa que, praticamente, todas as tecnologias de informação estarão obsoletas dentro de dois ou três anos, a Curva de Informação avança para a praia a toda a velocidade. Além de evitar as bagas vermelhas, os golfinhos estarão renovando os seus conhecimentos sobre a navegação das mudanças, o que é uma outra maneira de descrever o tema deste livro.

---

* Um participante de um de nossos seminários na Austrália sugeriu, em tom de travessura, a seguinte resposta: "Só uma de vocês deve comer as bagas vermelhas!"

Lição Nº 2: A sincronização é tudo.

Em termos de onda, a vida, *qualquer* tipo de vida, está basicamente dividida em três seções: a vida de um projeto; a vida de um indivíduo; e a vida de um negócio, de um produto, de uma sociedade.

Muito antes de as estatísticas mostrarem que uma organização está com problemas, tudo o que havia dentro dela já foi para a lata de lixo.
JAMES RENIER

Embora nenhuma experiência com a onda seja exatamente a mesma ao longo do tempo, a dinâmica da onda permanece espantosamente constante. Os golfinhos não medem esforços para avaliar, de momento a momento, de mês a mês, em que *parte* da onda eles estão, como estão interagindo *com* a onda e o que podem esperar *da* onda para o futuro.

Em suma, os golfinhos são sobreviventes. E eles sobrevivem, em grande parte, porque sabem como *aproveitar a onda com um mínimo de tensão* [estresse] *não-produtiva ou com uma tensão produtiva* [eustresse] *voltada para um objetivo estratégico*. Como compreendem a natureza, as nuanças e os caprichos da onda, eles apresentam as três peculiaridades apontadas pelos psicólogos Suzanne Kobosa e Salvatore Maddi como as características essenciais dos sobreviventes: uma idéia clara daquilo que pretendem alcançar em seu trabalho ou em sua carreira; a capacidade de receberem surpresas como desafios e reveses como valiosas experiências de aprendizado, recusando-se a ficar imobilizados pela mudança; e um sólido senso de que, na maior parte do tempo, eles estão controlando suas ações e os significados que atribuem aos acontecimentos, em vez de estarem submetidos ao controle desses acontecimentos.

Os sobreviventes têm uma idéia clara de suas metas, sabem lidar com as surpresas e acreditam que detêm o controle dos acontecimentos.

Os detalhes relacionados à interpretação [*reading*] e ao aproveitamento [*riding*] da onda serão abordados em capítulos posteriores. A título de introdução, porém, chamamos a sua atenção para a Figura 2.4.

A Figura 2.4 representa a onda em três segmentos temporais. Dentro do desdobramento de cada um desses segmentos de tempo da onda, o comportamento de um golfinho pode assemelhar-se apenas remotamente ao comportamento "típico" do negócio ou organização e, de fato, pode ser justamente o oposto.

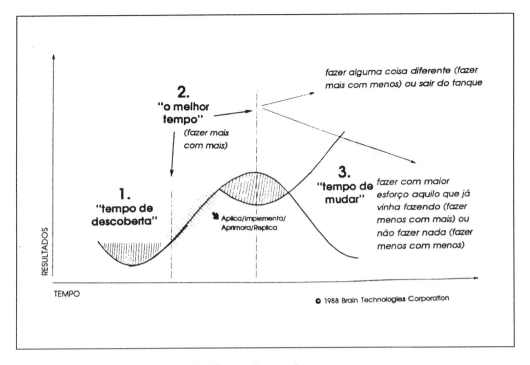

Figura 2.4. Sincronizando Suas Jogadas

Tempo de Descoberta: No início da onda – quando decorreu pouco tempo (o eixo dos X) e quando os resultados (o eixo dos Y) são escassos ou inexistentes – os golfinhos estão envolvidos numa inversão crucial: Eles primeiro agem e, *depois*, desenvolvem a sua estratégia. Isto equivale a dizer que os golfinhos tendem a se dedicar imediatamente a novas explosões de atividades – embora, de modo geral, suficientemente pequenas para serem manejáveis – e cuidam de atender a necessidade de "atacar a lógica" do que acontece depois.

"Isto lhe permite visualizar o seu negócio ou organização no futuro, interpolar sua trajetória passada com a realidade presente e, então, conduzir sua implementação mais energicamente", diz o consultor Stanley M. Davis, em *Future Perfect*. "A única maneira pela qual os líderes de uma organização podem chegar aonde querem ir (os objetivos de uma estratégia) partindo de onde estão (a organização atual) consiste em *dirigi-la a partir de um momento no tempo em que você finge que já chegou lá e que é determinado, muito embora ainda não tenha acontecido.*"[4] Davis mergulha nas regras de gramática para reforçar o tema

A cavala mexicana tem dezessete mais nove espinhas na nadadeira dorsal. Elas podem ser facilmente contadas. Mas se a cavala luta violentamente com a linha, a ponto de queimar as nossas mãos, se o peixe mergulha e quase escapa e, finalmente, aparece por sobre o parapeito, com as cores cintilando e a cauda batendo no ar, toda uma nova externalidade relacional passa a existir – uma entidade que é mais do que a soma de peixe mais pescador. A única maneira de contar as espinhas da cavala, sem nos deixarmos influenciar por essa segunda realidade relacional, é sentar num laboratório, abrir um frasco de vidro mal-cheiroso, retirar um peixe rígido e descolorido de uma solução de formol, contar as espinhas e escrever a verdade... A essa altura, você teria registrado uma realidade incontestável – provavelmente a realidade menos importante em relação ao peixe ou a você mesmo.

É bom saber o que você está fazendo. O homem com o seu peixe em conserva estabeleceu uma verdade e registrou em sua experiência muitas mentiras. O peixe não é daquela cor, não tem aquela textura, não está morto e não tem aquele cheiro.
JOHN STEINBECK

fundamental de seu livro: o de que a abordagem de "agir antes da estratégia" exige que tratemos o futuro como se ele já tivesse acontecido. Se você diz: "No verão, já teremos nos expandido para oito novos mercados", você estará usando aquilo que os gramáticos chamam de futuro do presente composto no modo indicativo (*future-perfect tense*). A idéia que você expressou é escrita como se existisse no passado *e* no futuro. Conforme Davis observa em *Future Perfect*, esta maneira de imaginar os acontecimentos lhe permite tratar do presente como se ele fosse o passado do futuro. Então, ao agir assim, você pode puxar a sua estratégia a partir do futuro em vez de ser puxado *por* ela.

Ao pensar no futuro do presente composto no modo indicativo durante a fase da descoberta da onda, você, enquanto golfinho, pode desfrutar das seguintes vantagens:

- *Você pode preparar o caminho para fazer melhor uso de sua intuição.* Libertos das imposições internas que tornam os pensamentos do tipo "E se?..." uma fonte de incapacitante ansiedade, os golfinhos agem com base em suas visões e só depois dedicam-se a construir um arcabouço conceitual coerente para juntar a realidade física à realidade conceitual.

- *Você pode encarar o tempo como um recurso e não como uma limitação.* Os golfinhos não dizem: "Tempo é dinheiro." Em vez disso, eles dizem: "Dinheiro é tempo." Qual é a diferença? A diferença está naquilo que você enfatiza, ou nas suas prioridades. No mundo carpa/tubarão dos controles newtonianos, o dinheiro é visto como um recurso primário, e você faz uma idéia do modo como está fazendo uso desse recurso utilizando o tempo como medida. No mundo do golfinho, o tempo é o recurso que você multiplica, e o dinheiro, uma medida do quanto você criou.

- *Você pode evitar a "Síndrome da Utopia".* Em 1516, *Sir* Thomas More deu o nome de "Utopia" à sua famosa e distante ilha imaginária; o termo significa "lugar nenhum". Muitas carpas e mesmo tubarões acabam em "lugar nenhum" por acreditarem em conversas como estas, provenientes de seu próprio cérebro:

A carpa "comum": "Se nunca vou chegar, para que começar a andar?"

A carpa pseudo-esclarecida: "É a jornada que importa, e não o destino; portanto, não importa se você vai chegar ou não."

O tubarão: "O destino é que é importante; assim, procure chegar lá o mais rápido que puder, não importando quem saia machucado no processo."

O golfinho diz: "Tolice! O fato de você estar a caminho significa que você já chegou. *É isso aí.* Você está aqui! Se tudo o que é importante para você está 'lá fora', então você não tem nada disso, e nunca poderá esperar obter isso. O poder da liderança visionária decorre do conhecimento de que você já é aquilo que você quer. A tarefa que lhe cabe é a de desenvolver sua estratégia para lidar com a sua chegada e ajudar os outros a compreenderem essa sua nova realidade e a agirem de acordo."

"Os Melhores Tempos." Não faz muito tempo, um conhecido com quem temos relações de negócios observou: "Acho que existe algum tipo de 'código genético' que determina se a pessoa é ou não bem-sucedida. Não importa o que eu faça, sempre tenho sucesso, enquanto que para algumas pessoas, por mais que se esforcem, nada dá certo."

A maioria de nós conhece pessoas como essas – ambos os tipos, de fato. Mas os autores deste livro ofereceriam um outro tipo de interpretação para os sucessos atuais desse indivíduo, uma interpretação baseada na onda. Esse camarada, um próspero empreiteiro, simplesmente pegou a onda muitas vezes e navegou bem. Ele tem bons instintos para efetuar as mudanças. Neste momento em particular, ele está naquela parte da onda que chamamos de "os melhores tempos". Ele está surfando na onda com facilidade e sendo impelido por ela.

> *No fluir, se não está quebrado, não é preciso consertar.*

Num sentido organizacional, ele está usufruindo daquilo que o dr. Mihaly Csikszentmihalyi, da Universidade de Chicago, chamou de "fluir" [*"flow"*] em seu livro *Beyond Boredom and Anxiety*. O "fluir", disse Csikszentmihalyi, ocorre quando o desafio e a habilidade são mais ou menos equivalentes – isto é, a dificuldade de um desafio e a capacidade de uma pessoa (ou de uma organização) para enfrentá-lo estão em equilíbrio. É esse o poder procurado pelos surfistas nos grandes vagalhões do Havaí e da Austrália. E esse é o poder que os golfinhos procuram enquanto desenvolvem uma estratégia para as suas ações intuitivas.

Quando um golfinho fêmea sente a onda avolumar-se poderosamente por baixo de si, ela adota o lema do não-perfeccionista:

> Não podemos e, talvez, não devemos interferir com o curso da evolução nos domínios da natureza. Quando se trata da evolução nos domínios da história, porém, o caso é diferente. Aqui *nós* somos os atores e é o *nosso* futuro que está em jogo.
> ERVIN LASZLO

"Se não está quebrado, não é preciso consertar." Conforme vemos na Figura 2.4, "os melhores tempos" são aqueles em que você *aplica* o que sabe, *implementa* o que tem em mãos, *aprimora* os pontos de imperfeição que detectar e *replica* o processo que o levou a esse maravilhoso ponto onde você parece estar à altura da ocasião e do desafio.

Isto não equivale a dizer que tudo é idílico ou mesmo satisfatório – não foi isto que Csikszentmihalyi quis dizer. Como o seu senso de domínio é um adversário à altura dos desafios lançados a você pelo ambiente, você pode desfrutar dos prazeres da solução de problemas usando suas capacidades para controlar as incertezas e as novidades. Conforme Michael Hutchison escreve em *Megabrain*, "[O fluir] não é entediante nem facilmente dominável, e nem tão extraordinariamente difícil que cause uma tremenda ansiedade."[5] Para um golfinho, "fluir" é aquilo que se experimenta quando se está sendo impelido por uma onda.

Para uma carpa ou tubarão, essa parte da onda é apenas mais um dia no escritório cheio de dramas, de jogos e das incapacitantes conseqüências de não se ter uma resposta apropriada para a pergunta de Henry David Thoreau: "Do que estamos nos ocupando?"

Tempo de Mudar: Quando a curva pára de crescer, ela atinge aquilo que o cientista Ilya Prigogine, ganhador do Prêmio Nobel; George Land, autor de *Grow or Die*; James Gleick, em *Chaos*; e também outros têm chamado de "ponto de bifurcação". Em virtude de sua importância absolutamente crítica na vida de toda e qualquer atividade organizada que esteja em curso, você poderia pensar que o ponto de bifurcação – o topo da onda – seria um lugar apinhado, com todos – golfinhos, tubarões e carpas – testando as águas e procurando avidamente por indícios e portentos do que poderia vir em seguida.

Quando a onda quebra, as carpas podem atuar em favor de seus piores interesses.

Na verdade, porém, a crista da onda geralmente está tão apinhada quanto uma praia de banhistas batida por um vento hibernal – ou seja, não tem muita gente por lá. Temos muito o que aprender com as razões pelas quais isto acontece – razões semelhantes a esta: *Não coma as bagas vermelhas.*

No ponto de bifurcação a onda inexoravelmente deixa para trás o seu apogeu, perdendo energia, *momentum* e oportunidade. Ela dá lugar a um vale e é cada vez mais abandonada pelas forças criativas do ambiente, doravante o escultor invisível da forma externa e da dinâmica da onda.

A carpa deixa de notar o ponto em que a onda começa a diminuir simplesmente por causa de seu fatalismo e de sua recusa em reconhecer que alguma coisa diferente pode, deve ou deveria ser feita. Não estando disposta a desafiar o *status quo* ou a criar alternativas radicais, não se pode esperar que a carpa seja uma linha de alarme [*DEW Line*] antecipado das mudanças, e ela, obviamente, não o é. Mesmo que o grau de declividade da onda aumente e o mergulho rumo ao desastre e à desintegração torne-se mais acentuado, a carpa não opta por mudar; pode-se esperar que ela continue a trabalhar duro em favor de seus piores interesses.

O s tubarões não se congregam em grande número no ponto de bifurcação porque invariavelmente recebem os primeiros sinais de diminuição do ímpeto da onda com uma insensata retirada para águas mais familiares, águas onde tiveram sucesso no passado. Eles estão ausentes porque não querem ser identificados com o fracasso (e, assim, eles não o rejeitam nem aprendem nada com ele) e porque se apressaram em tranqüilizar – e, assim, em tranqüilizarem a si mesmos – vários co-dependentes e depositários de apostas [*stakeholders*]: seus pares, seus investidores, seus companheiros

> *Os tubarões não se acham no ponto de bifurcação pois estão por aí batendo os tambores.*

de política, seus corretores, seus aliados e seus sicofantas. Poucas ondas se desfazem da noite para o dia, e quase sempre você auferirá alguma vantagem ou benefício em épocas de transição se estiver suficientemente protegido e se for bastante esperto e rapace para apoderar-se daquilo, e defender aquilo, que é seu, independentemente de considerações éticas ou morais. Se houver mudanças a serem feitas, os tubarões preferem que elas ocorram apenas depois de terem garantido o que é deles, e que elas aconteçam no turno de alguma outra pessoa. Portanto, no ponto de bifurcação você encontra poucos tubarões; eles estão tocando os tambores e espalhando mensagens como esta: "É apenas uma pequena correção", "Tudo o que precisamos é recuperar as coisas fundamentais" e "É só uma questão de ter mais perseverança".

Embora qualquer um possa *ser* infeliz, *fazer-se* infeliz é algo que precisa ser aprendido. Para esse fim, não basta simplesmente ter alguma experiência com uns poucos golpes pessoais aplicados pelo destino.
PAUL WATZLAWICK

E os golfinhos? Na maioria dos casos, você também não deve esperar que eles possam ser vistos no ponto de bifurcação. Eles provavelmente mudaram de onda e começaram um novo processo de descoberta algum tempo antes de tornar-se claramente visível que alguma coisa diferente precisaria ser feita. Os golfinhos intuem e deduzem a necessidade de mudar, em vez de esperar que o ambiente os golpeie repetidas vezes com lembretes cada vez mais dolorosos. Percebendo que as mudanças fundamentais estão no vento ou na onda, os golfinhos iniciam o seu desengajamento e as suas explorações ativas de novas possibilidades muito antes da chegada da crista da onda. O resultado é que, quando chega o ponto de bifurcação, os golfinhos já avançaram muito e estão dominando firmemente sua estratégia e sua programação para a nova era.

Os golfinhos iniciam o seu desengajamento muito tempo antes.

Em resumo, a carpa se deixa levar pela onda, mesmo se ela estiver se desfazendo. O tubarão, como sempre, está feroz e furiosamente à caça de vantagens e de presas fáceis, mesmo com o grave risco de acabar numa armadilha.

Os golfinhos aproveitam a onda. Quando os velhos padrões e o faturamento começam a declinar, quando as necessidades das pessoas não estão sendo atendidas e o futuro começa a transmitir as mais ligeiras indicações de mudança nos tempos e nas circunstâncias, os golfinhos começam a fazer perguntas e a brincar de "E se...?" Sabendo que as realidades políticas, as limitações de recursos orçamentários, as pesquisas, os testes e os esforços de persuasão necessários para se pôr um novo veículo em posição de pegar com sucesso uma nova onda levará meses ou, quem sabe, até mesmo anos, os golfinhos geralmente abandonam a onda antiga muito antes do ponto de bifurcação. Por isso, quando a onda antiga se quebra e começa a declinar, os esforços do golfinho, em termos ideais, estão se aproximando do final de uma nova fase de descoberta. Enquanto a severidade das experiências de aprendizado aumenta em progressão geométrica para aqueles que ainda estão pegando a onda declinante, o golfinho, pelo contrário, espera estar fazendo algo diferente, algo que funcione.

Repetindo, *a sincronização é tudo.*

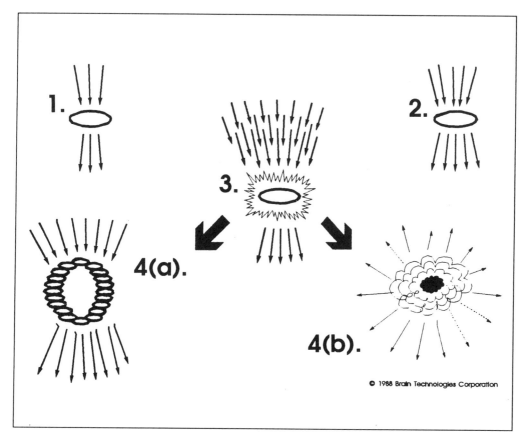

Figura 2.5. Tensão de Saída

Lição Nº 3: Perceba que você *é* o fluir.

Por favor! Não fique distraído, desligado ou aborrecido neste ponto pelo fato de continuarmos a falar a respeito do "fluir". Como são pensadores pragmáticos, os golfinhos tendem a optar apenas por idéias, métodos e abordagens ligadas ao mundo real, avaliações reais, e geralmente afastam-se de pessoas que começam a falar de modo demasiado reverente (em oposição a uma abordagem pragmática e experimental) sobre a parte do quadro universal que elas não entendem e sobre a qual, por isso, não dispõem de nenhuma explicação digna de nota.

Tenha certeza: O *fluir* é uma ciência revolucionária e genuína, de um tipo tão instrumen-

Ilya Prigogine nos oferece uma compreensão de um mundo que está se expandindo rapidamente.

tal e fundamental que o seu descobridor merece ser lembrado – e provavelmente o será – como um Isaac Newton do século XX. Ilya Prigogine foi laureado com o Prêmio Nobel e certamente se postará ao lado de Albert Einstein como um dos grandes nomes da ciência pós-industrial.

Em poucas palavras, esse talentoso químico teórico belga de origem russa nos proporcionou uma compreensão do modo como, diante da entropia e da inevitável perda de calor, um mundo que está se exaurindo pode, não obstante, sustentar todos os tipos de processos, incluindo a vida humana, que se acham em *expansão*. Ou seja, ele explicou de que modo, num universo que está se tornando cada vez mais decadente e desordenado, podemos encontrar em funcionamento um processo de evolução em que a própria vida caminha para níveis de ordem e complexidade cada vez maiores – átomos tornam-se moléculas que se tornam aminoácidos que se tornam proteínas que se tornam células que se tornam organismos superiores que se tornam culturas e sociedades.

Segundo Prigogine, a diferença entre um sistema como uma máquina a vapor e o cérebro humano, por exemplo, é que a máquina a vapor é *fechada* e o cérebro é *aberto*. Num sistema fechado, como é o caso da máquina a vapor, o sistema acaba parando de funcionar. Em geral, quanto mais próximo de seu gélido fim, menor a quantidade de energia que um sistema pode oferecer para realizar um trabalho útil. Mais cedo ou mais tarde, ele acaba por se gastar, por se desintegrar ou, simplesmente, parando de funcionar.

Os sistemas abertos ou vivos estão sempre interagindo com o seu ambiente.

Isto não acontece com os sistemas abertos, os quais, conforme explica Prigogine, operam de maneira muito diferente dos sistemas fechados.

Na Figura 2.5 transformamos as brilhantes idéias de Prigogine em uns poucos desenhos simplificados bem próprios dos golfinhos. Siga-os, se quiser, e saiba que, no final, você irá certamente encontrar a si mesmo.

O **desenho 1** representa uma diferença fundamental entre os sistemas abertos e fechados. Os sistemas abertos não absorvem entropia nem sofrem desgaste como os sistemas fechados, os quais são completamente independentes, contidos em si mesmos, havendo pouco ou nenhum fluxo de matéria ou de energia entre eles e o ambiente que os rodeia. Os sistemas abertos ou vivos estão sempre trocando matéria e energia com o ambiente externo. Os seres humanos, por exemplo, recebem comida, luz, oxigênio e informações e liberam "entropia" na natureza sob a forma de dióxido de carbono, calor, resíduos, idéias, arte e outras excreções.

Se a carga de energia aumenta, conforme mostra o **desenho 2**, os sistemas abertos freqüentemente podem lidar com ela porque, ao contrário dos sistemas fechados, eles são auto-organizadores. Eles simplesmente aumentam a quantidade de entropia que devolvem ao seu ambiente, fazendo provavelmente, ao mesmo tempo, um rápido rearranjo ou reparo interno para coordenar as suas ações.

Às vezes, porém, um pequeno rearranjo ou reparo não é suficiente para manter as coisas estáveis. O ambiente no qual eles vivem, fazem negócios, tomam dinheiro emprestado, pagam impostos, inventam novos produtos e serviços, contratam e demitem torna-se demasiadamente energizado, volátil e imprevisível para ser administrado do modo como eles atualmente estão estruturados. Conforme mostra o **desenho 3**, o sistema está sendo bombardeado por energia mais rapidamente do que ela pode ser dissipada pela entropia. Algo tem de ser feito.

Uma vez mais, estamos subitamente num ponto de bifurcação. E trata-se de um ponto crítico, que nos deixa apenas duas escolhas reais.

Conforme mostra o **desenho 4(a)**, podemos nos dispor a sofrer um colapso momentâneo e depois escapar, relaxar, mudar, recriar – o que quer que você tenha escolhido – um novo padrão, a fim de nos reagruparmos numa ordem mais elevada de organização interna capaz de lidar de forma simples e precisa com as novas complexidades. Ou então, conforme representamos no **desenho 4(b)**, podemos resistir a quaisquer mudanças, ignorar ou utilizar tardiamente a nossa capacidade de evoluir estruturalmente, e correr o risco de nos desintegrarmos irrecuperavelmente, como Humpty Dumpty, com poucas esperanças de voltarmos a nos recompor. Outra variação desse comportamento consiste em adotar a estratégia de "esperar para ver", achando que podemos nos arranjar com as coisas até voltarmos a ser impelidos pelos ventos dominantes. Durante as épocas de rápidas mudanças, porém, essa abor-

Quando se assiste a uma aula de Lebbeus Wood para um curso de pós-graduação em arquitetura, você nunca sabe em que turbilhão mental ele vai estar cavalgando. Ele está no quadro negro escrevendo. Quando se volta para a classe, você lê:

- A ciência recompensa a imaginação criativa;

- A ciência entende que as descobertas surgem por obra de uma visão alimentada pela intuição e por óbvios acidentes;

- Imagine condições nas quais você é compelido a confrontar-se com alguns acidentes;

- A grande arte e a grande ciência são atos criminosos;

- Parem de pensar em si mesmos apenas como profissionais competentes; a sociedade atual está se modificando demasiadamente rápido para que a simples competência seja suficiente;

- Pensem em si mesmos como subversivos intelectuais;

- Vivam perigosamente.

KATHLEEN STEIN EM *OMNI*

Alguma coisa tem de sair de um sistema aberto onde a energia excede a entropia.

> *Quando chega o momento decisivo, a tendência é "retornar às coisas fundamentais".*

dagem muitas vezes é uma armadilha: quando chega o momento decisivo, já é demasiado tarde para "o sistema" – o nosso cérebro, a nossa empresa, a nossa economia – escapar para uma ordem superior. Então, num crescente desespero, voltamos para as coisas fundamentais, tentando, com mais esforço e com mais investimento, fazer aquilo que sempre fizemos, apenas para fracassar.

Desse modo, as lições essenciais dos **desenhos 4(a)** e **4(b)** são as de que, quando o sistema está sendo bombardeado com mais energia do que pode administrar, há três escolhas básicas:

- Podemos não fazer nada.
- Podemos continuar fazendo com mais energia aquilo que sempre fizemos.
- *Podemos* fazer alguma coisa diferente.

Quando compreendemos isto, o modo como vemos a onda e o fluir sofre uma importante modificação. Anteriormente, víamos o fluir como um "estado de coisas" em que as nossas habilidades estavam à altura dos nossos desafios. Estar no fluir era estar naquela parte da onda onde o ambiente dá um razoável apoio aos nossos esforços, um tipo de permuta que era atraente e produtiva.

No entanto, com as introvisões de Prigogine vemo-nos diante de uma nova e surpreendente perspectiva. Cada vez que os sistemas abertos mudam eles se tornam mais complexos. Quanto mais complexos eles se tornam, mais entropia precisam dissipar. Quanto mais entropia precisam dissipar, mais energia precisam absorver. Quanto mais energia eles podem absorver, mais abertos eles estão à reorganização, ao colapso, ao caos, à mudança e à criação. No final das contas, esses sistemas abertos mal podem ser distinguidos da energia e da matéria que flui através deles. Michael Hutchison nos oferece esta analogia:

> Pense numa biruta enfunada e fustigada pelos ventos que se afunilam através dela – sua estrutura é imprevisível, instável, criada, moldada e mantida pela energia (o vento) que passa através

do sistema; entretanto, se a energia/vento cessar, a biruta baixa, deixando de existir como um sistema aberto tridimensional.[6]

Nos termos de Prigogine, não é tanto uma questão de estar "no fluir" mas sim de que, enquanto golfinhos, *somos o fluir*. Quando alcançamos um estágio de desenvolvimento humano em que os nossos cérebros estão estabelecendo automaticamente as condições para a nossa própria mudança, somos, literalmente, a matéria e a energia que passam através de nós. Quando o nosso ambiente – o mundo onde vivemos e onde fazemos negócios – nos impinge tamanho excesso de energia, desafios e mudanças que esse *input* não pode mais abrir passagem através de nós, então estamos num ponto de "choque de saída" – um ponto onde precisamos dar tudo o que temos, de maneira corajosa e criativa, para deflagrar e estabelecer as "perturbações" que irão trazer o reordenamento de que precisamos para sobreviver.

Os golfinhos compreendem isto.

Os golfinhos compreendem que eles são o *fluir*.

Sendo o fluir, os golfinhos compreendem que a onda não é nada mais nada menos que uma indicação temporal do local em que eles se encontram na estrada que leva ao colapso, ao caos, à mudança e à recriação ou à desintegração como sistemas abertos, sujeitos às regras do "despejar a cesta de frutas", descobertas e definidas por Ilya Prigogine a respeito da reciclagem dos processos e da vida.

Em épocas de rápidas mudanças, os golfinhos entendem que, sendo eles o fluir, quanto mais perto chegam da "beirada" da onda sem tomarem providências para se modificarem enquanto fluir, maior será o perigo representado pela energia que passa através deles e em torno deles num ambiente cada vez mais energético, instável, afastado do equilíbrio e, até mesmo, volátil.

Os golfinhos compreendem que acaba ocorrendo uma fase paradoxal no desenvolvimento de qualquer sistema aberto, incluindo o cérebro humano, na qual o sistema torna-se autocatalítico – das palavras "auto" (por si próprio) e "catalisador" (uma substância ou propriedade que modifica outras coisas embora ela própria não seja modificada). De repente, o cérebro, a pessoa ou a organização não estão mais esperando que desenvolvimentos "externos" façam-na enxergar a necessidade de mudar, ter vontade de mudar ou

> *"A tensão de saída" é tensão intencional, autocriada e autodirecionada.*

tornar possível a mudança. Em vez disso, o cérebro, a pessoa ou a organização estão eles próprios criando a situação, as circunstâncias, as flutuações e os elementos que irão forçá-los a se modificar. Chame a isto de autotensão, se o quiser. Preferimos chamá-lo de "tensão de saída". Trata-se de uma tensão intencional, autocriada e auto*direcionada*. Esse tipo de tensão impulsiona o sistema para um novo padrão e para um novo estado, que é mais ordenado, mais coerente, mais inter-relacionado, mais complexo e mais evoluído que o anterior.

É por isso que os golfinhos, ao contrário dos tubarões e das carpas, investem tão pesadamente no aprendizado da maneira de desencadear e de aproveitar a autotensão – autocolapso, autocaos, automudança e autocriação. Examinaremos todos esses aspectos com mais detalhes em capítulos posteriores.

TRABALHO DE GOLFINHO

Exercício Nº 1

Reserve alguns instantes para identificar, numa folha de papel avulsa, os seis elementos mais importantes de sua vida neste exato momento (por exemplo, sua esposa ou marido, seus filhos, outros membros de sua família, amigos íntimos, sua carreira, preocupações com a saúde, atividades educacionais, investimentos em seu crescimento pessoal, sua igreja ou religião, etc.). Coloque o item mais importante em primeiro lugar, seguido pelos outros cinco em ordem de importância para você.

Agora, faça uma estimativa da parcela do tempo total em que você passa acordado que é gasta em cada uma das suas seis prioridades, e coloque o número correspondente a cada uma delas no eixo do tempo. Por exemplo, se você colocou os seus filhos como sua prioridade número 1, e passa cerca de 10% de seu tempo com eles, escreva 10% na posição correspondente a esse valor. Se você colocou a sua carreira em segundo lugar e calcula que gasta cerca de 30% de seu tempo com ela, escreva 30% na posição correspondente. Faça o mesmo para os outros quatro elementos. Ao terminar, você terá representado graficamente as parcelas de tempo que dedica a cada uma das seis prioridades.

Exercício Nº 2

Agora, gostaríamos que você refletisse sobre os tipos de resultados que está obtendo em cada um dos itens identificados no Exercício Nº 1, e também sobre o quanto você está satisfeito com cada um deles. Para completar este exercício, você pode continuar utilizando a relação que acabou de compilar ou, se necessário, criar uma nova lista numa outra folha de papel. Em qualquer dos casos, arranje um espaço em sua folha de papel para mais duas colunas. Qualifique uma das colunas como sendo de "Resultados", e a outra como de "Satisfação".

Se, por exemplo, você escolheu sua esposa ou marido, ou alguma outra pessoa com quem seu relacionamento é íntimo como sua prioridade número 1 no exercício anterior, e se está obtendo excelentes resultados com o tempo investido nesse relacionamento, coloque três asteriscos (***) ao lado desse item na coluna de "Resultados". Se estiver obtendo apenas resultados médios, coloque dois asteriscos (**) nessa coluna; se estiver obtendo resultados fracos, coloque um único asterisco (*). Agora, faça uma avaliação do quanto você está satisfeito com esse item ou prioridade. Se estiver altamente satisfeito, coloque novamente três asteriscos (***) na coluna de "Satisfação", na posição correspondente a esse item, e assim por diante.

Continue a fazer o mesmo com os outros quatro itens até que todos os seis estejam representados em ambas as colunas. Então, você terá uma representação gráfica do equilíbrio entre resultados e satisfação pessoal para as seis áreas mais importantes de sua vida. Nos capítulos posteriores, essa informação irá ajudá-lo a saber se você está "voltado para um propósito".

Exercício Nº 3

Por fim, desenhe, numa folha à parte, uma "curva em forma de sino" simples, como as que se acham representadas na Figura 2.2.

Neste exercício, você pode verificar até que ponto cada uma de suas seis prioridades estão de acordo com a Onda da Mudança.

Lembre-se de que uma Fase de Descoberta ocorre no início da onda. A Área do Fluir está localizada na parte ascendente da onda e define um período em que aquilo que você está fazendo funciona bem – quando você simplesmente precisa aprimorar e duplicar um processo já conhecido. A Fase de Recuperação está na parte de trás da onda, e é quando você está tentando se recuperar de uma mudança nos resultados que está obtendo ao fazer as coisas do jeito que sempre fez.

Uma vez mais, determine em que parte da Onda da Mudança você está em relação a cada uma de suas prioridades, e coloque nesse ponto o número apropriado para cada prioridade. Por exemplo: se você estiver no fluir com a sua prioridade número 1, coloque um 1 nesse ponto da curva. Em seguida, continue a fazer o mesmo para as outras cinco prioridades. Isto lhe proporcionará um quadro útil para administrar as áreas mais importantes de sua vida.

Recordando as introvisões proporcionadas por este exercício, o que o quadro total lhe diz sobre o ponto onde você está? Houve algumas surpresas?

Para ''atualizar'' uma visão do lugar onde você quer estar é preciso, antes de mais nada, compreender com muita clareza onde você está no presente momento, para que você saiba o que corrigir e o que mudar. E se o futuro estivesse lhe enviando sinais a respeito daquilo que você precisa mudar, e se você deve fazer essa mudança, quais seriam essas mudanças, quais seriam os aspectos desses novos perfis, onde você precisaria efetuar correções e como fazê-las? O que essas mudanças lhe diriam acerca do rumo de sua vida? Quais as coisas que não mudariam e o que isto significaria para você?

3
LEVANTAR PERISCÓPIO: A CAPACIDADE FUNDAMENTAL DO GOLFINHO DE BUSCAR NOVOS CAMINHOS

"Buscar novos caminhos" soa como algo no qual os tenistas profissionais Ivan Lendl ou Martina Navratilova poderiam ser ases. Os golfinhos (tanto da variedade humana quanto da marinha) certamente são muito bons para escapar das barreiras auto-impostas contra as novas perspectivas, as quais tendem a manter a mente presa apenas a uma idéia, a uma só regra, a uma dimensão solitária. Sem essas habilidades, freqüentemente descobrimos que os nossos resultados e as nossas oportunidades ficam rígidos.

Ficam rígidos porque você nunca reserva algum tempo para desafiar suas próprias idéias, hábitos ou pressuposições. Rígidos porque, até agora, tudo tem funcionado. Os arranjos (*sets*) mais difíceis de serem quebrados são aqueles que servem de apoio para o nosso ego e para os nossos valores sociais – valores que nossos amigos e colegas também têm em alta conta. Buscar novos rumos é algo sempre necessário para se manter as organizações sadias e no rumo certo, principalmente em épocas de rápidas mudanças. Todos os dias e, em certos dias, todas as horas, você precisa inovar de alguma maneira – adotar uma perspectiva diferente, desafiar o *status quo*, fazer uma pergunta diferente, ver o mundo de uma outra maneira e ajudar os seus colegas a perguntarem: "Como nós realmente gostaríamos que isto fosse – como *precisamos* realmente que isto seja?"

No entanto, para jogar como um golfinho precisamos assumir responsabilidades. Pelo

> Defenda suas limitações e com certeza elas serão suas.
> RICHARD BACH, *ILLUSIONS*

Para jogar como um golfinho, precisamos assumir responsabilidade pela maneira como respondemos àquilo que acontece a nós.

que acontece a nós? Não. Ninguém pode controlar e, conseqüentemente, ser responsável por tudo o que acontece. Os golfinhos não fazem essa suposição errônea. Para jogar como um golfinho assumimos responsabilidade apenas pelo modo como *respondemos* ao que acontece. Na maioria das situações, temos uma grande variedade de escolhas quanto ao modo de responder – isto, é claro, se optarmos por assumir a responsabilidade de controlar o nosso poder de tomar decisões.

Os tubarões, com freqüência, adotam aquela que tradicionalmente tem sido uma atitude masculina de reagir aos acontecimentos: o uso da força. As carpas, tanto a variedade comum quanto a pseudo-esclarecida, preferem a solução feminina: o uso do esforço. Os golfinhos optam por uma solução andrógina, procurando a melhor de todas as combinações numa resposta elegante, precisa e sutil. Os golfinhos compreendem que o importante é aquilo que funciona. Para descobrir o que funciona, você precisa estar disposto a assumir as suas responsabilidades e a movimentar-se para descobrir as suas opções. Talvez não seja do seu melhor interesse permanecer no tanque com os tubarões. Em vez disso, você talvez queira sair do tanque ou evitá-lo totalmente.

> (Há) dois diferentes tipos de mudança: uma que ocorre dentro de um dado sistema, que permanece inalterado, e outra que modifica o próprio sistema.
> PAUL WATZLAWICK E COLABORADORES, *CHANGE: PRINCIPLES OF PROBLEM FORMATION AND PROBLEM RESOLUTION*

Em épocas de mudanças rápidas, o resguardo não é uma boa opção.

Os pontos fundamentais a serem recordados são:

1. Em épocas de mudanças rápidas, o resguardo não é uma boa opção, e a escolha é importantíssima. Conforme outros já notaram, se você tem apenas uma escolha, você é um robô; se você tem duas escolhas, está num dilema, e se uma não der certo, a tendência é ir para o lado da escolha oposta (que, geralmente, também não funciona); mas se você tem três escolhas, está finalmente começando a desenvolver uma variedade funcional de comportamentos para responder à mudança.

2. Não é o que acontece a você, mas sim o modo como você responde a isso que determina a qualidade de sua experiência.

3. A sua resposta é determinada pelo significado que você atribui ao acontecimento. As carpas e os tubarões concentram-se em seus limites e os golfinhos em suas possibilidades.

Para ser capaz de procurar novos rumos – a principal qualidade do golfinho – você talvez tenha de se desviar de algumas daquelas diletas "regras não-escritas" da administração e começar a se sentir à vontade e confiante para operar sob um conjunto totalmente novo de pressuposições e de realidades – um conjunto que substitui, como se expressou o teórico George Land, "uma visão de mundo de exclusão e de exclusividade, de isto *ou* aquilo, e de isto *versus* aquilo por um isto *e* aquilo".[1] Pensando como um golfinho, faz sentido aprimorarmos a nossa capacidade de procurar novos rumos como precaução para o caso de amanhã, quando voltarmos os olhos para hoje, percebermos que este foi um daqueles dias em que o universo mudou.

O golfinho faz um esforço diário e deliberado para evitar desapontamentos e desastres do tipo "Se ao menos..." usando constantemente uma estrutura mental do tipo "E se..." Infelizmente, essa atitude não é generalizada. Na Segunda-Feira Negra – aquele dia de outubro de 1987 em que a Bolsa teve uma queda sem precedentes, de 508 pontos – o horror dessa realidade ficou indelevelmente estampado nas mentes de milhares de investidores. "Eu sabia que estava para haver um ajuste", disse um abalado investidor, "mas não imaginava que tudo ocorresse num único dia." Nunca o fazemos. Mesmo os investidores que rapidamente perceberam o que estava acontecendo naquele dia fatídico muitas vezes foram incapazes de entrar em contato com os seus corretores. Uma mulher tentou ligar para o seu corretor mais de cem vezes antes de desistir. O presidente dessa firma posteriormente contou aos repórteres: "Se tivéssemos conhecimento da magnitude dessa queda com um ou dois dias de antecedência, poderíamos ter aqui diversas centenas de pessoas a mais para nos ajudar." Se ao menos. Obviamente, depois de ocorrido o fato, um "se ao menos" e cinqüenta centavos de dólar comprariam uma xícara de café. Isto é, se depois do choque ainda tivermos cinqüenta centavos de dólar, se alguém ainda estiver no negócio de vender café e *se* ainda houver algum grão para se fazer café.

Nos círculos educacionais, a idéia de aprender reagindo aos acontecimentos é chamada de *aprendizagem por manutenção/ choque* [*maintenance/shock learning*].[2] Nós, humanos, em geral

> Todo extremo psicológico contém secretamente o seu próprio oposto, ou apresenta algum tipo de relação íntima e essencial com ele... Não há nenhum hábito, por mais santificado, que em determinada ocasião não possa transformar-se em seu oposto, e quanto mais extrema for uma posição, mais facilmente podemos esperar... uma conversão de algo em seu oposto.
> C. G. JUNG

> A vida é uma espada que fere mas não pode ferir a si mesma, tal como um olho que vê mas não pode enxergar a si mesmo.
> MESTRE ZEN

Atualmente, há cada vez menos tempo para aprender a reagir.

Primeiro levantamos a poeira e depois nos queixamos de que não conseguimos enxergar.
BERKELEY

Se não sei que não sei, acho que sei.

Se não sei que sei, acho que não sei.
R. D. LAING

usamos um padrão de manutenção contínua do aprendizado, interrompido por pequenas explosões de inovação deflagradas por alguma reviravolta dramática e inesperada no curso dos acontecimentos. Alguns observadores, incluindo os autores deste livro, defendem o ponto de vista segundo o qual, em épocas de rápidas mudanças, essa atitude na linha do *Que será, será* é uma receita certa para o desastre – para os indivíduos, para as organizações e para as sociedades. Eis aqui uma outra opinião:

> O padrão convencional de *aprendizagem por manutenção/choque* é inadequado para se lidar com a complexidade global e, se não for controlado, pode provavelmente acarretar as seguintes conseqüências: (a) A perda de controle sobre os acontecimentos e as crises produzirá sobressaltos extremamente custosos, um dos quais pode vir a ser fatal. (b) Os longos períodos de tempo de aprendizagem por manutenção praticamente asseguram o sacrifício das opções necessárias para se evitar toda uma série de crises recorrentes. (c) A necessidade de se recorrer a especialistas e os curtos períodos de tempo intrínsecos à aprendizagem por choque marginalizarão e alienarão um número cada vez maior de pessoas. (d) A incapacidade de conciliar rapidamente valores conflitantes sob condições de crise redundará na perda da dignidade humana e da realização individual.[3]

(A Idade do Alibi é uma filosofia) que durante décadas induziu-nos a crer que as faltas humanas devem sempre ser atribuídas a algum outro fator; que a responsabilidade por comportamentos prejudiciais à sociedade deve invariavelmente ser atribuída à própria sociedade; que os seres humanos nascem não apenas capazes de se aperfeiçoar mas idênticos, de modo que quaisquer diferenças desagradáveis devem necessariamente ser produto de ambientes desagradáveis.

Estes autores defendem a *aprendizagem inovadora*, a qual procura prever a necessidade de mudança e arregimentar todos aqueles que iriam se beneficiar com a ocorrência da mudança ou do aprendizado. Essa é uma idéia de golfinho; as abordagens essenciais de descoberta de novos rumos são projetadas para dar-lhe apoio. Aqui estão as ferramentas mentais para "uma mudança da mudança", o princípio importante e, não obstante, pouco usado de mudar as marchas (fazer alguma coisa diferente) em vez de injetar mais combustível (continuar a fazer a mesma coisa esforçando-se mais):

Reserve algum tempo para conversar sobre o modo como você tem conversado sobre o problema.

Enquanto buscarmos o inatingível tornaremos impossível aquilo que é realizável.
ROBERT ARDREY

A idéia de conversar sobre o modo como você tem conversado pode produzir durante alguns momentos uma paralisia mental. Todavia, isto pode fazer muito sentido depois de você compreender que quase todos os nossos limites pessoais e organizacionais são impostos não pelas ameaçadoras e intratáveis influências externas mas sim por nós mesmos, *utilizando a linguagem* ou outras formas de armazenamento de memória.

Considere esta sentença: "Os Estados Unidos estão perdendo regularmente empregos industriais, e precisamos agir imediatamente se quisermos salvar o nosso parque industrial." Você está de acordo? Se estiver, provavelmente é favorável à decretação de leis protecionistas mais rigorosas, limitando o comércio entre os Estados Unidos e outros países. Por quê? Ora, para impedir que o parque industrial norte-americano sofra um desgaste ainda maior. Não obstante, foi justamente isto que a Grã-Bretanha tentou fazer – tendo como conseqüência a virtual ruína de boa parte de sua economia nos últimos 25 anos. Em *Frontiers of Management*, Peter Drucker observa que, nos últimos 25 anos, os países que *reduziram* mais rapidamente o número de trabalhadores industriais por unidade de produção manufatureira foram os que permaneceram mais saudáveis.

Depois que a nossa atenção foi atraída para a armadilha relativa aos trabalhadores industriais, passou a ficar fácil percebê-la. Mas quando você fica prisioneiro de um ponto de vista ou se encontra impedido de avistar outros horizontes devido à linguagem que você mesmo escolheu para descrever o problema e delinear a solução que, em sua opinião, deve ser adotada, torna-se perigosamente difícil enxergar as coisas de uma outra maneira.

Em seu livro *Change: Principles of Problem Formation and Problem Resolution*, o psicólogo Paul Watzlawick e seus colaboradores nos oferecem numerosos exemplos de pessoas e de instituições que caíram numa armadilha constituída pelas supostas soluções que eles impuseram a si mesmos, que eles "autodescreveram" para si mesmos:

> Multas vezes, nós só tomamos consciência dos fatos importantes depois que suprimimos a pergunta "Por quê?"; então, no decorrer de nossas investigações, esses fatos nos conduzem a uma resposta.

■ *Uma menina de quatro anos de idade estava tão transtornada com a possibilidade de ser deixada pela mãe no jardim da infância que esta acreditava ser necessário ficar com ela na escola dia após dia.* (Um dia, o seu pai a levou até a escola e a criança não demonstrou nenhum sinal de tensão, permanecendo sozinha durante todo esse dia e em todos os dias posteriores.)

Imaginemos... um jogo no qual todo aquele que começasse a jogar pudesse sempre vencer com um determinado truque simples. Mas o truque ainda não foi descoberto e, portanto, temos um jogo. Mais tarde alguém nos mostra qual é o truque e o jogo deixa de ser um jogo.

De que maneira poderei mudar isso, de forma a torná-lo claro para mim mesmo? – Pois eu quero dizer: "E isto deixa de ser um jogo" – e não: "E agora vemos que isto não era um jogo."

Isto significa... que o outro homem não chamou a nossa atenção para coisa alguma; ele nos ensinou um jogo diferente em lugar do nosso. No entanto, como o novo jogo pode ter deixado o antigo obsoleto? Agora vemos algo diferente e não podemos mais, ingenuamente, continuar jogando.

Para uma resposta que não pode ser formulada, a pergunta também não pode ser formulada.
LUDWIG WITTGENSTEIN

- *Um homem de meia-idade estava ficando tão paralisado pela agorafobia (medo de espaços abertos) que achava insuportável até mesmo ir a um supermercado.* Por fim, resolveu entrar em seu carro e cometer suicídio numa montanha próxima. Esperava que em algumas centenas de metros o seu ritmo cardíaco excessivamente acelerado acabasse matando-o. (Na verdade, ele foi dirigindo até a montanha sem apresentar nenhum sintoma desagradável, e cinco anos depois ainda permanecia totalmente curado da agorafobia.)

- *Durante a revolução cultural chinesa, os Guardas Vermelhos ordenaram a destruição de todas as tabuletas públicas (de ruas, repartições governamentais, dependências públicas), achando que isso iria sinalizar uma ruptura radical com o passado.* Depois, eles rebatizaram tudo cuidadosamente. (Mais tarde, os adeptos do passado fortaleceram-se e depuseram os Guardas Vermelhos, em parte porque, ao modificarem todos os nomes, eles tinham reforçado a crença confuciana de que a adequada atribuição de nomes iria produzir a realidade adequada. Ou seja: em vez de instituir uma mudança radical, os Guardas Vermelhos tinham, na verdade, reforçado um aspecto milenar da cultura chinesa.)

Não é de modo algum importante que você tenha compreendido totalmente a dinâmica psicológica destes exemplos. Os *porquês* não interessam muito para os golfinhos e sim os *quês*. (Os psicólogos têm uma piada de humor negro sobre o adulto que urinava na cama e, depois de anos de terapia, diz: "Continuo molhando a cama mas agora compreendo qual é o meu problema.") Watzlawick escreve:

A incontestada ilusão de que *temos* de fazer uma escolha entre *a* e não-*a* – e que não existe nenhuma outra saída para o dilema – é justamente o que perpetua o dilema e nos impede de enxergar uma solução que sempre esteve disponível, mas que contradiz o senso comum.[4]

Como os golfinhos "conversam" consigo mesmos para sair de dilemas? Eles usam técnicas como estas:

Quando vêem que o que fazem não está funcionando, os golfinhos param de fazer o que estão fazendo e concentram-se

naquilo que funciona. Ao parar de fazer o que vinha fazendo, você cria a oportunidade para fazer alguma outra coisa.

Os golfinhos criam novas palavras para falar sobre o seu problema. Um mestre zen, Tai-Hui, mostrou aos seus monges um bastão e disse: "Se você diz que isto é um bastão, você afirma; se você diz que isto não é um bastão, você nega. Para além da afirmação e da negação, como você chamaria isto?" Ora bolas, mestre, chame a isso de maçã, troço ou de próxima manhã de segunda-feira. Chame-o de qualquer coisa que funcione. Isto é o que interessa. Chame de esponja um departamento financeiro esbanjador e veja se isso inspira alguma nova possibilidade. Chame um empregado problemático de prisioneiro numa solitária e explore as introvisões inspiradas por essa imagem. Os adeptos da Programação Neurolingüística, uma abordagem psicoterapêutica baseada em comunicações que fogem ao senso comum, freqüentemente manifestam uma grande capacidade para dar novos nomes às coisas. Eles falam sobre sapos e sobre príncipes, e sobre informação em fatias e isso muitas vezes é importante. Os adeptos da Programação Neurolingüística – e os golfinhos – nunca se esquecem de que a linguagem é maleável e que, acima de tudo, é a linguagem que molda as idéias.

> A saída é pela porta. Por que ninguém vai usar essa saída?
> CONFÚCIO

Os golfinhos conversam muito uns com os outros sobre o processo.

O que quer que você esteja fazendo, fale sobre o modo como tem feito isso. Isto é, deixe de falar sobre soluções durante algum tempo e, em vez disso, fale sobre o modo como você vem tentando chegar até elas. Se as reuniões sobre o problema não estão levando você a lugar nenhum, fale sobre o modo como as reuniões estão sendo feitas. Se você não tem conseguido ser criativo, fale sobre o modo como você vem tentando ser criativo. Se vocês não estão se comunicando bem, falem sobre o modo como geralmente se comunicam uns com os outros. Os golfinhos falam muito uns com os outros *sobre* o processo e, como recompensa por isso, freqüentemente, descobrem a solução *no* processo, onde ela estava o tempo todo.

Grave em videoteipe e reveja as suas reuniões para a solução de problemas, ou designe um observador que, depois, possa falar à equipe sobre o modo como a equipe se comunica. Em qualquer dos casos você obtém uma oportunidade de fazer uma "metacomunicação" sobre aquilo que se passou – ou seja, de ter uma comunicação sobre a comunicação, o que, mais cedo ou mais tarde, é necessário fazer para que se possa trocar uma velha estrutura, assunto ou necessidade por outra nova. Subita-

> As coisas não são boas nem ruins; o pensamento é que as faz assim.
> WILLIAM SHAKESPEARE

> O que quer que você faça nos próximos cinco minutos, não pense na cor azul.
> PARADOXO DA PROGRAMAÇÃO NEUROLINGÜÍSTICA

mente, você se vê fazendo mudanças de marcha e economizando combustível.

Chunk up. *"Chunking"* [cortar grandes pedaços] foi usado anteriormente como um termo inventado pelos criadores da Programação Neurolingüística. Ele diz respeito a lidar com as idéias em um passo de cada vez. Para nós, o termo *"chunk up"* significa encarar um problema dentro de um contexto mais amplo. Se o programa é recrutar empregados de bom nível, arranje tempo para perguntar a si mesmo: "Isto é realmente parte de um problema mais amplo? Se for, esse fato derrama alguma nova luz sobre as coisas?" Se os partidários de uma legislação protecionista no Congresso analisassem o problema dos trabalhadores industriais dentro de um contexto mais amplo, eles rapidamente constatariam que estaríamos diante de um problema muito mais sério, cujas soluções talvez não se situem apenas no contexto do desemprego dos trabalhadores industriais.

Faça Aquilo que Você Teme.

Os psicólogos – os bons, que sabem usar esta abordagem – chamam a isto de "prescrever o sintoma". Sendo golfinhos, eles compreendem que muitas vezes nos privamos de um futuro mais apropriado por causa da tenacidade oculta de nossas velhas soluções. Velhas e *falsas*, porque não estão funcionando e, talvez, nunca tenham funcionado.

Quando nossas "soluções" não funcionam, elas, na verdade, tornam-se um problema.

Quando estamos habitualmente empenhados em buscar "soluções" que não funcionam, isso significa que as nossas soluções transformaram-se em nossos problemas. De alguma maneira, temos de encontrar um jeito de, conforme o psicoterapeuta Matthew McKay e seus colaboradores descreveram, "buscar aquilo que é habitualmente evitado, revelar aquilo que habitualmente é escondido, escolher aquilo que habitualmente é rejeitado".[5]

Na psicoterapia, os golfinhos são peritos em conduzir os seus pacientes para uma genuína cura. Eles dizem aos insones para ficarem acordados durante a noite toda. Se a pessoa costuma sofrer desmaios, eles lhe dizem para prostrar-se. Eles instruem os perfeccionistas a cometerem erros. Ao orientarem os clientes a fazer o que temem – e ao convencerem-nos a fazer isso – esses terapeutas criam uma nova situação onde as velhas "soluções" não fazem qualquer sentido. Se você faz planos de ficar acordado durante a noite toda, subitamente parece tolice preocupar-se por não ser capaz de dormir.

Nem sempre é fácil fazer aquilo que você teme. Nem sempre é fácil chegar onde você não pode ir ou fazer aquilo que não consegue. Viktor Frankl, o pai da logoterapia, ajudou a inventar a abordagem de "fazer aquilo que teme" para solucionar problemas. Ele contou a história do estudante que chegara atrasado na aula. Ao repreendê-lo, o professor quis saber a razão do atraso. "Estava tão escorregadio. Sempre que dava um passo para a frente eu deslizava dois passos para trás", respondeu o garoto. "Como então você conseguiu chegar até aqui?", perguntou o professor, indignado. O garoto respondeu: "Fiz meia-volta e voltei para casa."

Os golfinhos sabem que, com freqüência, podem fazer significativas mudanças para melhor tornando-se vulneráveis, fazendo aquilo que temem. Um obstáculo que pode nos repelir é aquele que tem sido chamado de Efeito Bannister. Até o aparecimento do corredor Roger Bannister, nenhum ser humano conseguira correr 5.280 pés em quatro minutos ou menos. Depois que Bannister ultrapassou essa barreira invisível e, em grande parte, psicológica, outros rapidamente fizeram o mesmo. Praticamente qualquer coisa nova associada a um certo grau de risco está ligada a uma barreira psicológica semelhante. Os criadores do programa *Outward Bound* [Para Fora dos Limites] compreendem isso. Ao insistir para que os participantes enfrentem o seu medo de pular de lugares altos subindo em encostas inclinadas ou participando de outras façanhas tornadas seguras por intermédio de couraças ou de outras medidas protetoras, porém ainda suficientemente ousadas para desafiar as barreiras mentais, os agentes de mudanças de hoje estão encorajando mais e mais pessoas a desafiar os seus limites.

> Este é o significado da grande doutrina de Kant, segundo a qual a teleologia (o estudo da finalidade ou propósito na natureza) é introduzida na natureza apenas pelo intelecto, que então se admira com um milagre que ele próprio ajudou a criar. É como se (caso me seja permitido explicar uma coisa tão sublime com um símile tão trivial) o intelecto ficasse perplexo ao descobrir que, quando somamos todos os algarismos dos múltiplos de nove, o resultado é um nove ou um outro número cujos algarismos, ao serem novamente somados, também dão nove. E, no entanto, foi ele que preparou este milagre ao criar o sistema decimal.
> ARTHUR SCHOPENHAUER

Uma outra barreira a ser rompida, para que possamos procurar novos rumos, talvez seja o Efeito Wallenda. Karl Wallenda foi um dos maiores funâmbulos de todos os tempos. E então, durante sua última apresentação, ele perdeu o

Faça aquilo que você teme – e faça-o com uma variação.

Se o leitor achar que estes estudos são um tanto abstratos e sem aplicação, ele deveria refletir sobre o fato de que as teorias dos jogos e a cibernética são simplesmente os alicerces da teoria de Como Encontrar o Seu Próprio Caminho. Poucos assuntos podem ser mais ricos em aplicações do que este!
W. ROSS ASHBY, *AN INTRODUCTION TO CYBERNETICS*

equilíbrio e precipitou-se para a morte. Posteriormente, analisando a tragédia, membros de sua família recordaram-se de que, na noite anterior, Wallenda tinha manifestado mais de uma vez sua preocupação com a possibilidade de cair. Eles conjecturaram que, enquanto ele geralmente se concentrava em atravessar a corda esticada, dessa vez tinha se concentrado em não cair. Você pode ter uma idéia da diferença ao verificar como é fácil atravessar uma ponte de tábuas estreitas se ela estiver sobre o chão. Neste caso, tudo que você precisa fazer é concentrar sua atenção em atravessar. Mas se as pranchas estiverem suspensas no ar a dez metros de altura, então será uma reação humana perfeitamente compreensível se, de repente, a sua preocupação for a de *não cair*. Ao preocupar-se com isso, porém, você aumenta substancialmente a probabilidade de, efetivamente, perder o equilíbrio.

"Fazer aquilo que teme" pode ser um pacto extremamente difícil de firmar consigo mesmo. Em *The Book of Lists*, o medo de falar em público acha-se no alto da lista dos grandes medos, ultrapassando até mesmo o medo de uma guerra nuclear. As barreiras existentes em nossa mente podem ser terríveis, o que é razão mais do que suficiente para que as desafiemos. Porém, você deve proceder com cuidado, e ter sempre em mente que algumas pessoas não conseguem fazer isso. Em boa medida, os golfinhos são bem-sucedidos porque dominaram um princípio fundamental para se ultrapassar um paradoxo: *o princípio da variação.*

Eis aqui alguns exemplos:

- *Anuncie aquilo que você geralmente esconde.* ("Para ser honesto com você, não sei se vou conseguir fazer este discurso. Estou muito nervoso.")
- *Faça sozinho aquilo que você geralmente faz com outros.* (Passe uma semana num lugar ermo – sozinho com o seu futuro.)
- *Não diga alguma coisa que você geralmente diz.* (Desta vez, não diga: "Deixa comigo.")
- *Esconda aquilo que você normalmente revela.* (Mantenha segredo sobre a sua conta corrente... ao menos uma vez.)
- *Faça com alguma pessoa diferente.* (Um amigo, um consultor, um de seus filhos?)

- *Reordene a seqüência.* ("Os últimos serão os primeiros...")
- *Faça num horário ou num lugar diferente.* (Desta vez, você determina o lugar.)
- *Diga o oposto daquilo que você normalmente diz.* ("Olhando adiante para o século XIX.")
- *Faça mais lento ou mais rápido, com maior e com menor esforço.* (E deixe Deus operar as Suas maravilhas por suas vias misteriosas.)
- *Faça por partes.* (A soma das partes é, às vezes, preferível ao todo.)
- *Exagere ou minimize suas ações usuais.* (Da próxima vez, não se dê ao trabalho de verificar se tudo está em boa ordem. Ou, pelo contrário, certifique-se de uma vez por todas de que está.)
- *Remova um passo da seqüência usual.* (Desta vez, tome uma decisão sem fazer um exaustivo estudo de *marketing.*)
- *Acrescente uma tarefa desagradável mas salutar.* (Limpe o seu armário.)
- *Faça isto duas vezes seguidas ou com maior freqüência.* (Deixe a pessoa em que você menos confia presidir as reuniões durante um mês.)[6]

> As civilizações morrem por suicídio e não por assassinato. ARNOLD TOYNBEE

> Aprendi por experiência própria que lutar por uma atitude mental positiva não o levará a lugar algum a menos que você tenha munição para lhe dar apoio. Você desenvolve uma atitude mental positiva estando preparado, compreendendo as realidades do que é necessário para ser bem-sucedido e sendo bom nas técnicas necessárias. É um ciclo: quanto mais preparada a pessoa estiver, mais positiva será sua atitude e, portanto, melhores serão as suas chances de obter sucesso. ROBERT J. RINGER

O falecido Milton Erickson era um gênio em se tratando de levar as pessoas a fazerem aquilo que temem, porém com uma variação. Houve o caso, por exemplo, do jovem que ele curou do hábito de roer as unhas fazendo com que o paciente se comprometesse a roer a unha de um único dedo. Ou o da mulher que estava sempre quebrando suas dietas, que conseguia perder peso rapidamente mas logo o recuperava. A solução de Erickson: levá-la a concordar em *ganhar* dez quilos antes de começar a próxima dieta.

Fazer aquilo que você teme é uma excelente maneira de procurar novos rumos, especialmente se você o faz com uma variação.

Saiba jogar o "tênis paradoxal".

Até mesmo os tubarões têm dificuldade de controlar uma situação na presença de uma pessoa espirituosa, de raciocínio

Técnicas para jogar o tênis paradoxal à moda dos golfinhos.

> Se uma pessoa o ofende e você não sabe se isso foi intencional, não recorra a medidas extremas. Espere uma oportunidade e dê-lhe uma tijolada.
> MARK TWAIN

rápido e que saiba usar jogos de palavras para criar mudança num cérebro inconscientemente relutante. Uma de minhas histórias favoritas é sobre a cidade medieval que postou guardas no fosso para fazer esta pergunta aos forasteiros: ''O que veio fazer na cidade?'' Se os forasteiros dissessem a verdade e não fossem desejados, eram mandados de volta. Se mentissem e fossem descobertos, eram enforcados. Certo dia um golfinho chegou ao portão e lhe foi perguntado o que viera fazer na cidade. ''Vim para ser enforcado'', respondeu ele. Se estiver sendo tratado como algo que você não é, talvez seja o momento de agir como se merecesse o tratamento e de exagerar na *performance*. Certa vez, vimos um jovem médico de origem chinesa fazer uma breve mas devastadoramente eficaz imitação de um cule ao receber ordens de um médico de posição superior que assumia uma atitude dominadora. A perseguição cessou imediatamente.

Outro exemplo: durante a Segunda Guerra Mundial, os nazistas espalharam um bombástico cartaz onde se lia: ''Nacional Socialismo ou Caos Bolchevista?'' Um grupo clandestino imediatamente imprimiu uma pequena faixa adesiva e percorreu a Alemanha afixando essa faixa em centenas desses cartazes. A faixa dizia: *Erdapfel oder Kartofel?* (Batatas [*spuds*] ou Batatas [*potatoes*]?)

Às vezes, isto também é chamado de estratégia do ''sim *e* não''. Quando os nazistas ordenaram que todos os judeus usassem a estrela amarela de Davi, o rei Cristiano X, da Dinamarca, demonstrou sua grande habilidade no tênis paradoxal. Ele rebateu a bola para o fundo da quadra dos nazistas sem aceitar os seus termos – que é o objetivo do tênis paradoxal. Os dinamarqueses não reconhecem a existência de nenhuma diferença entre dinamarqueses judeus e não-judeus, anunciou o rei; portanto, ele seria o primeiro a usar a estrela-de-davi. Outros dinamarqueses apoiaram maciçamente a idéia do rei, e os nazistas foram obrigados a cancelar a sua ordem.

Eis aqui algumas técnicas para se jogar o tênis paradoxal à moda dos golfinhos:

Faça explicitamente aquilo que a outra parte acha que você quer evitar. Aprenda a dizer ''Não, obrigado'' de forma criativa. Ou seja, recuse – firmemente, mas com tato – assumir a responsabilidade de ter de lidar com um problema tal como foi colocado pela outra parte. Foi isto o que o rei Cristiano fez com os nazistas. Para sua satisfação, um dos autores deste livro finalmente testemunhou, num programa policial na TV, uma situação onde a vítima usou uma eficaz resposta paradoxal quando um bandido encostou uma arma nas costelas de uma mulher no estacionamento de um *shopping-center* cheio de gente e mandou que ela o acompanhasse. "Diabos, eu não vou", respondeu ela. "Se vai atirar em mim, faça-o aqui, na frente de todo mundo." (Embora não estejamos de maneira alguma sugerindo que esta seja uma reação apropriada para todas as situações desta natureza, se você estiver prestes a ser levado para um lugar deserto e assassinado, esta idéia parece efetivamente ter os seus méritos.)

Responda às perguntas com uma pergunta apropriada. Você talvez ache útil responder: "Esta é uma pergunta interessante. Por que você quer saber?" Ou então: "Isto faz sentido. Posso lhe perguntar por que isto é importante para você?"

Afirme o óbvio. Pergunte: "Nancy, por que você está me pressionando tanto?"

> Qualquer um que só consiga soletrar uma palavra de uma única maneira é um idiota.
> W. C. FIELDS

Sonde. Se lhe disserem que o seu preço é alto demais, pergunte: "O que significa que...?" Ao saber que alguém está descontente com uma dada situação, diga: "Você diz que está descontente, Paul. O que você quer dizer com isto?" Se lhe dizem que algo é caro demais, pergunte: "Comparado com o quê?" Se lhe dizem que todo mundo está fazendo alguma coisa, responda: *"Todo mundo?"* Pergunte coisas específicas: quem, o que, onde, quando? Se você for um golfinho vale a pena fazer uma sondagem sempre que deparar com palavras do tipo "jogue com segurança", palavras de carpa – palavras que o deixam no escuro e permitem à outra parte escapar de um compromisso. Palavras ou frases como "talvez", "possivelmente", "parece que sim", "parece bom", "quando tiver oportunidade" ou "tente".

Procure fazer com que as pessoas falem "em *off*". Os políticos e outras pessoas que ocupam posições delicadas freqüentemente tentam fazer com que os jornalistas conversem com eles "em *off*". As informações reveladas "em *off*" não devem, supostamente, ser publicadas. Utilizada nos negócios e nas conversas normais do dia-a-dia, a frase pode ser útil para que as pessoas se abram ou façam confidências.

Utilize a resistência inconsciente. Quando alguém insiste no fato de que não consegue realizar alguma coisa ou mudar ou fazer progresso, você, geralmente, tem uma oportunidade de ajudá-la a progredir utilizando a própria resistência dela. "É verdade", diz você. "Estou percebendo que é impossível para você imaginar uma solução criativa para este problema." Subitamente, você a colocou diante de um dilema (*double bind*). Os seus sentimentos de resistência são tão fortes como sempre mas, dessa vez, se ela resistir a você (mostrando que também consegue imaginar uma solução criativa) terá de lhe dar aquilo que você quer, e de que ela mesma realmente precisa.

Seja uma carpa. Ao lidar com alguém que está tentando pressioná-lo, fazendo exigências absurdas ou tentando colocá-lo numa situação desfavorável ou injusta, finja-se de bobo. Diga que não sabe de nada. Pergunte o que lhe resta fazer, já que as coisas estão realmente ruins. Sugira que talvez tudo esteja perdido. Se as coisas estão assim *tão* ruins, por que vocês dois estão se dando ao trabalho de conversar sobre isso?

Reestruture – ou crie uma escolha modificando o significado de um acontecimento.

Nunca haverá uma história melhor para ilustrar aquilo que tem sido chamado de "delicada arte da reestruturação" do que a história de Tom Sawyer:

"Olá, meu velho. Está trabalhando, hein?"

"Por quê? É você, Ben! Não vi você chegar."

"Diga – eu vou nadar. Você não gostaria de poder? Mas é claro que você tem de *trabalhar*, não tem? É claro que tem!"

Tom contemplou o garoto por um instante e disse:

"O que você chama de trabalho?"

"Por quê? *Isso* aí não é trabalho?"

Tom voltou a caiar a cerca e respondeu descuidadamente:

"Bem, talvez seja e talvez não seja. Tudo que sei é que isto é bom para Tom Sawyer."

"Ora, vamos lá. Você não quer dizer que *gosta* de fazer isto?"

"É todo dia que um garoto tem a oportunidade de caiar uma cerca?"

Isto colocou a coisa sob uma nova luz. Ben parou de mordiscar sua maçã. Tom deslizou sua brocha delicadamente para cima e para baixo. Deu um passo para trás a fim de observar o efeito. Acrescentou um toque aqui e outro ali. Apreciou o resultado novamente. Ben observava cada movimento e ficava cada vez mais interessado, cada vez mais absorvido.

Logo depois, ele disse: "Ei, Tom, *me* deixa caiar um pouco."

Quando reestruturamos, nós "modificamos o cenário ou o ponto de vista conceitual e/ou emocional em relação ao qual a situação é vivenciada e... a colocamos numa outra estrutura onde os 'fatos' da mesma situação concreta encaixam-se igualmente bem ou ainda melhor e, assim, alteramos todo o seu significado".[7]

A realidade geralmente é aquilo em que a transformamos.

Os golfinhos freqüentemente reestruturaram o significado de acontecimentos e de questões utilizando técnicas como estas:

Perguntando "E se...?" E se perguntarmos, "e se...?"? Em primeiro lugar, isto nos faz lembrar da observação de Antoine de Saint-Exupéry segundo a qual a verdade não é o que descobrimos mas sim o que criamos. (Ou da observação de Robert Ardrey de que "Um território, por exemplo, não pode existir na natureza; ele existe na mente do animal.") Quando perguntamos "E se...?" levantamos a possibilidade de olhar para uma situação – um problema – a partir de diversos pontos de vista. Perguntar "E se...?" pode ser suficiente para nos fazer lembrar de que, provavelmente, fomos nós que criamos a "realidade" que está à nossa volta, só que nos esquecemos de ter feito isso. Agora, depois de termos sido lembrados de que fomos, de fato, os criadores de uma "realidade", podemos começar a mudá-la.

A esposa de um dos autores proporcionou-nos um excelente exemplo disso. Diante de uma oportunidade de mudar-se para uma suíte maior em nosso conjunto de escritórios, o macho da espécie concentrou-se imediatamente nas despesas e no incômodo de ter de substituir o número da suíte – de 3 para 2 – nos cartões de visita, no material de escritório e nos produtos impressos. "E se", interrompeu uma pensadora da variedade golfinho que estava no meio de nós, "apenas trocássemos os números das suítes? Vamos colocar o '2' na antiga e o '3' na nova. Assim, conservamos o nosso endereço atual e não será necessário reimprimir nada."

"Mostrar à mosca a saída da garrafa onde está presa."

Este é um belo exemplo, não? Em quase todos os casos, a "realidade" é aquilo em que *nós* a transformamos.

Vendo através dos olhos de uma outra pessoa. Boa parte da filosofia moderna, de Immanuel Kant em diante, teve como um de seus principais interesses o propósito de nos ajudar a compreender que podemos evitar a suposta angústia de uma "realidade" simplesmente abandonando-a ou substituindo-a.

Esta é a idéia que está por trás do interesse de Ludwig Wittgenstein em "mostrar à mosca a saída da garrafa onde está presa". Como as "realidades", "territórios" ou "jogos" freqüentemente são invenções do cérebro, quase sempre é útil nos perguntarmos ou imaginarmos como os outros cérebros vêem o objeto ou o tópico do *nosso* interesse.

A Royal Dutch Shell fez uso dessa abordagem antes do embargo árabe do petróleo de 1973, e colheu significativas vantagens porque a gigantesca empresa agiu com base naquilo que aprendeu. Se eles eram os potentados árabes do petróleo, e se estavam diante da mesma situação do mercado mundial de petróleo enfrentada pela Shell e pelas outras grandes companhias, o que *eles* deveriam fazer? Subitamente, tudo ficou muito claro: Eles sentariam em cima de seu petróleo, o deixariam no subsolo e esperariam o seu preço subir. E isto, é desnecessário lembrar, foi justamente o que eles fizeram.

Identificando as oportunidades em nossos obstáculos. Foi isto o que a cervejaria Coors, sediada no Colorado, fez com uma cerveja que não atendia aos padrões do seu controle de qualidade. Pelos padrões usuais da Coors, aquela era uma "cerveja ruim". Mas a cerveja ruim é *sempre*, necessariamente, uma cerveja "ruim"? Não aos olhos dos criadores de gado. A cerveja "ruim" pode, de repente, tornar-se uma cerveja muito "boa" se for encarada como uma fonte de nutrientes para o gado. De fato, a Coors agora vende a sua cerveja "ruim" para os criadores de gado. Subitamente, a cerveja "ruim" transforma-se em cerveja "boa", e nada mudou, a não ser a maneira como pensamos a respeito dela. No entanto, para que este tipo de transição possa ocorrer, é preciso que haja uma alteração nas categorias. Ou, para citar novamente o implacável pensador austríaco, precisamos tirar a mosca da garrafa onde está presa.

Utilizando a Técnica da Confusão. Nosso débito, mais uma vez, é para com o falecido Milton Erickson, o talentoso golfinho da psicoterapia. Certa vez ele descreveu este encontro:

> Num dia de vento... um homem dobrou correndo a esquina de um edifício e chocou-se violentamente contra mim, enquanto eu me escorava contra o vento. Antes que ele pudesse recuperar o equilíbrio e falar comigo, dei uma elaborada olhadela para o meu relógio e, cortesmente, como se ele tivesse me perguntado as horas, disse: "São exatamente dez minutos para as duas", embora fosse na verdade perto das quatro da tarde. Depois disso, continuei andando. Cerca de meia quadra adiante, voltei-me e vi-o olhando para mim, certamente ainda intrigado e desorientado pela minha observação.[8]

Um notável "truísmo" destaca-se em nossos estudos sobre a busca de novos rumos: *É a "não obtenção de algo" o que consome tempo e produz sofrimento.* Geralmente despendemos uma enorme quantidade de energia para resistir a uma solução útil e inovadora – para resistir ao óbvio. Não é de se admirar que, quando finalmente a *enxergamos*, gritamos "Eureca!", temos experiências culminantes e sentimos que o nosso mundo foi reordenado.

> Em toda obra de gênio reconhecemos as nossas próprias idéias rejeitadas; elas voltam a nós com uma certa grandiosidade distante.
> RALPH WALDO EMERSON

Há uma regra interessante, que parece ser aplicável à vida em geral. Ela é chamada de regra 80/20, ou Lei de Pareto (de Vilfredo Pareto, o economista e sociólogo italiano que a criou). Ela diz: "Vinte por cento do que você faz produz oitenta por cento dos resultados e, inversamente, oitenta por cento do que você faz produz vinte por cento dos resultados."

Em vendas, isto significa que vinte por cento dos nossos clientes geralmente produzem oitenta por cento de nossos lucros. Na administração, significa que é importante discriminar entre os "poucos cuja presença é fundamental" e os "muitos sem importância". Para os golfinhos, isto significa desenvolver a nossa capacidade de determinar rapidamente os vinte por cento que importam e nos concentrarmos em produzir as mudanças nessa área, deixando os oitenta por cento que não importam muito se acomodarem à nossa conveniência.

Essa é uma idéia revolucionária. Para termos o desempenho de um golfinho, precisamos apenas lidar com aqueles críticos vinte por cento. E como fazemos *isso*? Preste atenção ao que não está funcionando e faça algo diferente usando as técnicas de golfinho descritas neste capítulo.

TRABALHO DE GOLFINHO

Exercício Nº 1

Se o que você está fazendo não está funcionando, você precisa fazer algo diferente. Mas o quê? Para chegar a uma resposta bem-sucedida, é útil recorrer a duas áreas: (1) ''O que aprendi?'' e (2) ''O que preciso aprender?'' Reflita sobre os pensamentos e as idéias que lhe ocorrem depois de ler cada uma das seguintes perguntas:

1. Se esta situação fosse engraçada, do que estaríamos rindo?
2. Como eu veria/solucionaria este problema se fosse vinte anos mais velho? Ou se fosse vinte anos mais novo?
3. O que eu faria (pensaria, diria) de modo diferente se este problema fosse uma oportunidade?
4. Como a velha solução funcionou no passado? Por que a solução agora é o problema?
5. O que aconteceria se esta situação significasse exatamente o oposto daquilo que acho que ela significa?
6. Como esta situação seria encarada do ponto de vista de uma outra pessoa?
7. Qual é o problema mais amplo do qual este é apenas uma parte?
8. O que a pessoa que criou este problema *realmente* quer?
9. O problema é o sistema? Se for, como fazer para contorná-lo?
10. Alguma emoção que estou sentindo ou bloqueando faz com que eu reaja a velhos hábitos ou programações cerebrais em vez de comportar-me de forma inovadora e criativa?

Exercício N° 2*

Numa folha de papel avulsa, escreva exatamente aquilo que você sente que precisa para ser bem-sucedido – uns poucos resultados fundamentais.

Em seguida, pense por um momento naquilo que o está impedindo de alcançá-los, e faça uma lista desses obstáculos.

Agora, pergunte a si mesmo: ''Se eu fosse 100% responsável por aquilo que quero e faço, o que eu faria de forma diferente?''

---

* Agradecemos a Michael Higgins por este exercício.

4
VIVENDO "VOLTADO PARA UM PROPÓSITO": EVITANDO O "DESTINO QUE FAZ SOFRER"

Uma das criaturas mais desditosas da natureza é um peixe fora d'água. Para um peixe *de verdade* arrancado subitamente da água *real*, esta é de fato uma situação muito grave. Para a criatura humana, a morte não é iminente quando nos vemos atirados à praia. O nosso destino assemelha-se mais a um desconforto crônico, freqüentemente de caráter tão vago e de natureza tão enigmática que, depois de algum tempo, simplesmente o aceitamos como uma "contingência" da vida com a qual temos de conviver, algo como um eczema, uma artrite nos joelhos ou uma unha encravada crônica com que a natureza cruelmente nos dotou.

> Eu estava aturdido. Um novo vice-presidente assumiu, deu ao meu chefe seis dias para sair e demitiu-me antes que tivéssemos trocado dez palavras. Eu as contei.
> CITADO POR PAUL HIRSCH EM *PACK YOUR OWN PARACHUTE*

As carpas e os tubarões são mais susceptíveis a esse "destino que faz sofrer". Os golfinhos são rápidos em reagir a qualquer sinal de uma nova tendência ou de modificações nas condições do ambiente.

Os golfinhos insistem em manter uma sincronia entre *aquilo que são; o que estão fazendo, pensando e sentindo; e a razão de estarem aqui*. Os golfinhos procuram satisfação e harmonia interiores. Os golfinhos não aceitam durante muito tempo ou com demasiada freqüência a condição de "peixe" fora d'água.

John Sculley é o chefe executivo da Apple Computer, Inc. Antes de assumir este cargo, numa das trocas de executivos mais divulgadas dos Estados Unidos, Sculley foi o mais jovem presidente da história da Pepsi-Cola, aos 38 anos, e o provável herdeiro necessário do posto mais elevado da gigantesca Pepsico. Na época, Sculley era supostamente um tubarão. Então, subitamente, abriu mão de sua fortuna assegurada, e de uma fama ainda maior, para se dedicar a um empreendimento muito arriscado. Percorrendo os Estados Unidos de costa a costa, assumiu a difícil e arriscada função de liderança na atmosfera vertiginosa, altamente descentralizada e altamente competitiva da Apple Computers. Ao fazer isso, Sculley descobriu que fora, durante anos, um peixe fora d'água. Ao descobrir isso, migrou das águas do tubarão para as águas do golfinho.

Em sua autobiografia, *Odyssey*, ele escreveu:

> Quando criança, eu adorava brincar com aparelhos elétricos. Quase nunca me entretinha com brinquedos de verdade. Quando tinha cinco anos, lembro-me de ter ganho uma pilha seca, uma campainha e fios como presente de Natal. Nessa época, comecei a queimar fusíveis em nosso apartamento... e aos onze passei a operar um radioamador. Aos quatorze, em 1954, minha fascinação pelos aparelhos eletrônicos levou-me a inventar um tubo de raios catódicos para televisores em cores... Meu pai ajudou-me a encontrar um advogado especializado no registro de patentes... Quando era adolescente, costumava acordar às quatro horas da madrugada para sentar e conversar com o meu avô sobre o futuro. Uma história sobre um disco voador que ele avistara nas Bermudas despertou-me tamanho interesse que no dia seguinte saí em patrulha, com um binóculo na mão, perscrutando o céu em busca dos alienígenas. Não conseguindo encontrar nenhum, acabei inventando eu mesmo um disco voador com um novo *projeto* de asas circulares baseado no princípio de Bernoulli... Ao concentrar-me exclusivamente em obter sucesso na Pepsi, de alguma forma abandonei o meu antigo interesse por invenções e pela tecnologia.[1]

Quando Sculley pediu demissão da Pepsi para ir para a Apple, os funcionários da Pepsi ficaram incrédulos. Como ele poderia abandonar um futuro garantido – o qual praticamente lhe assegurava o posto mais elevado de uma poderosa empresa admirada em todo o mundo – em troca de uma situação problemática (naquela época) no universo ainda incerto dos computadores pessoais?

A resposta talvez ainda não tenha sido plenamente compreendida por muitos dos antigos colegas e mentores de Sculley. Na verdade, porém, ela é bastante simples. Subitamente, depois de passar anos cada vez mais encalhado na praia, Sculley voltara a nadar. De repente, depois de passar anos desviando-se cada vez

Migrando das águas do tubarão para as águas do golfinho.

Aprendemos... que há uma utilidade na morte porque... o mundo está sempre mudando e não podemos acompanhar o seu desenvolvimento. Se eu tivesse algum discípulo, você poderia dizer o seguinte a respeito de cada um deles: eles pensam por si mesmos.
WARREN S. MCCULLOCK

mais do seu curso, John Sculley estava novamente *voltado para o seu propósito.*

Ele sabia disso – sem qualquer sombra de dúvida – porque o sentia.

A diferença fundamental entre os golfinhos e os outros residentes do "tanque" é que os golfinhos compreendem a importância de saber qual *é* o seu propósito na vida e se, num determinado momento, eles estão ou não voltados para esse propósito. As carpas e os tubarões freqüentemente não fazem isso.

Podemos definir "propósito" de diversas maneiras. Por um lado, quando sabemos qual é o nosso propósito, temos uma âncora – um esquema mental que nos proporciona alguma estabilidade, que nos ajuda a impedir que as surpresas de um universo criativo nos atirem de um lado para o outro, fazendo-nos sentir constantemente o enjôo do mar. Podemos, igualmente, pensar em nosso propósito como sendo uma carta náutica marcando baixios e rochedos, bancos de areia e navios abandonados – algo para nos guiar e nos manter em nosso curso. Talvez a coisa mais profunda que podemos dizer a respeito de estar "voltado para um propósito" é que, quando esse é o nosso *status*, a nossa condição e o nosso conforto, achamos que a nossa vida tem *significado*, e quando "não temos propósito", sentimo-nos confusos a respeito de significados e de motivos.

> *Quando temos "um propósito", achamos que a nossa vida faz sentido.*

Os golfinhos nem sempre têm um propósito; a vida é demasiado complicada para isso. Mas – e este é o ponto fundamental – quando não têm um propósito, eles percebem isso quase que imediatamente, e iniciam sem demora uma busca pelo que foi perdido ou tornou-se confuso, e o fazem com intensidade e com dedicação.

Os indivíduos e as organizações que não têm um propósito acham-se no mesmo tipo de situação descrita por um antigo técnico de futebol da Universidade do Texas ao falar sobre os riscos de dar um passe. "Três coisas podem acontecer – duas delas ruins", disse Royal. Quando você não tem um propósito, a única coisa boa que pode lhe acontecer é ter sorte. Você faz a coisa certa, muito embora não saiba por que ou como a faz. O resultado mostra-se bom e você se vê se sentindo mais completo, mais concentrado. Porém, na grande maioria das vezes, isso não funciona assim. Quando não temos um propósito, tropeçamos cegamente de uma escolha errada para outra, e agüentamos as conseqüências do "destino que nos faz sofrer". Podemos, por exemplo, aceitar empregos – muitas e muitas vezes – por causa de razões que, no íntimo, são inadequadas e insatisfatórias: porque o salário é melhor, oferece chance de ascensão profissional, proporciona prestígio, ou porque é isto o que se tem a fazer. No entanto, uma vez lá, como estamos sem um propósito, descobrimos que estamos novamente nos sentindo infelizes, que somos vítimas do "destino que faz sofrer" e que, uma vez mais, saímos em busca de um fracasso.

> *Quando não temos um propósito, tropeçamos de uma escolha errada para outra.*

Em tais circunstâncias, temos quatro escolhas:

- Podemos fugir.
- Podemos mudar a organização ou o ambiente.
- Podemos mudar a nós mesmos.
- Podemos sofrer.

Pode-se esperar que os golfinhos escolham uma das três primeiras opções. As carpas, as carpas pseudo-esclarecidas e os tubarões escolhem sofrer ou topar de alguma outra forma com o sofrimento, silenciosamente ou não, passivamente ou não, às vezes tornando-se alvo de recriminações, e às vezes não, às vezes levando a cabo sua vingança atacando ou sabotando outras pessoas, às vezes não. Como quer que se lide com esse papel, o produto final para qualquer organização é o afastamento das metas visadas: hora a hora, dia a dia, a organização é inexoravelmente arrastada para fora de seu curso.

> *É fundamental saber qual é o seu propósito e manter-se fiel aos seus valores mais profundos.*

O fundamental para se evitar o "destino que faz sofrer" é saber qual é o nosso propósito pessoal e, usando esse conhecimento, fazer escolhas que estão alinhadas com os nossos valores mais profundos. Quando você puder usufruir desse tipo de sincronia, terá conquistado a capacidade de operar com um senso de integridade.

> Temos a arte para não morrermos por causa da verdade.
> NIETZSCHE

Depois que passamos a ter um propósito, o que resta em nossa busca para agir com integridade é entrar em contato e em sincronia com os nossos valores mais profundos, os valores do nosso próprio mundo interior, onde são elaboradas questões relativas a propósitos e a outros assuntos graves e profundos – o mundo das crenças, dos padrões pelos quais a totalidade do mundo externo às nossas vidas é avaliada.

Os golfinhos compreendem que equipes, grupos, famílias e indivíduos podem partilhar um propósito semelhante – quando todos têm ''um propósito – e, mesmo assim, estarem utilizando padrões ou valores extremamente diversos. Desse modo, uma das habilidades fundamentais do golfinho é a de apreciar e de ser capaz de reagir de modo a dar apoio aos propósitos dos outros quando eles tentam ''realizar'' o seu propósito na vida ou na organização. Quando os golfinhos colocam os óculos dos valores e das crenças, e examinam ''o tanque'', é isto o que eles vêem:

No final do século vinte, um novo campo, o das ciências cognitivas, confirmou o que alguns golfinhos já haviam intuído: o cérebro é uma casa de espelhos – e das boas, ainda por cima.

> Cada vez que mudamos o nosso ambiente, o nosso ambiente muda o nosso comportamento, e o nosso novo comportamento exige um novo ambiente.
> LAURENCE J. PETER

Esse órgão com o qual pensamos, nos emocionamos e ''arquitetamos'' as nossas ações tem uma extraordinária capacidade para construir um mundo ''interior'' próprio com uma profunda seletividade. Operando com uma lógica oculta e com um sistema de filtro que faz a melhor tecnologia *"clean room"* da indústria de computadores ser motivo de vergonha, o cérebro seleciona autocraticamente, com uma vontade de ferro, aquilo que quer conhecer e o modo como decide fazê-lo.

Nessa casa de espelhos, as informações vindas do exterior e que não se encaixam bem podem ser administradas de diversas maneiras. Se as defesas do cérebro estiverem preparadas, a informação ''estranha'' pode não ser registrada de maneira alguma. Se o for, essa informação pode ser distorcida, como fazem os espelhos dos parques de diversões, até ser aceita. Ou, então, se ela chega em tal quantidade e com tamanho vigor que não pode ser ignorada ou distorcida, uma informação que representa uma ameaça para as pressuposições que o cérebro cuidadosamente

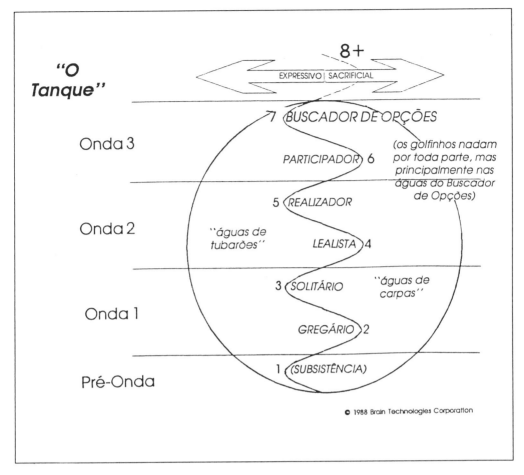

Figura 4.1. Sistemas de Avaliação

construiu a respeito "do mundo *real* lá de fora", ela pode disparar os alarmes neurológicos, produzindo estratégias de rejeição, de raiva, de negociação e de pesar. Se tais circunstâncias acontecem com freqüência, o indivíduo está, evidentemente, sem um propósito, sofrendo de uma confusão interna e, provavelmente, criando confusão externa.

A *"casa de espelhos" do cérebro é a sua visão de mundo.*

Dizemos que a "casa de espelhos" do cérebro é a sua visão de mundo. Apesar de todas as potenciais excentricidades e individualidades, as visões de mundo não existem de maneira independente da realidade "exterior". Assim como o cérebro molda o mundo, o mundo molda o cérebro. Assim como o cérebro molda a informação, a informação molda o cérebro.

> As ferramentas da mente tornam-se fardos quando o ambiente que as tornou necessárias não existe mais.
> HENRI BERGSON

Quando o cérebro é moldado, o mesmo acontece com sua visão de mundo ou casa de espelhos. Recordando o Capítulo 2, sabemos que o mundo conheceu, até agora, três grandes "ondas" de mudanças. Cada uma dessas três grandes ondas moldou e foi moldada pelo cérebro. Um cérebro, como a esta altura você certamente já sabe, possui dois hemisférios que funcionam de maneira muito diferente, que produzem ritmos muito diferentes. Um hemisfério produz o ritmo primário da carpa; o outro, o ritmo primário do tubarão.

Os golfinhos compreendem que duas grandes forças – as diferentes formas de processamento das personalidades hemisféricas do cérebro e as três grandes ondas de mudança na história humana – combinaram influências durante os últimos 40 mil anos para criar seis grandes padrões de estar "voltado para um propósito". As seis "casas de espelhos" estão contidas na visão do tanque representada na Figura 4.1. (A visão de mundo 1 – *Homo sapiens existens* – está representada, mas raramente é encontrada no mundo adulto, exceto entre doentes mentais e pessoas senis, e não será tratada extensivamente em nossas discussões.)

As carpas costumam nadar nas águas à direita do tanque – o lado daquilo que é possível, dominado pelo hemisfério direito, e os tubarões nas águas da esquerda, o lado dominado pelo hemisfério esquerdo. Como nadam predominantemente no lado direito, as carpas são vulneráveis à tendência do hemisfério direito para, ingenuamente, presumir demais e perguntar muito pouco. O hemisfério "carpa" mostra-se perfeitamente satisfeito em substituir áreas do conhecimento por números ou números por áreas do conhecimento – tomar decisões impensadas ou baseadas em fotos ou em cartuns quando, na verdade, justifica-se uma análise mais séria e reflexões mais profundas. Através do *canyon* – o *corpus callosum* que une os dois hemisférios com os seus duzentos milhões de nervos – o hemisfério esquerdo também tem as suas limitações operacionais. Pode-se dizer que esse hemisfério armazena centenas de variações de si mesmo em suas prateleiras, cada variação ajustada em sintonia fina com tipos específicos de circunstâncias,

> O universo de Wheeler é um sistema auto-ativado, produzido pela ação da auto-referência e da contingência sobre uma física que é exatamente aquela necessária para permitir o eventual surgimento da vida e da consciência humana. O passado, o presente e o futuro estão de tal forma interligados neste universo que o nascimento deste é retardado "até que os acidentes cegos da evolução estejam preparados para produzir, durante algum intervalo não-nulo de tempo da sua história futura, a consciência, a consciência da consciência e a comunidade comunicante que dará *significado* ao universo desde o seu início até o seu fim". ERICH HARTH EM *WINDOWS OF THE MIND*, DISCUTINDO OS PONTOS DE VISTA DE JOHN ARCHIBALD WHEELER

Um hemisfério pode substituir soluções por cartuns; o outro pode criar um emaranhado de soluções que podem ou não ser adequadas.

e cada uma delas esperando para ser inserida na realidade mental como se fosse uma fita cassete. Assim como um disc-jóquei com um número excessivo de pedidos e de seleções musicais, o hemisfério tubarão pode facilmente deixar de perceber o verdadeiro significado dos acontecimentos por estar demasiado ocupado trocando fitas, rodando fitas inapropriadas ou, em virtude de sua perspectiva mais cínica em relação ao mundo, perder uma importante nuança.

Embora o cérebro de um golfinho contenha, obviamente, os hemisférios da carpa e do tubarão, o sistema de comando parece ser muito diferente. Em vez de atribuir o controle predominantemente a um ou ao outro hemisfério, os golfinhos passaram o "centro de ação" para os lobos frontais ou, pelo menos, foi isso o que pesquisadores como Walle Nauta, do Massachusetts Institute of Technology, e George Edgin Pugh sugeriram.[2]

Em sua maior parte, os golfinhos são golfinhos porque podem nadar em qualquer parte do "tanque", conforme os seus desejos e as suas necessidades.

Ao lidar com as outras pessoas, os golfinhos, instintivamente, tomam nota do mundo interior da outra pessoa – aquela "casa de espelhos" fundamental, que dá sentido ao nosso mundo e determina o que é real e o que é importante para cada um de nós. Os golfinhos percebem que o movimento rumo à realização do propósito pode fazer com que os indivíduos mudem de um sistema de valorização para outro. Ouvindo e observando cuidadosamente, os golfinhos fazem *tabula rasa* das realidades que precisam compreender e com as quais têm de conviver para estabelecer um relacionamento humano produtivo e para poderem lidar com integridade com as principais visões de mundo que se manifestaram na espécie até agora e que serão descritas a seguir.

Visão de Mundo 2: O Gregário *(Homo sapiens gregarius)*

Principal ideal na vida: Viver *sacrificialmente* – pelo bem de sua família, tribo, clã ou grupo.

Necessário para apoiar os seus valores: Segurança, supervisão rigorosa, oportunidade de trabalhar e de permanecer perto de sua família e de seus amigos.

As perguntas que sempre dominam a sua mente: Alguém cuidará de mim no futuro? Conseguirei ficar ao lado de pessoas parecidas comigo?

Visão de Mundo 3: O Solitário *(Homo sapiens audax)*

Principal ideal na vida: Viver *expressivamente* – ter as suas próprias necessidades atendidas e mandar para o inferno as das outras pessoas.

Necessário para apoiar os seus valores: Oportunidades para demonstrar poder, audácia e bravura; permanecer ocupado e ganhar muita experiência prática; usufruir imediata gratificação pessoal.

As perguntas que sempre dominam a sua mente: Esta é uma oportunidade para que eu possa ganhar poder, influência ou domínio sobre as outras pessoas? Esta é uma oportunidade para acionar as minhas próprias defesas ou demonstrar poder? Isto vai satisfazer os meus desejos imediatos?

Visão de Mundo 4: O Lealista *(Homo sapiens stabilis)*

Principal ideal na vida: Viver *sacrificialmente* agora para obter recompensas no futuro.

Necessário para apoiar os seus valores: Oportunidade de servir e de se mostrar útil; regras e expectativas claramente definidas; um ambiente estável, previsível e de baixo risco; confirmação das crenças que ele já adotou.

As perguntas que sempre dominam a sua mente: Esta é uma oportunidade para provar o meu valor? Esta é uma oportunidade de servir? Posso descobrir alguma coisa a respeito das regras e do que é certo?

Visão de Mundo 5: O Realizador *(Homo sapiens perfectus)*

Principal ideal na vida: Viver *expressivamente* mas de forma calculada, para não despertar a ira dos outros.

Necessário para apoiar os seus valores: Alto potencial de retorno em seu investimento; oportunidade de exercer controle e influência; oportunidade de realizar progresso pessoal ou de obter reconhecimento, *status* e prestígio; ritmo rápido e elevado desenvolvimento.

As perguntas que sempre dominam a sua mente: Posso obter um elevado retorno em meu investimento? Esta é uma oportunidade para eu adquirir bens, *status* ou controle? Esta é uma oportunidade para prosperar? Esta é uma oportunidade para usufruir ou para exibir os frutos do meu sucesso?

Visão de Mundo 6: O Participador (*Involver*) (*Homo sapiens aquarius*)

Principal ideal na vida: Viver *sacrificialmente* – abrindo mão de algo no futuro para ter alguma coisa agora, para si ou para outros.

Necessário para apoiar os seus valores: Situações participativas, democráticas e voltadas para um trabalho em equipe; situações casuais, pessoais, naturalistas, amistosas e divertidas; oportunidades para o crescimento interior e para o envolvimento em causas meritórias relacionadas com os direitos humanos e com os direitos de outras formas de vida.

As perguntas que sempre dominam a sua mente: Esta é uma oportunidade para eu ser aceito e participar? Esta é uma oportunidade para "expandir a minha consciência"? Isto vai ser divertido? Vou experimentar um "crescimento interior"? Esta é uma chance de ter intimidade e de compartilhar sentimentos com os outros?

Visão de Mundo 7: O Buscador de Opções (*Homo sapiens delphinus*)

Principal ideal na vida: Viver *expressivamente* e *experimentalmente*, encarando todas as questões, grandes ou pequenas, de forma altruísta e funcional.

Necessário para apoiar os seus valores: Elevados níveis de liberdade e de escolha pessoal; oportunidade de se associar a indivíduos altamente competentes em sua área de interesse; chances de aumentar a probabilidade de sobrevivência e a qualidade de toda a vida no planeta.

As perguntas que sempre dominam a sua mente: Isto é interessante e estimulante para mim? Isto faz sentido? Esta é uma oportunidade para ter privacidade, para investigar e para pensar? Esta é uma oportunidade para me associar a pessoas altamente competentes?

> Considere um homem derrubando uma árvore com um machado. Cada golpe do machado é modificado ou corrigido de acordo com a forma da face do corte deixada pelo golpe anterior. Esse processo autocorretivo (ou seja, mental) é produzido por um sistema total árvore-olho-cérebro-músculos-machado-golpe-árvore que tem as características da mente imanente.
> GREGORY BATESON, *STEPS TO AN ECOLOGY OF MIND*

Não conseguindo compreender o que um cérebro faz consigo mesmo e com os outros quando "encalha na praia" – quando se vê sem um propósito ou fora de sincronia com os seus valores – as carpas, as carpas pseudo-esclarecidas e os tubarões vêem-se repetidamente metidos em circunstâncias desconfortáveis, dolorosas, prejudiciais e autodestruidoras, que eles mesmos inflingiram a si.

Isto acontece repetidas vezes – na política, no comércio, nas famílias. Um presidente dos Estados Unidos, quando vê o mundo através dos filtros da visão de mundo do Participador/Realizador engana-se redondamente a respeito de um poderoso líder estrangeiro agindo como os valores do Lealista/Gregário e paga na eleição seguinte com uma das mais retumbantes derrotas da história política norte-americana. Um candidato à presidência julga que pode viver sua vida pessoal e profissional a partir de sua visão de mundo do Realizador e se vê forçado a sair da corrida – pelo menos temporariamente – devido à perseguição tenaz de repórteres agindo com base em valores do Lealista/Solitário. Executivos da indústria automobilística agindo como Realizadores recusam-se a reconhecer que milhões de compradores de carros, antes Lealistas, passaram a adotar, eles próprios, uma visão de mundo do Realizador, ou criaram filhos do tipo Realizador, Participador ou Buscador de Opções, que agora querem carros a preços competitivos, de qualidade e tecnologicamente avançados.

Um pai não reconhece que seus filhos têm visões de mundo diferentes.

Ano após ano, modelo após modelo, desenvolvimento tecnológico após desenvolvimento tecnológico, os japoneses comeram o mercado, os lucros e as oportunidades de Detroit. Um pai Realizador não consegue compreender os valores Lealistas de seus filhos adolescentes e cava um profundo fosso entre pais e filhos com seus incessantes sermões sobre a importância de ser o melhor e de levar a melhor sobre todas as outras pessoas.

Estar sem um propósito ou fora de sincronia com os seus valores é uma coisa debilitante tanto para organizações como para indivíduos. Um único empregado sem propósito pode destruir ou prejudicar as chances de sucesso de uma organização, circunstâncias que, às vezes, é chamada de "fator *trimtab*" (compensador ajustável):

> Nas asas de aviões e nas quilhas de iates de competição, um compensador ajustável é um pequeno flape que ajuda a equilibrar e a estabilizar o movimento do navio. O princípio do compensador ajustável também se aplica a um leme de navio. Ao explicar o fator *trimtab*, [o falecido] Buckminster Fuller [arquiteto, inventor, filósofo] utilizou a imagem de um grande navio transatlântico deslocando-se em alta velocidade ao longo da água. A massa e o *momentum* desse navio são enormes, e é necessária uma grande força para virar o seu leme e mudar a direção do navio. No passado, alguns grandes navios tinham um pequeno leme – um compensador ajustável – na borda de arrasto do leme principal. Exercendo uma pequena pressão, uma pessoa podia facilmente mudar o curso do navio. Desse modo, o fator *trimtab* demonstra como a aplicação precisa de uma pequena força, graças a um efeito de multiplicação de alavanca, pode produzir um poderoso efeito.[3]

Uma pessoa, um *trimtab*. Um poderoso efeito – para o bem *ou* para o mal.

É através dos nossos atos que nos manifestamos. É aquilo que fazemos e não aquilo que sentimos ou que dizemos que fazemos que reflete quem e o que realmente somos. Cada um de nossos atos representa uma afirmação acerca de nossos propósitos. A imortalidade, qualquer que seja ela, é assegurada por uma contínua participação no processo produtivo. Por nossa causa, as coisas tornaram-se mais do que eram. Alguma coisa passou a ter significado porque nós existimos.
LEO BUSCAGLIA

Os golfinhos compreendem que os valores surgem em padrões. Isto não deveria nos surpreender muito porque, quanto mais profundamente exploramos qualquer tipo de comportamento, seja o comportamento da natu-

Uma tempestade de neve na Mongólia foi causada por uma borboleta na Califórnia?

> "Toda beleza é relativa... Não deveríamos acreditar que os taludes oceânicos são realmente deformados porque não têm a forma de um baluarte regular; ou que as montanhas também são deformadas porque não se apresentam exatamente na forma de pirâmides ou de cones; ou que as estrelas estão mal distribuídas porque não estão todas situadas a uma distância uniforme umas das outras. Estas não são irregularidades da natureza; são irregularidades apenas com relação às nossas fantasias; elas também não prejudicam as verdadeiras funções da vida ou os desígnios do ser humano na Terra.
> RICHARD BENTLEY

reza ao criar uma paisagem ou um pulmão, seja o comportamento da sociedade ao criar uma feira-livre ou um congestionamento de tráfego, mais descobrimos que acontecimentos aparentemente caóticos são governados por leis – as leis do caos.

As condições meteorológicas são um dos elementos que mais contribuíram para o desenvolvimento da teoria do caos. Na década de 60, o meteorologista Edward Lorenz, do Instituto de Tecnologia de Massachusetts, programou o seu computador para calcular o que aconteceria ao tempo se os padrões de vento fossem alterados muito ligeiramente. Deixando o seu laboratório para tomar uma xícara de café, ele deixou o seu pouco potente computador "mastigando" os números. Mais tarde, interpretando os resultados impressos, ele observou o que tem sido chamado de Efeito Borboleta. Uma minúscula mudança nas condições meteorológicas de uma localidade tem a capacidade potencial de ser amplificada e produzir mudanças maciças em outro lugar. O bater das asas de uma borboleta monarca na Califórnia, por exemplo, poderia acabar produzindo uma tempestade de neve na Mongólia. Subitamente, a meteorologia e outras ciências tinham novas razões para procurar o fator *"trimtab"* em aspectos anteriormente inexplorados da natureza.

Benoit Mandelbrot, da IBM Corporation, também qualificou-se para integrar, na década de 60, a elite das fileiras dos "estudiosos do caos" – cientistas que buscam padrões no caos – com a descoberta de uma nova geometria – a geometria dos fractais. Curiosamente, ele estava estudando os padrões de comportamento dos preços do algodão ao longo de sessenta anos. Analisando os seus gráficos de preço, ele percebeu que aqueles que representavam variações diárias de preços tinham, praticamente, a mesma forma que aqueles que representavam variações mensais. Não importava se as causas das flutuações de preços fossem guerras, recessões econômicas ou condições meteorológicas: o padrão fractal – o grau recorrente de *irregularidade* – era o mesmo em todos os intervalos de tempo. Mandelbrot tinha nos colocado na pista do amor convoluto da natureza por aquilo que freqüentemente tem sido chamado de "efeito da boneca russa" – a produção de formas similares em escalas muito grandes ou muito pequenas.

Usando a visão do golfinho a respeito do "tanque", representada na Figura 4.1, chegamos a um diagrama de visões de mundo ou de padrões de valores que apresentam padrões repetitivos em escalas diferentes, semelhantes a fractais.

Talvez seja útil encarar os sistemas de valores humanos como algo semelhante à escala musical do Ocidente, a oitava. O falecido Clare W. Graves, o "Benoit Mandelbrot" da geometria dos valores humanos, descreveu uma escala de compreensão de seis notas semelhante à escala diatônica, que tem oito notas (na verdade, é uma escala de sete notas, pois a primeira nota – o dó – reaparece como a oitava nota). É, basicamente, o seu "modelo dos seis" que você vê na Figura 4.1. Depois de passar trinta anos fazendo gráficos de valores e depois de criar o seu modelo "biopsicossocial" de visões de mundo, o dr. Graves sugeriu um padrão que começa a se repetir, embora de forma alterada, em cada sexto salto; em outras palavras, em padrões de seis. Vista dessa forma, a criação, pelo cérebro, da visão de mundo do Buscador de Opções – Sistema 7 – pode ser considerada "um grande salto para a humanidade" pois representa um novo e ousado movimento rumo ao desconhecido da compreensão e dos valores humanos numa "escala" mais elevada: a Escala Nº 2 em nosso canto do universo. A visão de mundo do Buscador de Opções é a mais intrépida das novas fronteiras num sentido que nenhuma visão de mundo anterior pode reivindicar – no sentido da elevação da autoconsciência sem fortes elementos de compulsividade. Se as habilidades de Graves como um "estudioso do caos" forem comprovadas ao longo de intervalos de tempo muito maiores, o salto, desta vez, traz consigo grandes promessas. Ele representa, em sua maior parte, a essência da visão de mundo que está sendo apresentada neste livro: o prateado salto do golfinho, de alto vôo.

Na Brain Technologies Corporation, observamos um outro padrão significativo na "escala do seis" proposta por Graves: parece haver uma importante gradação de quatro. Por exemplo: quando o Sistema 6, o Participador, estabeleceu-se em numerosas mentes nos últimos 25 anos, ele apresentou uma estranha semelhança com o Sistema 2, o Gregário. O cére-

> Então, na maturidade, a pessoa assume compromissos com coisas mais importantes do que a satisfação dos desejos do seu pequeno egoí... compromissos religiosos, compromissos com as pessoas amadas, com as questões sociais e com a ordem moral. Numa sociedade livre, nunca devemos especificar com excessiva rigidez quais devem ser esses compromissos.
>
> JOHN GARDNER

> Os matemáticos... têm perfeita consciência de que é tolice tentar provar, desenhando curvas, que toda função contínua tem uma derivada. Embora as funções diferenciáveis sejam as mais simples e as mais fáceis de se lidar, elas são excepcionais. Usando a linguagem da geometria, as curvas que não têm tangente são a regra, e as curvas regulares, como o círculo, são interessantes porém bastante especiais.
>
> FÍSICO JEAN PERRIN, GANHADOR DO PRÊMIO NOBEL

bro subitamente retornou à grande necessidade dos povos tribais de estarem em contato e em sincronia com as forças primitivas – com os arquétipos de um domínio interior. Teve início uma busca moderna dos significados dos ensinamentos antigos. No mundo ocidental, um dos porta-vozes mais destacados desta aplicação da visão de mundo do Participador é a dra. Jean Houston, ex-presidente da *Association of Humanistic Psichology*. Em seu livro *The Search for the Beloved: Journeys in Sacred Psychology**, Houston escreve:

> Embora sejamos cidadãos de, pelo menos, dois mundos, nos esquecemos das aplicações e da ecologia do mundo interior. Como estamos prestes a nos tornar cidadãos de um universo muito mais rico do que qualquer outro que já conhecemos, temos uma profunda necessidade do nosso arquétipo, o nosso Bem-Amado [ou Espírito, conforme é visto no Sistema 2] no mundo profundo, para associar-se a nós nesta ampla cidadania. O nosso Bem-Amado e guia divino conhece os padrões, as formas e os lugares onde estão codificadas as vastas latências e os conhecimentos psicoespirituais. Dessa maneira, o amor engrandece a realidade.[4]

O perigo do Sistema 6 é que podemos facilmente ficar prisioneiros do processo de cura.

Esta é a verdadeira alegria da vida: ser usado para um propósito reconhecido por si mesmo como algo importante; usar todo o seu potencial antes de ser atirado na lata do lixo; ser uma força da natureza em vez de um pequeno, febril e egoísta amontoado de doenças e de ressentimentos a se queixar do mundo porque ele não se dedica a fazê-lo feliz.
GEORGE BERNARD SHAW

Esta manifestação do Sistema 6 é uma misteriosa revisitação da tendência do Sistema 2 para o "mundo espiritual" animista, o mundo dos encantamentos e das curas mágicas. Esta é a chave para compreendermos aquilo a que o Sistema 6 diz respeito – ele trata da cura, do ficar bem. Os cérebros que "perturbam" e restabelecem suas "casas de espelhos" para refletir o Sistema 6 estão sofrendo uma considerável dor psicológica. O apelo da dra. Houston é um pedido de cura – "grande deusa do mundo interior, *cure-me*!" O perigo é óbvio e onipresente: depois de se refestelarem nesse "jardim da cura 'psíquica' ", poucas pessoas querem sair de lá. Atualmente, os nossos problemas pessoais e organizacionais podem ser imensamente difíceis, e é menos ameaçador permanecer para sempre num estado de "estar sendo curado" do que nos sairmos bem e assumirmos a responsabilidade de encontrar respostas eficazes no mundo real de cada dia. Este é um preço que não pode ser

---

* Em português: *A Procura do Ser-Amado*, Editora Cultrix, São Paulo, 1993.

pago por nenhuma organização que pretenda continuar no ramo.

Os golfinhos não são avessos à cura e, tendo eles próprios acesso ao Sistema 6, quando necessário irão se retirar para esse agradável bálsamo. Mas os golfinhos também compreendem perfeitamente o calcanhar-de-aquiles do Sistema 6: embora possam falar a linguagem da mentalidade de Ruptura, os indivíduos que operam basicamente a partir dessa visão de mundo não podem produzir, consistentemente, soluções simples e precisas, e fazer mais com menos. Por que não? Os Participadores têm a maior dificuldade para se libertarem e se erguerem individualmente. Eles estão pairando no último e grande posto avançado da primeira escala da consciência humana e, para um indivíduo ancorado nessa casa de espelhos, é um desafio psíquico de grande magnitude – um feito quase impossível – conseguir soltar-se, cuidar de si mesmo e dar conta do recado *se o grupo fica emperrado e enfastiado em sua perene fixação ao processo de cura.*

Se predominarem a "regra dos quatro" e a "regra dos seis", mais sinfônica, como são interessantes as possibilidades! Combinando o conhecimento do modo como o cérebro humano cristaliza sistemas de valores – visões de mundo – com o nosso crescente conhecimento sobre padrões repetitivos em escala, vemo-nos pela primeira vez equipados para tentar racionalmente o que até agora só os "altos sacerdotes" da metafísica ousaram tentar: prever, de alguma maneira rudimentar, o curso futuro do desenvolvimento humano. Em virtude das complicações caóticas tornadas possíveis pela natureza fractal do comportamento e do sistema de crenças humano, continua sendo tolice pensar que temos a capacidade de preencher com precisão as lacunas do destino humano a uma certa distância. Todavia, não é isso o que estamos discutindo, nem é essa a nossa intenção. Eis o que *é* realmente importante: ao "casar" as descobertas revolucionárias dos "estruturalistas do desenvolvimento" – em particular, Clare Graves e seus colegas Don Beck e

Usando a "regra dos quatro" e a "regra dos seis", vemos que um duplo efeito de gradação manifesta-se pela primeira vez no Sistema 5.

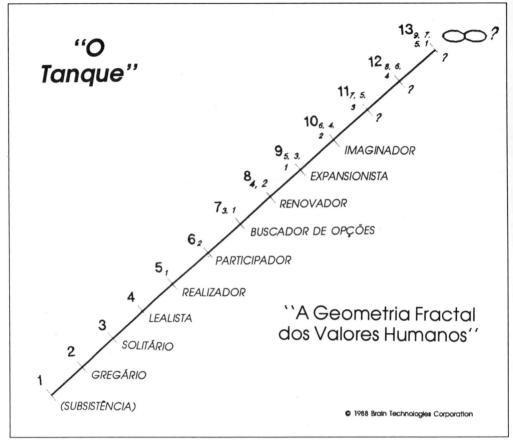

Figura 4.2. Gradação do Desenvolvimento dos Valores Humanos

> Os pioneiros que têm um propósito não são seres heróicos que servem de modelo para estátuas de onde contemplam de cima para baixo os mouros que somos o restante de nós. Muitos são pessoas que dizem: "Este bairro (ou cidade, escola, igreja, país) está se arruinando. Tenho a responsabilidade de torná-lo melhor." Na maioria das vezes, essas pessoas encontram um propósito – ou reagem quando o encontram – no nível local...
> GAIL SHEEHY, *PATHFINDERS*

Christopher Cowan, mas também de pioneiros como Jean Piaget, Jane Loevinger, Abraham Maslow, Lawrence Kohlberg e Elliott Jaques – com as surpreendentes percepções dos estudiosos do caos, nós, subitamente, somos estimulados a refletir sobre como essas lacunas *poderiam ser*.

Tentemos fazer isso utilizando a Figura 4.2.

Os Sistemas de 1 a 7 são as "visões de mundo" que têm sido repetidamente identificadas, muitas vezes apenas com pequenas variações, pelo trabalho dos estruturalistas do desenvolvimento citados anteriormente, pelo amplamente divulgado VALS (*Values and Lifestyles Study*), da SRI International, e pelos estudos de mais de sessenta outros cientistas sociais cuja obra foi detalhadamente levantada pelos pesquisadores da Brain Technologies.

Usando as nossas "regras dos quatro e dos seis", vemos um novo efeito fractal – uma gradação dentro de um padrão de gradação – despontar no Sistema 5 com a emergência da visão de mundo do Realizador. Nesse ponto, com o Sistema 1 (voltado estritamente para a sobrevivência) sobrepondo-se ao novo Sistema 5, o cérebro ativa um sistema "biopsicossocial" de processamento que é capaz de "jogar o jogo" calculadamente ou, para usar a palavra favorita do dr. Graves para designar esse fenômeno, *"multiplisticly"* [multiplisticamente].

Conforme dissemos algumas páginas atrás, o Sistema 6 reflete nitidamente boa parte dos valores contidos no Sistema 2, transportados agora para os "tonéis" de uma ordem superior de complexidade. A combinação das influências desses dois sistemas cria, por contraste, a expectativa oceânica de novas e importantes potencialidades humanas por um lado e, por outro, uma resistência às vezes feroz em reconhecer nessas capacidades uma genuína eficácia e um meio de aumentar o nosso poder.

Não obstante, isto aconteceu. Especialmente nas áreas tecnologicamente avançadas, os cérebros estão hoje – em número substancial e crescente – processando em níveis de escolhas e em ambientes de espaço-tempo expandido que indicam um salto na complexidade de processamento que ultrapassa qualquer coisa que já tenha sido observada na espécie anteriormente. Este não é exatamente um evento de natureza intelectual; trata-se de algo mais semelhante a um aumento de capacidade; um alargamento do acesso às capacidades multifásicas de processamento do cérebro, o aproveitamento daquele tipo de orquestração fecunda e simultânea de seleção, de ordenamento e de combinação de sinais cognitivos que levou estudiosos como Michael Gazzaniga e Marvin Minsky a se referirem ardorosamente a um cérebro "social" na cabeça de cada um de nós. Conforme indica a Figura 4.2, o Sistema 7 – o nosso sistema do golfinho – assinala a primeira vez na história humana em que populações bastante grandes tiveram acesso ao processamento harmonioso de três diferentes *fatores de gradação*, ou submodalidades, simultaneamente.

A essa altura, "a geometria fractal dos valores humanos" proporciona uma oportunidade sem igual para a mente inquisitiva, pois o surgimento da dinâmica cognitiva do Sistema 7

Pela primeira vez, um número razoável de cérebros humanos teve acesso, simultaneamente, a três diferentes fatores de gradação.

Quem não consegue recordar o passado está condenado a repeti-lo.
GEORGE SANTAYANA

Comparado àquilo que devemos ser, estamos apenas meio acordados.
WILLIAM JAMES

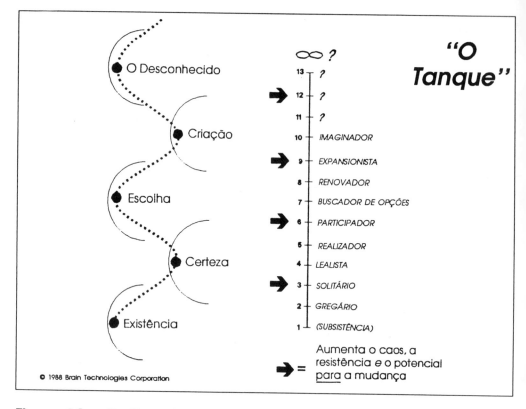

Figura 4.3. Os Grandes Atratores

sugere que logo abaixo do horizonte de nossa consciência, nos bastidores, há um sistema de *meta*gradação para a moldagem das visões de mundo e dos valores humanos. Na Figura 4.3, você tem a nossa representação, um tanto ousada, desse desenvolvimento.

Seguindo o exemplo dos astrofísicos e dos estudiosos do caos, estamos chamando essas forças de metagradação de "grandes atratores". Atuando como ímãs gigantescos, eles parecem alcançar o cérebro/mente humano para exercer o tipo de influência mais primordial sobre suas apreciações a respeito de sua autodefinição e de sua auto-imagem. Ao longo de praticamente toda a sua história como um "receptáculo emergente de percepção formadora de moralidade", a espécie humana lutou de uma ou de outra maneira contra a influência do Atrator da Existência virginal – o ícone ativador das preocupações e das questões relativas à sobrevivência. Ao longo do tempo, esse grande atrator foi dominado e ultrapassado por um segundo grande atrator – o

> Eu gostaria de pensar que a vida é um bom livro. Quanto mais você se aprofunda nela, mais ela começa a se integrar e a fazer sentido.
> RABI HAROLD KUSHNER, WHEN EVERYTHING YOU'VE EVER WANTED ISN'T ENOUGH

Atrator da Certeza. O resultado mais imediato foi a síntese da visão de mundo do Lealista, o precursor fractal de todas as grandes religiões monoteístas do mundo e da própria Onda de Industrialização. O nosso tão discutido Sistema 7, o sistema do golfinho, assinala a primeira vez em que o cérebro sucumbiu entusiasticamente às influências do terceiro grande atrator, o Atrator da Escolha. O salto por sobre a "borda" da bacia de influência do Atrator da Certeza revelou-se extraordinariamente importante, e temos razões para esperar que ele nos proporcione influências fundamentais no desenvolvimento de mais duas novas visões de mundo geradoras de novas escolhas antes que o próximo grande atrator redefina o núcleo daquilo que é importante para nós.

O surgimento das tecnologias da Era da Produtividade e a incipiente reação dos cérebros sensíveis aos seus potenciais abusos já estão atraindo a nossa atenção para uma outra migração rumo ao que estamos chamando de Atrator da Criação. Fazendo uma extrapolação em nossos modelos de escalas de valores, podemos suspeitar de que um dos mais excitantes objetivos dos cérebros que estiverem processando confortavelmente nos Sistemas 10 e 11 – vigorosas visões de mundo do Atrator da Criação – poderá ser a migração definitiva do planeta Terra para as áreas ricas em informações de um universo pouco explorado. E depois disso? Oferecemos essa mistura de previsão e palpite: O quinto grande atrator para os seres humanos e seu ambiente será a influência do desconhecido numa escala inteiramente sem precedentes em nossa experiência. Assim como no caso do Atrator da Escolha, se os padrões se mantiverem, este modelador das forças da vida provavelmente vai impelir o cérebro rumo a novas complexidades do tipo individualista, talvez equipando as gerações de um futuro distante com a capacidade de sondar dimensões e mundos hoje tão fora do alcance de nossa percepção quanto o Cruzeiro do Sul o está dos habitantes da península de Kamchatka.

De volta a *este* mundo, a Figura 4.3 sugere explicações para dois padrões "comportamentais" facilmente observáveis e veri-

> *Sistemas 3 e 6: confusos e caóticos porque estão na orla da bacia de influência de um grande atrator.*

> Isso acontece no meio das sociedades opulentas e dos Estados que cuidam do bem-estar dos cidadãos! Durante muito tempo, tivemos um sonho do qual agora estamos acordando – o sonho de que, se melhorássemos a situação socioeconômica das pessoas, tudo estaria bem e elas seriam felizes. A verdade é que, quando a luta pela sobrevivência torna-se mais fácil, surge a pergunta: "Sobreviver para quê?" Atualmente, é cada vez maior o número de pessoas que dispõem de meios para viver mas não encontram significado na vida.
>
> VIKTOR FRANKL

O Sistema 8 refletirá novas escolhas de valores acrescidas de variações sobre os conteúdos familiares dos Sistemas 2 e 4.

ficáveis na população atual. Dentre todas as principais visões de mundo presentes na maioria das forças de trabalho e na maioria das comunidades, nenhuma empurra seus usuários para um vórtice de possibilidades mais tortuoso e estonteante do que os Sistemas 3 e 6 – o Solitário e o Participador. Os estudiosos do caos têm uma explicação para isso, e ela está representada na Figura 4.3. Os Sistemas 3 e 6 – e 9 e 12, em seguida – são "sistemas de saída", propensos a confusão, da órbita, ou da "bacia" de influência de um grande atrator. Os cientistas do caos nos dizem que a borda da esfera de influência dominada por um grande atrator (representado na Figura 4.3 pelos grandes pontos no centro das meias-luas) é a região de maior instabilidade por receber a influência de forças competidoras. A visão de mundo do Solitário marca a saída do campo de influência do Atrator da Existência. Devido à brutal energia desse sistema, as prisões dos Estados Unidos estão cheias de presidiários adeptos do processamento do tipo Solitário, a maioria deles refratários a qualquer tipo de mudança ou de aperfeiçoamento pessoais. Conforme discutimos em detalhe no Capítulo 1, o Sistema 6 domina hoje boa parte de uma geração freqüentemente atormentada e ressentida – a geração do *Grande Calafrio* [*Big Chill*] – representando, como de fato representa, o último posto avançado do Atrator da Certeza.

Além das questões discutidas até agora, o modelo ilustrado nas Figuras 4.2 e 4.3 nos permite especular, como jamais foi possível antes, sobre o surgimento e a natureza de novas visões de mundo – ou sistemas de valores – como, por exemplo, a natureza do Sistema 8, num futuro próximo.

A Figura 4.2 sugere que o Sistema 8 será a segunda visão de mundo emergente a ser moldada por um efeito de "triplo fractal". Haverá novos componentes – e algumas novas e extraordinárias competências. Mas o caldo que o cérebro agitou conterá, uma vez mais, alguns ossos e condimentos familiares. Além dos novos componentes, chamados de 8, estarão em jogo alguns "harmônicos" familiares – desde o Sistema Lealista do Atrator da Certeza até o Sistema Gregário do Atrator da Existência. Os Lealistas reorganizam-se em torno das "regras" que demonstram uma fidelidade quase inabalável a um sentido a respeito "do modo como o mundo *deveria* ser". Os Lealistas são discretos e procuraram evitar a publicidade e a glória. Os Lealistas *e* os Gregários sacrificam-se em favor de um poder mais elevado, de um bem maior e sentem-se nobres e recompensados por sua fidelidade. Como essas qualidades poderiam ser produzidas por um cérebro que se reorganizou para lidar com uma complexidade significativamente maior? Tudo o que podemos fazer é dar um palpite informado visto que ainda não encontramos, pessoalmente, uma única pessoa cuja conduta, cujos *insights* ou cujas auto-explicações sugiram-nos uma representação bem-formada da próxima ruptura quântica na construção das visões de mundo humanas. No entanto, entrando no terreno da especulação, podemos ver os nossos sucessores no negócio do rastreamento das visões de mundo escrevendo alguma coisa assim:

Visão de Mundo 8: O Renovador *(Homo sapiens restitutus)*

Principal ideal na vida: Viver *cognitiva* e *psiquicamente* de maneira que o indivíduo possa ter consciência, de maneira instantânea, de qualquer mal que possa ser feito ao cosmos pelos atos dos seres humanos, e seja capaz de, em primeiro lugar, responder de forma rápida e eficaz no sentido de neutralizar esse mal por quaisquer meios que sejam necessários e, em segundo lugar, renovar o planeta por intermédio de sua intervenção ativa.

Necessário para apoiar os seus valores: Um profundo anonimato que os proteja dos holofotes da exposição individual; uma identificação e um reconhecimento do mal; acesso a uma comunidade de ''mentes semelhantes'' que se aglutina e se dissolve de maneira rápida, fácil e poderosa ao atuar sobre questões específicas de extraordinário interesse, consideradas a partir de uma perspectiva cósmica ou global; o uso de toda uma série de métodos de monitoramento, de processamento e de análise de informações, minuto a minuto, para acompanhar o estado geral de saúde da Mãe Terra e de seus habitantes; meios e métodos que são eficazes para (1) negar poder e influência a indivíduos ou a grupos considerados uma ameaça para o cosmos e (2) retaliar com simplicidade e precisão quando necessário; e recursos para restabelecer as condições de habitabilidade do planeta.

As perguntas que sempre dominam suas mentes: Isto é seguro para o cosmos e apóia o seu propósito último? Cabe a mim assumir a responsabilidade de neutralizar um elemento ou uma atividade antes que o dano provocado no tecido da vida torne-se demasiado atroz? Tenho recebido suficientes "benefícios" de meus colegas e do próprio cosmos? Refleti sobre minha estratégia e sobre minha tática de modo que o resultado desejado tenha o mais elevado grau de probabilidade possível?

Se estiver começando a desconfiar que o Sistema 8 tem um sinistro traço de totalitarismo, você estará compartilhando uma preocupação que também é a do dr. Graves e dos autores deste livro. Temos realmente de nos preocupar com o impacto do surgimento do Sistema 8 sobre as liberdades individuais que, no Ocidente, consideramos o elemento central de nosso modo de vida. Devemos nos lembrar de que toda perturbação do cérebro encerra, ao mesmo tempo, um potencial de perigo e de progresso. Isto, porém, é algo com o qual faríamos bem em nos acostumar; conforme indicamos com o nosso símbolo do "infinito" nas Figuras 4.2 e 4.3, o cérebro parece ter uma capacidade quase infinita para se reorganizar e para se reformular de modo a ajustar o seu senso de "estar voltado para um propósito" a fim de poder assegurar que os sistemas de suporte de vida e os recursos de que ele necessita para sobreviver e para prosperar estejam disponíveis. Vamos fazer uma tentativa de descrever os valores contidos no Sistema 9 – o sistema de saída do Atrator da Escolha e o modelador final, o *shapee* da Era da Produtividade, chamando-os de Sistema Expansionista (*Homo sapiens extensus*). Como faz cada sistema sucessivamente, pode-se esperar que o Sistema 9 rebele-se contra o Sistema 8 anterior, o qual, conforme prognosticamos, deverá rapidamente exaurir-se em sua missão de restituir ordem e hospitalidade a um planeta vítima da má utilização de seus recursos sob o Sistema do Realizador, da incapacidade de o Sistema do Participador atuar de maneira sistêmica e funcional, e da relutância do Buscador de Opções em se dedicar durante um tempo suficientemente longo a desafiar os sistemas disfuncionais.

E quanto ao Sistema 10? Pode-se esperar que ele tome forma dentro de uma poderosa órbita de um novo grande atrator – o Atrator da Criação. E ele terá sob seu comando as poderosas tecnologias de uma nova era – a Era da Imaginação. Capazes de extraordinárias (para nós) manipulações do tempo e do espaço, conforme acreditamos que eles serão, os habitantes dessa época provavelmente poderão se referir a si mesmos como Imaginadores – e este é o nome que escolhemos para eles.

Mesmo que todas essas necessidades estejam satisfeitas, podemos esperar que, com freqüência (se não sempre), um novo descontentamento e inquietação logo irão se desenvolver, a menos que a pessoa esteja fazendo aquilo que é capaz de fazer. O músico precisa fazer música, o pintor precisa pintar e o poeta precisa escrever para poderem estar em paz consigo mesmos. Um homem deve ser aquilo que ele tem a capacidade de ser. Chamamos a essa necessidade de auto-realização.
ABRAHAM MASLOW

Assim como um micróbio, presumivelmente, não pode ter consciência da vida do corpo que ele habita, a visão semelhantemente restrita do homem não pode lhe proporcionar uma compreensão muito maior a respeito da vida do seu planeta nos dias de hoje... A essência física da vida da Terra pode ser considerada uma biopelícula esférica girando sob a ação de campos gravitacionais, eletromagnéticos e nucleares – um tipo de bolha giratória que desenvolve potência, uma protuberância cósmica de fermento.
GUY MURCHIE, *THE SEVEN MYSTERIES OF LIFE*

Sistema 10: a visão de mundo do Imaginador (*Homo sapiens imaginatus*).

E depois disso?

Regiões obscuras estão à nossa frente, contendo, sem dúvida, outros grandes atratores ainda por serem detectados e esperando para impelir o cérebro humano para sinfonias de propósito ainda mais elevadas.

Obviamente, estar voltado para um propósito e estar em sincronia com os próprios valores enquanto perseguimos esse propósito representa poder, esperança e progresso. Assim, os golfinhos sabem que uma das coisas mais fortalecedoras que podem fazer é ajudarem os outros a ter um

Figura 4.4. Mudança ou Harmonia?

propósito e se alinharem, pelo menos temporariamente, com os propósitos dos outros.

Olhando para o "tanque" através do prisma de valores, os golfinhos vêem um mundo de simultaneidade e de espontaneidade, que requer agilidade mental e respostas rápidas. Conforme vemos na Figura 4.4, todas as seis visões de mundo funcionais provavelmente estarão presentes em qualquer organização de qualquer tamanho. Há uma necessidade de mudar de uma onda, ou visão de mundo, para outra, talvez em questão de minutos, ou até mesmo de segundos. Há uma necessidade de levar a cabo o que precisa ser feito utilizando qualquer um desses sistemas de visão de mundo, qualquer uma dessas múltiplas casas de espelhos, ou todos eles. Para o indivíduo, há o desafio de utilizar a força de cada um dos sistemas à medida que forem surgindo as oportunidades.

Com a humanidade dispersa numa caravana psicológica tão diversificada, os golfinhos geralmente utilizam o seu conhecimento a respeito da construção de propósitos e de valores para alcançar um desses dois objetivos:

Ajudar as pessoas a mudar. Se isto fizer sentido, os golfinhos não têm medo de perturbar o sistema. Abalá-lo. Criar tensão. Injetar confusão e mistério. Lançar desafios e fazer com que as pessoas utilizem os seus próprios recursos. Todo grande reformador – seja um Martin Luther King Jr., nas relações raciais, um Alfred P. Sloan, na administração, uma Susan B. Anthony, na política, um Albert Einstein, na ciência – joga com a surpresa e com o inesperado. O mesmo pode ser dito dos grandes professores, dos grandes treinadores de atletismo, dos grandes líderes de qualquer área. Os seus atos e as suas expectativas nem sempre são previsíveis. Eles têm a capacidade de lançar mão de abordagens como essas para desafiar o senso de propósito das pessoas ou para examinar seus valores pessoais:

- *Desaparecer*. Na guerra, a perda inesperada de um líder de pelotão no calor da batalha pode "perturbar" o cérebro de um modesto soldado que assume um papel de liderança e é transformado para sempre. Os golfinhos não esperam pela guerra. Eles ficam atentos para as oportunidades para desaparecerem estrategicamente – para jogarem a estratégia da Fuga – como uma forma de encorajar as pessoas a "saltarem" para uma visão de mundo diferente ou, pelo menos, para darem alguns passos nessa direção.

- *Perturbar as tropas.* Quando feita corretamente e na hora certa, uma repreensão severa é um ato que pode ajudar as pessoas a "saltarem" para um nível mais elevado. Conforme observou um treinador da Associação Nacional de Basquete dos Estados Unidos: "Quando você aplica o chicote num puro-sangue, ele responde. Quando você o aplica num burro, ele empaca."

- *Líderes da sacada.* A percepção catalítica correta, colocada no contexto certo, símbolos e perspectivas colocados no tempo certo, podem ajudar as pessoas a enxergar a luz e a se moverem na sua direção. Essa é a virtude, por exemplo, dos Alcoólicos Anônimos, um agente modificador por excelência para um único e vital avanço na escala do fazer sentido [*sense-making*]. A Associação dos Alcoólicos Anônimos faz com que algumas pessoas – aquelas que subitamente sentem medo de morrer e de destruir tudo o que é valioso para elas – passem do Sistema 3 para o Sistema 4. Como os Alcoólicos Anônimos conseguem isso? Com promessas de um Aston-Martin, de uma viagem a Acapulco ou de uma participação no próximo grande negócio? Não, este é o Sistema 5 – um salto por demais avançado na Escala do Fazer Sentido Humano [*Human-Sense Making*]. Exortando-os a restabelecer suas raízes com a Mãe Natureza, e a reentrarem no espírito do mundo dos mistérios naturais e do ciclo das estações? Não, este não é o tipo de *sacrifício* que faz sentido para eles e que fortalece sua resolução de parar de beber. Em vez disso, em suas visitas ao AA, o alcoólatra ouve: "Entregue-se a um poder superior – esta é a sua única chance." E esta, obviamente, é a essência do Sistema 4, o Lealista. Entregue-se agora para ser recompensado posteriormente. Este *insight* evolutivo preciso pode salvar um alcoólatra do tipo Solitário. Qualquer movimento maior na Escala do Fazer Sentido Humano seria por demais grande. Os golfinhos, como os AA, intervêm com muito cuidado na escala do fazer sentido.

- *Ponha alguma coisa nova na salada.* Rabanetes, talvez. O importante não é apenas o que você coloca, mas quando e como. Uma súbita ameaça de pedir falência. Uma súbita mudança nas expectativas e nas recompensas. A inesperada fusão de dois departamentos em conflito. A abrupta rendição num ponto fundamental. Uma declaração que deixa as pessoas abaladas. Fazer exatamente aquilo que a outra pessoa nunca pensou que você faria. Pedir alguma coisa que a outra pessoa nunca achou que você pediria. Aceitar alguma coisa que a outra pessoa nunca pensou que você aceitaria. Na verdade, você provavelmente perturbará os membros de uma organização sempre que mudar:

– sua liderança
– seus membros
– sua função
– sua estrutura
– seu ambiente

Essas são técnicas de golfinho para "sacudir" o cérebro. Elas podem ajudar as pessoas a "pular" de um senso de direção que as está servindo mal para um outro, mais adequado à sua época e às suas necessidades.

Criar harmonia ou "ressonância funcional". Uma orquestra dissonante é uma orquestra cujos instrumentos – e cujos músicos – estão trabalhando uns contra os outros. Um maestro digno do nome traz profundidade e poder ao som criando uma ressonância funcional entre os elementos que fazem a música. Os golfinhos, com freqüência, preferem encarar os cérebros como sendo os maestros das organizações. A meta é a "ressonância funcional", a criação de riqueza e de poder para a realização de um propósito comum. Embora as pessoas estejam em pontos diferentes da Escala do Fazer Sentido Humano, elas podem trabalhar de maneira cooperativa se estiverem em mãos habilidosas. Eis como um golfinho procura criar essa harmonia:

- *Coloque as pessoas em contato com os seus valores.* Utilizando ferramentas de aprendizado, como, por exemplo, o *MindMaker* 6, da Brain Technologies Corporation, e outros sistemas de medida para se fazer avaliações, os golfinhos agirão no sentido de ajudar todas as pessoas da organização a compreenderem mais claramente a visão de mundo central subjacente a cada um. A partir dessa cabeça de ponte, os golfinhos guiarão as pessoas que lideram ou que chefiam, ensinando-as a explorar e a expandir sua compreensão a respeito da maneira como essa visão de mundo apóia um propósito em comum e molda aquilo que eles querem para si e para os outros.

■ *Coloque as pessoas em contato com um propósito.* Se tanto o propósito da organização como o dos indivíduos forem claros, estes têm o máximo de oportunidades de escolha, ou seja:
– fugir
– modificar-se
– modificar a organização

■ *Celebre a diversidade.* Toda a visão de mundo tem os seus pontos cegos. Os membros de uma verdadeira equipe ajudar-se-ão mutuamente de modo a compensar as deficiências de cada um. Além disso, toda visão de mundo tem uma contribuição de importância única a fazer, atuando a partir de uma singular herança de exploração, de resistência e de compreensão humanas. Os golfinhos serão bons empregadores e bons líderes, atuando com base em seu conhecimento a respeito de onde as pessoas vêm e de quais são os seus propósitos e os seus valores.

■ *Seja cuidadoso ao atribuir funções, ao prever resultados ou ao estabelecer remunerações.* Se um indivíduo for colocado numa posição onde fica sem propósito, pode-se prever apenas a ocorrência de desapontamentos. Saber o que é importante para a outra pessoa – ou seja, saber quando ela está voltada para o seu propósito – ajuda o golfinho, enquanto maestro, a produzir ressonância (poder, sincronia ou harmonia, profundidade e durabilidade) no resultado do esforço realizado em comum.

■ *Compreenda que estar ''voltado para um propósito'' e em sincronia com os seus valores é apenas metade da fórmula para levar as pessoas que vivem ou que trabalham juntas a compartilharem eficazmente um objetivo.* Estar voltado para um propósito e compreender os valores dos outros ajuda as pessoas a gostarem umas das outras e a valorizarem umas às outras. Todavia, a criação de um propósito em comum e a apreciação dos valores das outras pessoas não são, por si só, suficientes para ajudá-las a resolver os problemas de maneira simples e precisa, ou a fazer mais com menos. Se fosse assim, as milhares de organizações que passaram incontáveis horas com equipes e com comitês expondo suas missões, seus princípios e suas metas teriam colhido grandes benefícios simplesmente criando e publicando os resultados. O propósito tem mais poder quando o maior número possível de pessoas que o partilham foi envolvido em sua criação. Isto permite que haja um maior alinhamento entre os objetivos dos membros da organização. Mas a simples construção dos "Princípios de Realização de Negócios" de uma empresa, e sua afixação nas paredes, ou sua inserção nos envelopes de pagamento, ou sua distribuição na forma de carteiras de plástico que sirvam de lembretes raramente produz algum efeito. O elemento fundamental do quebra-cabeça é saber o que é necessário para se estar voltado para um propósito. Porém, mesmo sabendo qual é o seu propósito – a "razão" que está por trás daquilo que você está fazendo –, ainda assim você precisa saber de onde está começando, como chegou até aí, onde quer ir e como pretende chegar *lá*. Se uma equipe de pessoas não construiu uma visão comum a respeito de como alcançar o seu propósito, ela provavelmente não chegará a lugar algum de maneira muito rápida ou muito satisfatória.

Para demonstrar a importância de se alcançar um propósito por intermédio de uma visão *compartilhada*, nós freqüentemente fazemos com que membros de grupos visualizem a casa perfeita para si mesmos e (se tiverem uma) para suas famílias. Enquanto estão visualizando, nós os ajudamos a "caminhar através" da visualização, apontando os diversos cômodos geralmente encontrados numa casa e a grande variedade de opções disponíveis quanto ao projeto, ao tamanho, às cores, às formas, aos acessórios, às comodidades, aos arredores e, até mesmo, às localizações geográficas que poderiam ser levadas em consideração na escolha da casa perfeita.

Depois que a parte de visualização do exercício está completa, pedimos aos membros do nosso grupo para compartilharem e para discutirem suas visões pessoais. Você – e eles – descobrirão que as pessoas podem visualizar, rápida e nitidamente, os seus ideais. Porém, quando compartilharem uns com os outros esses ideais, eles perceberão que a casa perfeita de cada pessoa pode ter pouca semelhança com a de outra. *Este é um ponto importante.*

Embora muitas organizações definam os seus propósitos com clareza (o equivalente da nossa diretriz neste exercício de "identificação da casa ideal"), sem uma visão compartilhada as pessoas continuarão percebendo esse propósito de várias maneiras, podendo, a longo prazo, até mesmo anularem os esforços umas das outras devido às suas visões individualizadas. Quando "damos poderes" às pessoas sem antes desenvolvermos uma visão *compartilhada*, simplesmente aumentamos suas capacidades de se anularem mutuamente.

Por outro lado, a existência de uma visão compartilhada ajuda a concentrar e a conferir maior poder ao esforço do grupo por meio de um melhor alinhamento e de uma melhor orientação.

Tendo explicado isto ao grupo, damos aos seus membros esta tarefa:

Lembrando-se de levar em conta onde vocês estão agora (os princípios que orientam suas vidas), os seus valores e as coisas em que vocês acreditam, imaginem e projetem uma casa de férias que vocês construirão juntos e utilizarão em diferentes períodos. Neste caso, o propósito de vocês é construir a casa perfeita coletivamente. A visão de vocês estará pronta quando tiverem completado a tarefa que acabou de lhes ser atribuída – apresentar uma descrição detalhada, expressa no futuro do presente composto do modo indicativo, de um projeto ideal para a casa perfeita. Vocês têm de descrever como é o piso, e de desenhar a casa da maneira mais detalhada possível. Se acharem que já terminaram, verifiquem se o seu projeto desperta entusiasmo nas outras pessoas. Se isto não acontecer, volte e reveja os propósitos, as crenças e os valores do grupo para descobrir por que você deixou de criar uma visão que funciona.

Os golfinhos compreendem que a criação de uma visão comum – as instruções para se chegar até lá – é uma tarefa que orienta os cérebros simultaneamente para uma outra direção. O reconhecimento de como é estar voltado para um propósito depende, em sua maior parte, de se poder utilizar a capacidade do cérebro para "perceber" quando, *no passado*, o futuro foi mais bem-sucedido em impelir o indivíduo rumo a propósitos importantes. A construção competente de uma visão depende, necessariamente, da capacidade do cérebro para se concentrar naquilo que, *no futuro*, terá maior probabilidade de criar sucesso no presente. O fundamental aqui, conforme veremos no próximo capítulo, é a medida segundo a qual o cérebro pode ver a si mesmo e aos seus usuários operando adiante do tempo, em vez de deslocar-se ao longo dele.

5
"CONSTRUÇÃO DE VISÕES": ATRAVESSANDO A "JANELA DO TEMPO" DO CÉREBRO

No século XVI, ainda estavam sendo impressos manuais dirigidos aos exércitos europeus e aos príncipes que os financiavam nos quais as balas de canhões eram representadas fazendo estranhas coisas. Estranhas, pelo menos, para os padrões modernos. Ao saírem das bocas dos canhões, essas balas, supostamente, deixavam a terra no ângulo do canhão. Quando a energia da pólvora terminava, dizia-se que a bala caía na vertical, acelerando-se enquanto "procurava a felicidade de estar perto do centro da Terra". Os cientistas diziam que as coisas se passavam assim porque era isso o que previam as leis de Aristóteles. Mas os artistas estavam mais bem informados. Leonardo da Vinci, por exemplo, desenhou balas de canhão percorrendo uma trajetória curva. Os soldados também estavam mais bem informados. Eles podiam ver as suas flechas descrevendo uma trajetória curva e presumiam que as balas de canhão não se comportavam de maneira diferente. Todavia, foi apenas em 1551 que os cientistas começaram a revisar suas idéias. Tartaglia, um professor de matemática da Universidade de Veneza, mandou Aristóteles às favas com um desenho de uma bala de canhão percorrendo uma trajetória curva, a qual se supunha que apenas corpos celestes pudessem descrever.

Três séculos depois, o escritor de ficção científica Júlio Verne ainda cometia o mesmo erro. Em *Da Terra à Lua*, Verne fez os seus "fogueteiros" mirarem na Lua e efetuarem o disparo. Se alguma vez lhe ocorreu que o seu

Sair da rotina da percepção comum, conhecer durante algumas poucas horas subtraídas ao tempo o mundo exterior e o mundo interior, não como eles se apresentam a um animal obcecado com palavras e com conceitos, mas sim, como são apreendidos direta e incondicionalmente pela Mente como um Todo – esta é uma experiência de inestimável valor para cada um de nós.
ALDOUS HUXLEY, *THE DOORS OF PERCEPTION*

Os soldados sabiam que as balas de canhão tinham uma trajetória curva antes que os cientistas admitissem isso.

alvo teria se deslocado dezenas de milhares de quilômetros quando a nave lunar o alcançasse, Verne nunca mencionou isto.

Em 1969, quando Neil Armstrong saiu da nave Apollo e pisou na superfície da Lua, nós, obviamente, tínhamos aprendido alguma coisa sobre como fazer mira. De fato, a nave Apollo tinha percorrido os 360.000 quilômetros de distância "em linha reta" entre a Terra e a Lua mantendo-se fora do curso durante 80% do tempo. Mesmo assim, ela pousou a somente alguns metros de distância do local planejado. Isto não representa nenhuma surpresa para os navegadores de aviões a jato, para os navegadores em navios transatlânticos ou para os praticantes de pára-quedismo. O ato de manobrar durante qualquer intervalo de tempo na água ou no espaço exige constantes correções. Na *maior* parte do tempo, conforme aconteceu com a Apollo, o veículo está fora do curso. Você chega ao seu destino sabendo de onde partiu, para onde quer ir e corrigindo seu curso e velocidade. E se não for feita a correção? Uma dentre duas possibilidades, com toda a certeza, ocorrerá, nenhuma das quais muito desejável. Você erra o alvo ou repete a experiência do camarada que caiu da cobertura de um arranha-céu. Consta que ao passar pelo segundo andar, alguém o ouviu dizer: "Até aqui, tudo bem."

> *Durante a maior parte do tempo, a nave Apollo estava fora do curso, e o mesmo acontece conosco.*

Dentre todos os obstáculos a um relato meticulosamente completo da existência, nenhum é mais desanimador do que o "tempo". Explicar o tempo? Não sem explicar a existência. Explicar a existência? Não sem explicar o tempo. Revelar a profunda conexão oculta entre o tempo e a existência, e encontrar resposta para o nosso quarteto de perguntas é uma tarefa para o futuro.
JOHN ARCHIBALD WHEELER

Cabe aos construtores de visões efetuar uma constante correção de curso, e é nisto que as carpas e os tubarões estão propensos a ter problemas. Uma boa visão – uma exposição concreta, específica e detalhada de seu propósito – só pode ocorrer quando você for capaz de desenvolver uma compreensão razoavelmente clara a respeito *daquilo que você quer*. E é nisto que reside a dificuldade.

No início do processo de mudança, quando você pede a uma carpa ou a um tubarão para idealizarem ou para imaginarem as coisas que gostariam de ter se pudessem conseguir que acontecessem da forma como desejassem, o que você geralmente recebe é uma lista de respostas negativas. Em vez de dizerem o que querem, eles tendem a descrever com surpreendentes detalhes aquilo que desejam evitar. Quando você se concentra naquilo que não quer, acontecem duas coisas, nenhuma das quais é muito útil: (1) Isto tende a criar precisamente aquilo que você não quer que aconteça e (2) isto produz um efeito semelhante ao de dirigir um carro olhando para um espelho retrovisor onde você vê de onde está se afastando mas não vê para onde está indo. Em qualquer dos casos, as conseqüências a longo prazo são, com freqüência, desastrosas. Quando sabemos apenas o que não queremos, há também uma falta de senso de realidade. Os supostos construtores de visões carecem de um genuíno senso a respeito de onde estão *agora* – a respeito do que realmente está errado e precisa ser consertado. Por fim, a idéia de monitorar e de ajustar o curso à medida que você avança é um processo virtualmente desconhecido para a carpa e, freqüentemente, mal compreendido pelo tubarão. Os antolhos hipnóticos da carpa e as compulsões viciosas do tubarão tornam bastante problemática uma boa construção de visões.

Quanto mais longe podemos "enxergar", maior é a complexidade com a qual somos capazes de lidar.

Os pesquisadores contemporâneos do cérebro e da mente estão reduzindo, de maneira sistemática, a nossa ignorância a respeito da importante relação entre a capacidade de construção de visões e a capacidade de se lidar com tarefas complexas. É cada vez maior o número de evidências de que, quanto mais longe no futuro o cérebro consegue se ver funcionando, maior a competência desse cérebro para lidar com a complexidade, para conciliar múltiplas responsabilidades e para coordenar tarefas. Embora essa habilidade, por si só, não crie o pensamento ou o comportamento típico dos golfinhos, ela é uma das principais medidas que contribui para a estrutura mental do golfinho. O "horizonte de tempo" de uma pessoa – o máximo período de tempo em que uma pessoa pode planejar e executar tarefas específicas e voltadas para uma meta – é outro desses importantes aspectos para os quais os golfinhos ficam atentos, pois constitui uma boa indicação da receptividade da pessoa para as informações proporcionadas pelo futuro. Olhando para o "tanque" com as habilidades de construção de visões de um indivíduo ou de uma equipe em mente, é isto o que um golfinho vê (ver figura na pág. seguinte):

O tempo é aquilo que mais queremos mas, infelizmente, é o que usamos pior.
WILLIAM PENN

O inglês Elliott Jaques é o Pai do Tempo. Mais do que qualquer outro pesquisador vivo ou morto, esse professor de sociologia forçou-nos a reconhecer que uma das janelas mais importantes do cérebro é a janela do tempo. No

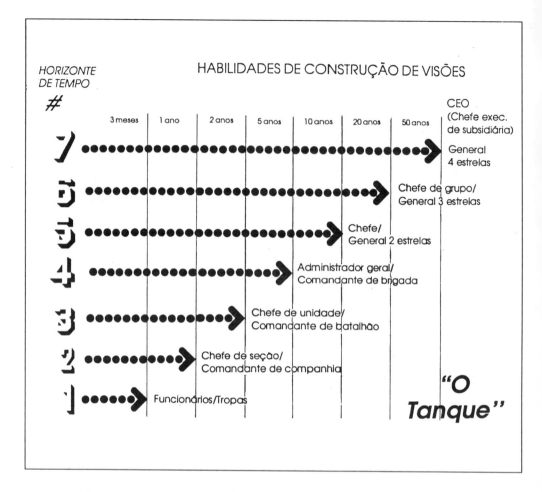

Figura 5.1. "Camadas de Tempo" de Elliott Jaques

As sete "camadas de tempo" de Elliott Jaques: janelas para o futuro.

início de seus trinta e tantos anos de pesquisas com o tempo e de competência no trabalho, Jaques usou teorias convencionais para explicar sua controvertida conclusão: se você determina o que uma pessoa pensa a respeito do tempo, você também pode determinar a sua capacidade de trabalho – para que tipo de trabalho essa pessoa está talhada, o tipo de decisões que ela é capaz de tomar e o quanto ela precisa ganhar para ficar satisfeita.

Usando dados de estudos provenientes de mais de quinze países, Jaques acabou identificando as sete "camadas de tempo" para organização de pessoas, as quais você vê na Figura 5.1. Jaques utiliza o termo "camada de tempo" para designar a distância futuro adentro na qual as pessoas conseguem se ver comprometidas com alguma coisa – o espaço de tempo futuro para o qual elas são capazes de formular metas e de levá-las a cabo. Trabalhando a partir dessa introvisão básica, Jaques fez muitas descobertas proveitosas e, até mesmo, engenhosas, muitas delas laboriosamente explicadas em seus numerosos escritos. No entanto, a partir da perspectiva do construtor de visões, ficamos mais atraídos por uma de suas últimas sugestões, a qual a arremessa diretamente para as fileiras dos pesquisadores do cérebro e da mente:

> Por que os intervalos de tempo também aumentam à medida que crescem as percepções de importância e de responsabilidade, à medida que o indivíduo desloca-se para níveis cada vez mais elevados nos sistemas executivos? [Veja a Figura 5.1.] Além disso, por que uma série regular de passos no nível da organização ocorre em determinados níveis de intervalos de tempo? A única hipótese sensata que posso construir é a de que *o intervalo de tempo máximo com o qual uma pessoa consegue lidar – o intervalo de tempo máximo que essa pessoa consegue alcançar – mede e define o nível do poder cognitivo dessa pessoa.* [Os itálicos são nossos.] Chamo essa medida de *horizonte de tempo* de uma pessoa.[1]

Ao sugerir que o grau com que uma pessoa pode lidar com um senso do futuro pode ser uma medida confiável do modo como o cérebro dessa pessoa funciona, e quão bem ele funciona, o sociólogo Jaques expressou um ponto de vista até hoje defendido pela maioria dos pesquisadores que rastreiam as conexões entre os tecidos cerebrais e as perspectivas de tempo. Esses intrépidos exploradores sustentaram durante todo o tempo que nós, seres humanos, temos um componente biológico específico para o processamento e comando do futuro: os lobos pré-frontais, a área do cérebro que fica adiante da fissura de Rolando e é sensível a mudanças. (Do ponto de vista estético esta também é uma idéia elegante. Por que a parte do cérebro voltada para o futuro deveria ficar na parte de trás da cabeça ou enterrada profundamente em seu interior?)

O neurocirurgião soviético A. R. Luria continua sendo o mais conhecido dos pesquisadores do cérebro anterior. Começando com estudos de soldados feridos no cérebro durante a Primeira Guerra Mundial e, posteriormente, usando

Pode-se dizer, de modo geral, que todos os animais que foram cuidadosamente observados comportaram-se de modo a confirmar a filosofia na qual o observador acreditava antes de suas observações começarem. Mais ainda, todos eles exibiram as características nacionais do observador. Animais estudados por norte-americanos andam freneticamente de um lado para o outro, numa inacreditável demonstração de vigor e de vivacidade, até alcançarem, por obra do acaso, o resultado desejado. Os animais observados por alemães sentam-se imóveis, e pensam, terminando por encontrar a solução a partir de sua consciência interna. BERTRAND RUSSELL, *UNPOPULAR ESSAYS*

Em certo sentido, o homem é um microcosmo do universo; portanto, aquilo que um homem é, é uma pista que leva ao entendimento do universo. Estamos dobrados dentro do universo.
DAVID BOHM

dados provenientes de 40 mil lobotomias pré-frontais – a controvertida "castração" do cérebro – Luria chegou a esta conclusão: os lobos frontais estão envolvidos num "programa que assegura que um indivíduo não apenas reaja a estímulos reais como também, dentro de certos limites, anteveja o futuro, preveja a probabilidade de um determinado evento acontecer, esteja preparado para o caso de isto vir a acontecer e, como conseqüência, prepare um programa de comportamento".[2]

Ao comentar os estudos de Luria sobre pacientes lobotomizados, o futurista David Loye observa:

> Tem-se a impressão de que a pessoa, de alguma maneira fundamental, é incapaz de mover-se para a frente, uma impressão de que eles se tornaram prisioneiros do passado. Eles ainda conseguem pensar e agir de determinadas maneiras – e é por isto que cirurgiões bem-intencionados como Freeman [Walter Freeman, neurocirurgião de Washington, D.C.], que realizavam lobotomias, foram iludidos – mas os seus pensamentos e ações limitam-se a seqüências já aprendidas. Eles têm de utilizar seqüências automáticas de pensamento-ação que sustentam tudo o que somos durante a maior parte do tempo, até nos defrontarmos com um problema para cuja solução o velho pensamento tem de ser reembaralhado e reordenado para produzir alguma coisa nova e que se adapte ao futuro.[3]

Combinando as idéias de Jaques, Luria e Loye, começamos a compreender por que as carpas, carpas pseudo-esclarecidas e tubarões sofrem de uma redução do sentido daquilo que o futuro pode trazer:

- **As carpas tendem a operar** a partir de um ''horizonte de tempo'' muito limitado e dominado pela tendência do hemisfério ''carpa'' de considerar o tempo como circular. As profundas sombras do passado caem pesadamente sobre qualquer perspectiva da carpa para o futuro, limitando o alcance e a abrangência de novas idéias e a interação da imaginação com a possibilidade. O futuro é automaticamente ajustado aos padrões já existentes e, assim como o futuro cria o presente, o presente fica livre para recriar o passado e, uma vez mais, a visão circular de tempo da carpa é preservada.
- **Os tubarões saem-se um pouco melhor**, mas não muito, porque o hemisfério do ''tubarão'' processa o tempo

linearmente e qualquer coisa que opere linearmente pode ser apontada com alguma precisão. Você pode apontar o tempo para o futuro com o hemisfério do ''tubarão''. A limitação óbvia é que, embora você possa fazer mira para um alvo no futuro como tubarão, você não consegue seguir o desenvolvimento do tempo até muito longe. Assim, você despende a maior parte de seus esforços processando as realidades imediatas. Embora isto possa permitir-lhe uma atuação eficaz e influente no momento atual, ela o deixa vulnerável em termos de antecipar a localização e a natureza de um alvo móvel e mutável. Em épocas de rápidas mudanças, a maioria dos alvos está se movendo e muitos estão mudando, alguns dos quais com incrível rapidez.

- **As carpas pseudo-esclarecidas se vêem** numa situação muito singular. Em alguns aspectos cruciais, esses indivíduos são dominados pelo tempo. Com os seus cérebros se equilibrando à beira de uma grande mudança na consciência – da qual muitas CPEs vão se aproximar mas poucas irão efetivamente experimentar – as carpas pseudo-esclarecidas tornam-se vítimas de um sentimento oceânico de que *tudo é possível no momento presente.* Carecendo da capacidade de discriminar entre passado, presente e futuro, a carpa pseudo-esclarecida tem dificuldade para fixar-se a alguma coisa sólida. Flutuar livremente no tempo não é uma existência das mais seguras. A taxa de suicídio – quer ao escalar montanhas, por uso de drogas ou em conseqüência de emboscadas na Nicarágua – é substancial entre as carpas pseudo-esclarecidas; elas são vítimas das propriedades de criação de desenhos animados do hemisfério da ''carpa'' em sua forma mais pura e, assim, estão fadadas a sempre ver a realidade tomando a forma do último *sketch* apressadamente desenhado pelo hemisfério da carpa.

Quanto mais os pesquisadores de diversas áreas – de matemáticos a físicos, de sociólogos a psicólogos que estudam desde a cognição até o desenvolvimento moral – sondam a mente como uma ''caixa de tempo'', maior é o consenso que emerge desses estudos. Em primeiro lugar, os pesquisadores estão confirmando que os seres humanos são criaturas limitadas pelo tempo. Cada indivíduo coloca limites sobre aquilo que ele irá se permitir fazer

Vivemos nossa vida dentro dos limites que colocamos sobre o tempo.

com o seu tempo, e dentro desses limites ele vive a sua vida. O desconhecimento dessa realidade fundamental gera boa parte da ansiedade profissional de que venha a sofrer qualquer organização, líder ou administrador. Em vez de combinar o "tecido de tempo" do cérebro com a natureza das tarefas ligadas ao trabalho, a cultura organizacional e gerencial de hoje, em sua maior parte, continua a tratar o cérebro como se fosse uma fornalha a carvão. O administrador simplesmente abre a porta, atira dentro dela um monte de tarefas sem atentar para o "horizonte de tempo" de quem recebe essas atribuições e depois se pergunta por que os níveis de combustão da fornalha não atendem às expectativas.

Os golfinhos são eles próprios os melhores exemplos conhecidos do que acontece quando os envoltórios de tempo do cérebro tornam-se maiores e mais amplos. Imagine, se desejar, uma substância desconhecida – vamos chamá-la de Fator X – suspensa no ar e contida dentro de um saco plástico flexível. O saco está confinado pelos lados, por cima e por baixo por formas de aço que limitam a sua expansão. De vez em quando as formas são movidas para trás de modo que o volume do saco possa aumentar. Quando isto acontece o ar dentro dele se expande e a substância desconhecida fica um pouco mais perto da materialização, da ativação de seus plenos poderes, de seu reconhecimento pelo que ela é.

O mérito do trabalho de Elliott Jaques é que ele reconstituiu laboriosamente o surgimento dessa "substância" no comportamento das pessoas. Durante mais de três décadas ele andou pelos corredores de numerosas organizações como uma Pantera Cor-de-Rosa erudita, observando e medindo o surgimento do Fator X. Ainda que de forma simplificada, para que seja possível um rápido entendimento, eis aqui a essência do que ele descobriu:

- **Quando o "horizonte de tempo" de uma pessoa é de três meses ou menos, nenhum Fator X é detectável.** Portanto, o cérebro/mente gosta de coisas muito concretas, vai trabalhar apenas com uma dimensão de cada vez e raramente irá questionar uma tarefa, limitando-se a fazer aquilo que lhe mandam. *Os cérebros com este "horizonte de tempo" funcionam baseados em regras.*

- **Quando o "horizonte de tempo" de uma pessoa chega a um ano, pode-se discernir uma pequena quantidade de Fator X.** Assim, este cérebro/mente vai aceitar alguma diversidade mas lida com ela separando imediatamente as coisas em pilhas diferentes, por assim dizer. Mas a possibilidade de que uma coisa que funciona para uma pilha também possa funcionar com outra não é levada em consideração. Se a informação é fluida e abundante isso cria problemas e longas pausas nas atividades dessa pessoa enquanto essas informações são processadas. *Cérebros com esse "horizonte de tempo" procuram efetuar julgamentos e agir de acordo com as regras.*

- **Quando o "horizonte de tempo" chega a dois anos, há no ar um toque do Fator X; em vez de beneficiar-se disso, porém, este indivíduo procura isolar-se e evitar as suas conseqüências.** Portanto, este cérebro/mente começa com as regras e avança com dificuldade a partir daí. Sua frase favorita é "O tempo dirá" – a idéia de que as coisas vão funcionar independentemente de um envolvimento pessoal. A importância das coisas que não se ajustam simplesmente não é considerada. *Cérebros com este horizonte de tempo fazem uma extrapolação a partir de uma determinada regra.*

- **Quando o "horizonte de tempo" de uma pessoa chega a cinco anos, a presença do Fator X é palpável embora ainda não esteja completamente ativada.** Assim, esse cérebro vai lidar com uma considerável desordem mas apenas porque presume que no caos existem regras e temas subjacentes a serem descobertos. Depois que eles são encontrados, há alguma ansiedade para saber se as regras irão ou não mudar. É muito importante a procura e a descoberta das regras operacionais de qualquer estrutura. *Os cérebros com este "horizonte de tempo" procuram e depois conservam uma estrutura de regras subjacentes.*

- **Quando o "horizonte de tempo" de uma pessoa alcança dez anos ou mais, o Fator X se materializa de forma súbita e imperiosa.** Portanto, este cérebro escuta as regras e depois começa a pensar além delas – para estabelecer os seus próprios critérios. Em vez de buscar ordem, este cérebro pode deliberadamente produzir desordem em sua busca por novos padrões. Alternativas são produzidas com rapidez e facilidade e, pela primeira vez, aquilo que não se sabe, que não aconteceu e o que não foi dito são considerados fontes potencialmente importantes de informações. *Como os cérebros com este horizonte de tempo fazem as regras, eles também sentem-se livres para ignorá-las quando elas não se adaptam às circunstâncias do momento.*

E o que é o misterioso e inesperado Fator X cuja ausência pode inutilizar de forma tão trágica e dolorosa os melhores esforços e intenções das carpas, carpas pseudo-esclarecidas e tubarões?

Rufem os tambores, por favor! A resposta é:

A disposição de tolerar a ambigüidade.

Subitamente, por volta da marca dos dez anos na capacidade de um ser humano sentir-se à vontade com o futuro, o conhecimento explícito começa a ligar-se ao conhecimento implícito.

Na marca dos dez anos, os pensamentos linear e circular começam a se ligar.

Subitamente, nesse importante marco do desenvolvimento da visão antecipada do futuro, os pensamentos linear e circular conjugam-se. Nesse limiar da capacidade de antecipar o futuro, o hemisfério "carpa" e o hemisfério "tubarão" partilham os seus melhores interesses mútuos e as suas maiores habilidades e atuam em conjunto para criar algo radicalmente eficaz no terreno das habilidades competitivas humanas. Com o "horizonte de tempo" ampliado e expandido, qualidades como estas são cada vez mais autocatalíticas (autodesencadeadoras):

- considerar a incerteza como um recurso
- pensar além das regras
- disposição para produzir teorias
- uso de informações contraditórias
- receptividade para todos os recursos
- prestar atenção ao que não foi dito
- procurar mais de uma resposta[4]

Caberá aos golfinhos das futuras gerações de pesquisadores explicar o que faz o tempo ser assim tão diferente de uma pessoa para outra. Talvez o caminho mais radical a ser explorado seja a idéia de que o próprio cérebro confere ao mundo um sentido de passado, presente e futuro – que o tempo é uma invenção da mente. Ou, como o físico Louis de Broglie certa vez se expressou:

> No espaço-tempo, todas as coisas que para nós constituem o passado, o presente e o futuro formam um só bloco, e todo o conjunto de eventos sucessivos para cada um de nós, que forma a existência de uma partícula material, é representado por uma linha, a linha de universo da partícula... À medida que o seu tempo passa, cada observador descobre, por assim dizer, novas fatias do mundo material; na realidade, porém, o conjunto de eventos que constituem o espaço-tempo já existia antes que o observador tivesse conhecimento dele.[5]

Um prêmio Nobel já foi conferido a resultados de laboratório sugerindo que a informação poderia deslocar-se no tempo tanto para frente como para trás – pelo menos no nível subatômico. Não há dúvida de que, graças aos trabalhos pioneiros em laboratórios de *biofeedback* e aos ambientes mais esotéricos da mente iogue, do viajante da meditação e dos sonhadores que se entregam a devaneios, hoje compreendemos mais claramente do que nunca que o próprio cérebro é capaz de orientar-se por diferentes relógios em diferentes circunstâncias. As conseqüências da diversidade de tempo não podem ser ignoradas porque o tipo de tempo que mantemos e o tamanho do "horizonte de tempo" que impomos a nós mesmos são fundamentais para determinar o tipo de mundo que temos a capacidade de conhecer. A ignorância a respeito desse estado de coisas prejudica tremendamente o desempenho cognitivo das carpas e tubarões e, em vez de servir como uma libertação, o início da percepção de que isto é verdade tende a esmagar a carpa pseudo-esclarecida.

> Existe um nível oculto e subjacente de cultura que é altamente padronizado – um conjunto de regras tácitas e implícitas de comportamento e de pensamento que controla tudo o que fazemos. Essa gramática cultural oculta define a maneira pela qual as pessoas vêem o mundo... A maioria de nós é totalmente inconsciente disso, ou então, apenas perifericamente consciente disso.
>
> Isto ocorreu-me recentemente enquanto discutia as diferenças culturais japonesas com um amigo, um homem brilhante dotado de uma mente em geral aguçada. Percebi que não apenas não estava conseguindo me fazer entender como também nada de substancial que eu havia dito fazia sentido para ele... Para poder me entender ele teria de reorganizar todo o seu modo de pensar... soltar o seu lastro intelectual, e poucas pessoas estão dispostas a correr o risco de uma atitude tão radical.
>
> EDWARD T. HALL, *THE DANCE OF LIFE*

O cérebro é capaz de orientar-se por diferentes relógios em diferentes circunstâncias.

Cabe ao golfinho, portanto, a responsabilidade de fazer do tempo um componente importante da construção e da administração de equipes e organizações. Usando as descobertas de Elliott Jaques descritas na Figura 5.1 e outros *insights* temporais sobre a natureza preditiva do cérebro, os golfinhos atuam deliberadamente para se contraporem às limitações temporais de equipes e organizações que possam afetar a qualidade e os resultados positivos de sua construção de visões. Eis aqui algumas das principais suposições com que os golfinhos trabalham e algumas das soluções que eles aplicam:

Na maior parte do tempo as pessoas relutam em construir uma visão genuína para si mesmas.

Pense naquilo que ocorre em muitas ocasiões quando uma comissão ou equipe se reúne.

Como se todos estivessem seguindo um *script*, um jogo do tipo Vamos Bancar os Bonzinhos põe-se em ação. Por trás de uma fachada que o psicólogo M. Scott Peck chama de "falsa comunidade", o grupo ignora os seus próprios afazeres e preocupações e comporta-se diante do resto do mundo como se todos fossem bons irmãos. Neste ambiente de baixa energia não existe arrebatamento ou intercâmbio sincero de opiniões, da mesma forma como também não existem avaliações honestas ou opiniões enriquecedoras a respeito do que o grupo poderia realizar. O outro *script* principal é o *Slugfest* (comilança). Os tubarões podem investir contra as veias jugulares das carpas convenientemente reunidas ou iniciar atividades canibalísticas em suas próprias fileiras, e quaisquer esperanças de se utilizar a capacidade de construção de visões dos lobos frontais dos cérebros atuais dissolve-se em meio à acrimônia e ao retraimento defensivo.

Nas reuniões as pessoas passam boa parte do tempo tentando evitar responsabilidades.

Qualquer que seja o *script* seguido, a dinâmica de bastidores é essencialmente a mesma: os participantes são envolvidos numa batalha em grande parte inconsciente para decidir quem vai assumir responsabilidade – e quem vai conseguir evitá-la. Num *script* os participantes simplesmente desaparecem enquanto entidades responsáveis e pensantes e recusam-se a se confrontar com qualquer mudança, plano ou risco. No outro, o resultado é: "Culpem qualquer pessoa e qualquer coisa menos eu!"

Os golfinhos compreendem que a questão é saber se o cérebro antigo ou o cérebro novo é que vai assumir a responsabilidade pelas questões pessoais. E a resposta é que isto ainda cabe aos antigos componentes dos hemisférios carpa e tubarão. Só depois que os lobos frontais do cérebro tiverem espaço num "horizonte de tempo" expandido é que eles permitirão ao indivíduo compreender que, na maioria das circunstâncias da vida, a pessoa

- pode deter o controle sobre o seu próprio destino.
- deveria ter esse controle.
- auferirá maiores benefícios por deter esse controle.
- vai criar novos mundos para si mesma por estar detendo esse controle.
- aumenta comprovadamente a possibilidade de sucesso em equipes, grupos ou organizações às quais ele ou ela está filiada quando ele ou ela está disposta a deter o controle sobre sua vida.

As carpas e tubarões causam grandes sofrimentos a si mesmos porque abrem mão do controle sobre suas vidas. Eles deixam a definição dos resultados mais cruciais de sua vida nas mãos de outras pessoas e/ou de acontecimentos externos. As carpas freqüentemente colocam o seu futuro nas mãos dos tubarões e colhem sofrimento. Os tubarões colocam o seu futuro nas mãos de esquemas dúbios ou de tendências e acontecimentos que sobrecarregam sua capacidade, e também colhem sofrimento. Quando o "horizonte de tempo" do cérebro é demasiado estreito e demasiado raso para proporcionar espaço para que os lobos frontais interajam livre e realisticamente com a ambigüidade e o desconhecido, a sede do controle é externa.

Ao ajudar equipes e organizações a construir uma visão para o seu futuro, os golfinhos procuram ajudar as carpas e tubarões a compensarem os seus próprios "horizontes de tempo" demasiado rasos e estreitos proporcionando-lhes a ambigüidade que eles não conseguem proporcionar a si mesmos. Isto pode ser conseguido através da aceitação mais ampla das responsabilidades pessoais e grupais.

Ao trabalhar com esses grupos, os golfinhos encontram maneiras de enfatizar estas realidades:

- Muito embora *não* sejamos 100% responsáveis por tudo o que nos acontece, poderíamos perfeitamente agir como se

Existem boas razões para aceitarmos as responsabilidades, mesmo quando não a merecemos.

Ao me aproximar dos quarenta tive um estranho sonho no qual quase captei o significado e compreendi a natureza daquilo que é desperdiçado quando se perde tempo.
CYRYL CONNOLLY, *THE UNQUIET GRAVE: A WORLD CYCLE BY PALINURIS*

isso fosse verdade e atuar com base nesse pressuposto por que somos nós que teremos de conviver com o resultado.

- Muitas vezes é difícil e, às vezes, impossível determinar a parte sobre a qual *somos* responsáveis, de modo que também poderíamos agir como se fôssemos responsáveis por tudo e, assim, começarmos a lidar com as conseqüências.
- Se quiser que as coisas ocorram de acordo com os seus desejos, você provavelmente é a melhor pessoa para aumentar a probabilidade de que isto aconteça. Ao assumir responsabilidade pelos acontecimentos você se beneficia do fato de ter feito uma afirmação acerca do direito de controlar o resultado.

Os golfinhos convidam os outros para jogar temporariamente em *seu* "horizonte de tempo" ajudando-os a sentirem-se bem com o fato de não haver problema em assumir responsabilidades. Na verdade, esta é uma coisa muito saudável de se fazer. Para encorajar os outros a assumirem responsabilidades e a admitirem a incerteza do momento em sua consciência, os golfinhos não conseguem descobrir nenhuma pergunta melhor do que esta para fazer as idéias fluírem:

> **"Se você pudesse fazer com que as coisas fossem como você quer, como é que elas seriam?"**

Embora talvez seja preciso algum estímulo e mais do que alguns lembretes de que os problemas serão discutidos com mais detalhes no futuro, depois que o grupo se concentra nesta questão você pode literalmente sentir a resistência mental dissolver-se e o fluxo de energia elevar-se enquanto o futuro chega majestosamente!

Paradoxalmente, uma visão em geral não "vinga" se não for despojada de toda ambigüidade.

Realisticamente, os golfinhos entram em qualquer sessão de construção de visões sabendo que só poderão ter sucesso em fazer com que uma equipe ou grupo comece a explorar o desconhecido depois que eles começarem a eliminar a ambigüidade do resultado final.

Para uma explicação precisamos apenas revisitar a Figura 5.1 e a idéia de Elliott Jaques sobre "horizontes de tempo". Tendo feito isto rapidamente percebemos que a maioria dos membros de qualquer equipe ou organização que tem a responsabilidade diária de fazer qualquer visão transformar-se em realidade apresentam "horizontes de tempo" de dois anos ou menos. O desafio é constituído pelo fato de que nos "horizontes de tempo" de um a dois anos é que são encontrados os chefes de seção e os chefes de unidade, em sua maioria, os quais, na opinião dos autores, representam o melhor ajuste entre "horizontes de tempo" e responsabilidades na maioria das organizações. A mente dessas pessoas procura o triunfo do significado sobre a incerteza. *A maior contribuição mental desses indivíduos é a sua capacidade de procurar regras, aplicá-las e extrapolar a partir delas.*

> *Os horizontes de tempo mais adequados das organizações geralmente são encontrados em seus níveis mais baixos.*

Portanto, uma vez ultrapassada a fase do "de qualquer maneira que for possível" da experiência de construção de visões, os golfinhos esforçam-se por expressar e compreender uma visão emergente que é:

> Toda a diferença entre construção e criação é exatamente esta: uma coisa construída só pode ser amada depois de pronta ao passo que uma coisa criada é amada antes de existir.
> G. K. CHESTERTON

- clara
- específica
- abrangente
- detalhada
- expressa no futuro do presente composto no modo indicativo ("Isto é o que teremos alcançado...")
- expressa de forma positiva, deixando de lado a idéia de consertar o que está errado e nos concentrando em imaginar aquilo que é possível
- suficientemente forte e impetuosa para obter a colaboração de todos os envolvidos.

> (Uma) mente que pudesse conhecer o mundo dos objetos sem nenhum erro não conheceria coisa alguma.
> EMILE AUGUSTE CHARTIER

Embora um colega nosso, Kenneth L. Adams, talvez não tenha sido o primeiro a fazer esta descoberta, ele é um dos que fizeram o melhor uso dela: é possível que a melhor, mais clara, mais específica, mais abrangente, mais detalhada, mais voltada para o futuro, escrita de forma mais positiva, mais poderosa e impetuosa expressão de visão já posta em palavras nos tenha sido proporcionada por uma combinação da Declaração de Independência e da Constituição dos Estados Unidos. Os seus criadores escreveram explicitamente:

sua exposição de motivos para agir...

[De forma inesquecível, os autores da Declaração listaram não menos que 27 injustiças flagrantes sofridas nas mãos do "atual Rei da Grã-Bretanha", incluindo estas:]

"Ele obstruiu a Administração da Justiça..."

"Ele fez com que os Juízes se tornassem dependentes de sua Vontade..."

"Ele criou um grande número de novos Cargos Públicos e enviou multidões de Funcionários para perseguir o nosso Povo e levá-lo à Ruína."

"Ele manteve entre nós Exércitos Permanentes, em Época de Paz, sem o consentimento de nossas Legislaturas."

"Ele saqueou nossos Mares, devastou nossas Costas, queimou nossas cidades e destruiu Vidas de nosso Povo."

seu propósito...

"Nós, o povo dos Estados Unidos, a fim de formar uma União mais perfeita, instituir Justiça, assegurar a tranqüilidade doméstica, cuidar da defesa comum, promover o bem-estar geral e garantir as bênçãos da liberdade a nós mesmos e à nossa posteridade, decretamos e estabelecemos esta Constituição para os Estados Unidos da América."

seus valores...

"Sustentamos como Verdades evidentes por si mesmas que todos os Homens são criados iguais, que são dotados pelo Criador de certos Direitos inalienáveis, e que entre estes direitos estão a Vida, a Liberdade e a Busca da Felicidade..."

em quem depositavam confiança...

[Os autores da Constituição enumeraram os governos federal e estaduais. Depois, percebendo que tinham deixado de fora as pessoas, acrescentaram a Declaração dos Direitos do Homem [*Bill of Rights*] quatro anos depois.]

Esta é a mais elevada sabedoria que conheço,

A melhor que a humanidade já conheceu:

A liberdade e a vida são obtidas apenas por aqueles que

As conquistam cada dia novamente.

Cercados por esse perigo, todos prosperam.

Crianças, adultos e velhos levam vidas ativas.

Se houvesse essa multidão, eu contemplaria satisfeito.

Com homens livres em terra livre, partilhar a liberdade.
GOETHE

sua visão...

[A constituição é literalmente um passeio pelo futuro. Ela foi escrita como se o governo que ela descreve já existisse. Seus autores sentaram-se e disseram, como todo grupo comprometido com a criação de um sonho viável deve dizer: "Se estivéssemos lá agora, isto é o que iríamos fazer."]

o sério compromisso que assumiram...

[A Declaração conclui:] "E em apoio a esta declaração, com uma firme Confiança na Proteção da Providência divina, nós penhoramos mutuamente nossas vidas, nossas Fortunas e nossa sagrada Honra."

É um material bem forte. Ele serve como um excelente exemplo para o desenvolvimento de um sonho para qualquer grupo voltado para o futuro.

Não se deve presumir que as pessoas que ocupam as posições mais elevadas estejam sempre operando com "horizontes de tempo" mais longos.

Jaques sugere, por exemplo, que os gerentes-gerais e comandantes de brigada ocupem posições que irão se beneficiar com um "horizonte de tempo" de cinco anos, e que os chefes de corporações e generais de quatro estrelas irão se beneficiar de "horizontes de tempo" de 20 a 50 anos. Algumas pessoas que ocupam esses postos sem dúvida operam a partir desses "horizontes de tempo". Mas, como Mardy Grothe e Peter Wylie observaram em *Problem Bosses: Who They Are and How to Deal With Them*, existem numerosas razões pelas quais as pessoas podem subir na hierarquia de organizações burocráticas além da habilidade ou, acrescentaríamos, de seus "horizontes de tempo". Algumas das razões relacionadas por Grothe e Wylie incluem:

- Elas possuem excepcionais habilidades técnicas.
- Elas trabalham mais duro do que seus colegas.
- São empregados leais que têm "bom comportamento".

- Sabem seguir ordens.
- Sabem como fazer política com os figurões da companhia.
- Possuem importantes títulos acadêmicos.
- Formam suas próprias empresas.
- Estão relacionados de alguma forma (filho, filha, cônjuge, parente por afinidade, amigo, amante) com o chefão.

As Águas Mortais podem ser uma zona sanguinolenta de competência questionável.

Ao orientar as atividades de construção de sonhos os golfinhos não esperam necessariamente que os ''figurões'' da equipe, do grupo ou da organização demonstrem que se sentem perfeitamente à vontade convivendo com a ambigüidade, preparando-se para o inesperado ou estruturando o desconhecido. Para dizer a verdade, nossas experiências e observações na Brain Technologies Corporation levaram-nos à conclusão de que os ''horizontes de tempo'' sofrem a maior violação naquilo que chamamos de Águas Mortais, o Mundo-Onde-Tubarão-Come-Tubarão que fica entre as elevadas competências dos chefes de seção e de unidade e as também elevadas competências dos executivos que ocupam as posições mais altas da escala hierárquica. Entre essas duas regiões estão os níveis gerenciais médio e superior, uma zona muito confusa, freqüentemente ensangüentada e muitas vezes de questionável competência, porque, em sua maioria, as pessoas foram promovidas além da capacidade e proficiência de seus ''horizontes de tempo''. Acreditamos que na maioria das organizações os dois locais onde existe maior probabilidade de os cérebros estarem voltados para um propósito são as zonas que fazem limite com as Águas Mortais – próximas da base e no próprio topo –, e é nessas zonas que o progresso é realizado. Poderíamos sugerir que essa é uma das razões pelas quais boa parte dos gerentes de nível médio estão sendo substituídos por sistemas computadorizados de fornecimento de informações. As informações míopes dos gerentes de nível médio não são mais necessárias. Para que as pessoas sejam mantidas nessas posições, é preciso que os seus esforços sejam redirecionados para a antecipação de tendências futuras, para a interface com os clientes e para o desenvolvimento de equipes de auto-gerenciamento.

O progresso torna a vida mais fácil para os nossos músculos mas não para os nossos cérebros.
JERZY A. WOJCIECHOWSK

Podem-se fazer coisas positivas acontecerem ensinando e persuadindo temporariamente as pessoas a passarem para o próximo "horizonte de tempo".

Em seus estudos, Elliott Jaques e seus colaboradores concluíram que uma "realidade alternativa" é construída dentro de cada "horizonte de tempo" e que fica escondida por lá, esperando o momento de concretizar-se. Eis como Jaques descreve o fenômeno:

> Essa dualidade [a "realidade alternativa"] está implícita, no sentido de ser comportamental e intuitivamente ativa [num determinado "horizonte de tempo"], mas ainda não acessível para uso como um contexto consciente, explícito. A mudança qualitativa, portanto, de um determinado nível para o próximo nível mais elevado é aquela na qual a dualidade implícita se torna explícita no próximo nível anterior e, assim, se une aos processos desse nível – ao mesmo tempo que surge uma nova dualidade implícita que proporciona os fundamentos comportamentais intuitivos de significado nesse nível superior.[6]

Ao liderar equipes ou grupos na construção de visões, um golfinho permanece alerta para o cérebro-dentro-do-cérebro que sempre está escondido atrás da realidade atual. Sempre existe a possibilidade de que um indivíduo passe de um "horizonte de tempo" para o seguinte durante um exercício de construção de visão. Se acontecer, este talvez seja um momento de êxtase para o grupo. Subitamente, através dos olhos de um de seus membros, eles podem vislumbrar um futuro mais amplo do que tinham razões para esperar. Se isso acontece, os golfinhos agem rapidamente para alimentar a experiência e utilizá-la de forma construtiva. Um desenvolvimento mais provável é o súbito relaxamento dos limites criados pelo atual "horizonte de tempo" da equipe, permitindo acesso a idéias e significados implícitos nesse nível mas que provavelmente não serão ordenados, a não ser em momentos

Você pode levar as pessoas a um passeio no futuro convencendo-as a entrar no próximo "horizonte de tempo".

especiais. Os golfinhos procuram tornar o momento especial monitorando e orquestrando cuidadosamente as disposições de ânimo e colocando em ação as habilidades de ruptura descritas no Capítulo 3. Além disso, pode ser divertido e produtivo "dar um passeio no futuro'' penetrando deliberadamente no próximo ''horizonte de tempo''. Não é necessário que os participantes saibam que isso está acontecendo. É preciso apenas que o golfinho encarregado de dirigir os trabalhos, em primeiro lugar, reconheça qual é o horizonte de tempo do grupo e, em seguida, ensine e convença essas pessoas a examinarem suas circunstâncias e necessidades da melhor forma que puderem a partir das perspectivas do horizonte seguinte. Eis aqui algumas sugestões para se alcançar ambos os resultados:

Para ajudar a identificar o ''horizonte de tempo'' em que o grupo ou equipe está funcionando, pergunte:

Quantas pessoas prestam contas à maioria dos integrantes deste grupo?

Horizonte de tempo de três meses
Provavelmente, um máximo de uma ou duas, se tanto.

Horizonte de tempo de um ano
Cerca de doze.

Horizonte de tempo de dois anos
De duas a três centenas.

Horizonte de tempo de cinco anos
Mil ou mais.

Horizonte de tempo de dez anos
Talvez dezenas de milhares.

Em que medida essas pessoas estão *realmente* organizando sua vida e suas aspirações para si mesmas e para o grupo, a equipe ou a organização?

Horizonte de tempo de três meses
Provavelmente, estão estabelecendo algumas metas muito simples, que não podem ser chamadas de ''sonho''.

Horizonte de tempo de um ano
Estão tendo algum sucesso em imaginar maneiras de melhorar o seu trabalho e superar seus problemas profissionais.

Horizonte de tempo de dois anos

Estão demonstrando preocupação (1) em providenciar para que o trabalho seja feito nos próximos três a seis meses e (2) com o modo como isso vai influenciar os acontecimentos nos próximos doze meses.

Horizonte de tempo de cinco anos

Estão examinando e pensando sobre problemas, agrupados em pares, com os quais irão se defrontar nos próximos sessenta meses: Eles devem fazer isto ou aquilo? (Devem fechar a fábrica, por exemplo, ou adaptá-la para a fabricação de novos produtos?)

Horizonte de tempo de dez anos ou mais

Se estão na faixa de alcance dos cinco aos dez anos, eles provavelmente estão investigando as conseqüências de segunda e terceira ordem das mudanças que poderão fazer. Se estiverem falando em criar o futuro – colocar em ação novos sistemas e teorias – em vez de prevê-lo, eles provavelmente estarão operando em horizontes de tempo maiores do que dez anos.[7]

Se você quiser encorajar os membros de seu grupo de construção de visões a ir um pouquinho além – verem a si mesmos operando a partir do próximo "horizonte de tempo" mais expansivo –, peça que respondam a perguntas como estas:

- Em que tipo de problema você acha que o seu chefe está pensando? Como você acha que ele vai lidar com esses problemas?
- Vamos dizer que vocês todos sejam promovidos no próximo mês. Isso vai afetar o modo como vocês vêem as questões a respeito das quais temos conversado?
- Certo, vamos dizer que a visão imaginada se concretizou. E se [descreva um problema, desenvolvimento ou acontecimento em relação ao qual eles provavelmente não seriam solicitados a encontrar uma resposta, mas os seus superiores imediatos sim]?

Se eles estiverem operando principalmente a partir de um

Horizonte de tempo de três meses

Peça-lhes que apresentem uma relação de idéias para melhorar o seu trabalho.

Horizonte de tempo de um ano

Peça-lhes para sugerirem idéias livremente a respeito de qual poderia ser a carga de trabalho daqui a um ano e de como as coisas poderiam ser modificadas para lidar com ela.

Horizonte de tempo de dois anos

Peça-lhes para pensarem sobre o que poderia acontecer se eles resolvessem fazer justamente o oposto do que a sua visão exige.

Horizonte de tempo de cinco anos

Peça-lhes para pensarem no que lhes aconteceria se alguém começasse a mudar as principais regras sob as quais eles trabalham. Quais são essas regras? Quais têm maior probabilidade de serem modificadas nos próximos cinco ou dez anos?

Horizonte de tempo de dez anos

Pergunte-lhes o que fariam se repentinamente lhes pedissem para transformar todos os seus concorrentes em "amigos", se repentinamente tivessem de obter resultados significativamente melhores com menos recursos e se repentinamente tivessem de arranjar contatos altamente competentes em numerosos campos e indústrias no exterior.

Para encorajar os participantes a adotar uma atitude mais voltada para o futuro em qualquer ponto de suas atividades de construção de sonhos, encontre maneiras de fazer com que eles mudem de perspectiva e troquem:

- o antigo pelo novo
- uma resposta por muitas respostas
- o familiar pelo desconhecido
- significados e controles externamente definidos por significados e controles internamente definidos
- o que sabem pelo que suspeitam
- os detalhes pelo quadro maior
- o concreto pelo abstrato
- a certeza pela incerteza
- muitos limites por um pequeno número de limites
- o passado pelo futuro
- o que não querem pelo que querem
- o simples pelo mais complexo
- o fragmentado pelo integrador

- menos estresse por mais estresse
- informação lenta por informação rápida
- menos informação por mais informação
- a certeza pela dúvida

Empurrar as pessoas que estão fazendo a construção de sonhos para o próximo "horizonte de tempo" é mais do que um simples exercício que pode dar origem a ocasiões animadas; isso alimenta o *esprit de corps* e desenvolve algumas idéias e perspectivas novas e, possivelmente, úteis – duas coisas que valem a pena. Uma razão mais importante para fazer isso é: a não ser que consiga expandir de alguma forma a sua mente, você provavelmente irá limitar-se a mudar de lugar a mobília do passado e do presente, em vez de preparar-se para o futuro. Como já disse alguém, não adianta muito reordenar a distribuição das cadeiras de

Devemos tomar cuidado para não criar um novo sonho tão rígido quanto o anterior.

convés do *Titanic*. Sem estimular a tensão entre os "horizontes de tempo" em nossos esforços para construir sonhos, nós nos arriscamos a construir uma nova visão tão rígida e improdutiva quanto a anterior.

Os sonhadores
ociosos deram má
fama aos verdadeiros
visionários.
ROBERT FRITZ

O perigo de não se ter uma visão é que a maioria de nós vai continuar a operar num determinado nível, aquele que sentimos inconscientemente ser o correto para nós. Se ultrapassarmos esse nível de desempenho, em geral sabotaremos a nós mesmos posteriormente para manter a nossa "média". A importância de se ter um sonho bem definido é: se nos visualizarmos operando num nível muito mais elevado, a nossa mente inconsciente vai interpretar isso como o novo nível de desempenho esperado e nos fará corrigir positivamente o nosso curso rumo à visão, sem repercussões maléficas.

Encarando o futuro a partir dos lobos frontais, os golfinhos não se importam de ser "bandidos do tempo" se isso significar a melhoria de suas chances de ter as suas necessidades atendidas.

Quando olha para a sua própria existência ou a existência de outros, um golfinho percebe que em qualquer momento específico precisa enxergar através de diversas "lentes" ou camadas de significado. Na Figura 5.2 repre-

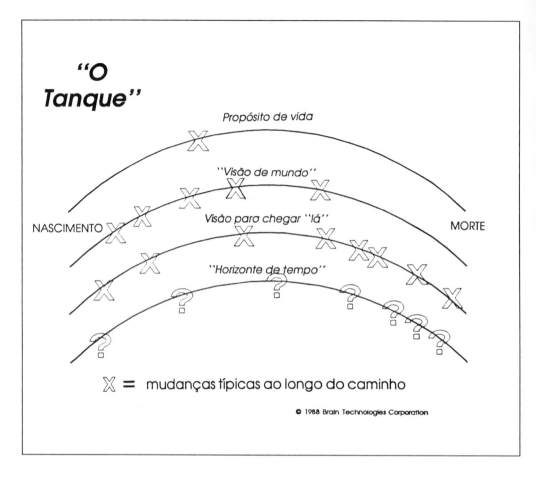

Figura 5.2. Lentes de Significado

sentamos graficamente aquilo que foi objeto de nossa discussão neste capítulo e no capítulo anterior.

Além de lembrar-lhe de que todo sentido humano de perspectiva e de limites ao conhecimento sofre múltiplas influências num determinado momento, nós resolvemos representar "o tanque" da forma como fizemos na Figura 5.2 para enfatizar o fato de que as probabilidades de mudanças variam de lente para lente, ou de camada para camada.

Ao longo da existência, o propósito de vida de uma pessoa pode mudar uma ou duas vezes. É improvável que isso aconteça repetidas vezes, embora possa parecer que esteja acontecendo porque o indivíduo nunca consegue identificar um propósito de vida ou está continuamente aperfeiçoando-o.

Num mundo em rápida transformação, as visões vão mudar mais rapidamente do que qualquer outra influência do "tanque", em particular se forem produzidas por mentes de golfinhos.

E os "horizontes de tempo"? Elliott Jaques atualmente está investigando as perspectivas de expansão da janela da mente para o futuro ao longo de uma existência. No caso de uma criança saudável que receba os cuidados físicos e intelectuais necessários para o desenvolvimento de uma mente saudável, parece que três, quatro ou até mesmo cinco mudanças no "horizonte de tempo" ao longo da vida são perfeitamente normais. Para uma criança extraordinária à qual se apresentem oportunidades incomuns, ou talvez até mesmo

> *A capacidade de o cérebro mudar de "horizonte de tempo" pode ultrapassar a duração da vida do corpo.*

dificuldades incomuns, as mudanças podem chegar a oito, dez, doze ou mais, e outras podem estar se processando enquanto o corpo morre e deixa o cérebro sem o seu suporte vital.

Usando a Figura 5.2 como Prova Nº 1, podemos apresentar muitos argumentos de que as pesquisas contemporâneas sobre a mente e o cérebro tornaram antiquada boa parte das idéias que têm sido defendidas pelas carpas, tubarões e carpas pseudo-esclarecidas a respeito de mudanças nas organizações e em suas culturas.

Em vez de tornar os golfinhos arrogantes, porém, a viagem através de "horizontes de tempo" expandidos desenvolve a humildade. O mais sério de todos os pensamentos talvez seja a possibilidade de que nós, seres humanos, atualmente estejamos operando com um corpo cuja vida natural é demasiado curta para proporcionar ao cérebro a chance de, nas melhores condições, amadurecer completamente. É bastante séria a percepção de que é muito limitada a probabilidade de que qualquer de nossas organizações esteja em sincronia durante qualquer período de tempo com as lentes ou camadas de existências de seus empregados.

O aperfeiçoamento dessas questões deve ser uma indústria florescente, porque há uma tendência para uma maior e não para uma menor variabilidade no modo como o cérebro divide e conjetura a respeito de qual vai ser o seu mundo.

> Se um homem avança confiantemente em direção aos seus sonhos de viver a vida que imaginou, ele irá encontrar um sucesso maior que o esperado nas horas comuns.
> HENRY DAVID THOREAU

> A alma... nunca pensa sem um quadro.
> ARISTÓTELES

TRABALHO DE GOLFINHO

Exercício Nº 1

Nos exercícios para o Capítulo 2, "Aproveitando a Onda: os Segredos Especiais dos Golfinhos", você começou a esclarecer o que o "aqui" significa para você – ou seja, onde você está "agora". Desta vez, vamos fazer algumas coisas para verificar aonde você quer ir.

Primeiro, concentrando-se nos críticos "20 por cento" que realmente importam – que irão fazer 80 por cento da diferença para você –, responda às seguintes perguntas numa folha de papel avulsa.

O meu propósito pessoal é:

O meu propósito profissional é:

Os meus principais valores (as crenças e princípios pelos quais desejo orientar o meu comportamento) são:

Os meus principais apoios (pessoas que seguirão comigo, que serão afetadas pelo que eu fizer e que irão me ajudar) são:

Em seguida, tendo a compreensão de que um *sonho* é uma articulação clara, ideal, específica e detalhada do seu propósito, expressa no futuro do presente composto no modo indicativo e levando em conta as necessidades dos seus apoios e orientada por seus valores, vamos dar um passeio no futuro e olhar para trás para ver a sua visão transformada em realidade. Imagine que você é um repórter de jornal escrevendo uma história sobre a concretização da sua visão. Se tiver alcançado aquilo que procurava, o que você estaria agora vendo, ouvindo e sentindo especificamente? Onde você está agora e como chegou até aí? Agora que a sua visão está completa, você sente a possibilidade do surgimento de uma nova visão? Escreva a sua história em sua folha de papel.

6
LIBERAÇÃO PARA UMA ORDEM SUPERIOR: A PIÈCE DE RÉSISTANCE DOS GOLFINHOS

No final da década de 80, um romancista norte-americano entrou no posto telefônico da cidade de Zhaojue, no sul da China, cerca de 1.800 quilômetros a sudoeste de Pequim. Ele havia voado até Chengdu, a capital da província de Sichuan, e tomado o trem que vai de Chengdu a Kunming. Ele viajou rumo ao sul por novecentos sinuosos quilômetros e depois um pouco para o oeste, passando por seiscentas pontes e 360 quilômetros de túneis. O escritor, porém, foi apenas até a metade do caminho. Ele desembarcou em Xichang, capital de uma região cujos 3,3 milhões de habitantes incluíam mais de um milhão de Yi, um povo que o tempo quase ignorou.

> Estamos comprando aros de roda para carrinhos de mão em Taiwan. Qual será a próxima fonte viável de aros de roda? Pode ser a Índia. Pode ser a China.
> GERENTE DE COMPRAS AMERICANO

Sair de Xichang e ir para os vilarejos dos Yi, nas colinas azul-acinzentadas de Sichuan, é como trocar o século XX pelo século XII, afirmou posteriormente o escritor no *The New York Times*. Enquanto ele fazia uma ligação no posto telefônico de Zhaojue, formou-se um ajuntamento que chegou a contar com mais de vinte circunstantes, curiosos mas deferentes. A gentil telefonista explicou num sussurro: "Nunca tivemos um telefonema para Hong Kong antes."

Se você for um fabricante de arreios para animais e colheres de pau, provavelmente vai encontrar um mercado entre os Yi, que representam o último enclave remanescente do medievalismo. Todavia, mesmo os Yi estão mudando. Embora ainda não tenham televisão, há um rádio coletivo com fios que levam alto-falantes para muitas casas. A faculdade que forma os professores dos Yi tem treze mil

Seguir os Yi é como trocar o século XX pelo século XII.

livros em sua biblioteca, embora só um deles – um dicionário – seja escrito na língua dos Yi: os demais são em chinês mandarim. À medida que os Yi recebem mais estradas e começam a usar carros e caminhões, e substituem as colheres de madeira por utensílios metálicos, o último posto avançado do comércio medieval está desaparecendo e até mesmo você – você que seguiu uma onda primitiva até o seu último reduto – terá de enfrentar a necessidade de mudança.

A tendência é clara: depois dos Yi não existe nada.

Nada é mais real do que o nada.
SAMUEL BECKETT

A mudança do tipo pular carniça é uma opção. Você faz isso seguindo a mesma onda de ambiente para ambiente, de mercado para mercado, seguindo a onda mesmo que tenha de ir a um lugar tão distante quanto a região dos Yi.

Algumas companhias estão adotando essa abordagem, tendo se cansado de simplesmente tentar se manter em boas condições e à frente das outras. ''Elas ficaram cansadas de olhar por cima de seus ombros'', diz David Balkin, professor de administração da Louisiana State University. ''As exigências de modernização cobram o seu tributo.''

Às vezes o simples fato de nos concentrarmos nas coisas básicas tem por algum tempo certa importância.

Entretanto, mesmo essa limitada resposta à necessidade de fazer alguma coisa diferente – ir a outro lugar para pegar a mesma onda quando ela aparecer por lá – é mais a exceção do que a regra na cultura empresarial de hoje.

Confrontadas com a necessidade de alterar velhos métodos, velhos hábitos, velhos produtos e velhas tecnologias, as carpas e os tubarões tendem a resistir, entrincheirando-se, retornando às coisas básicas, fazendo com mais afinco aquilo que já faziam antes. Às vezes isso parece ajudar durante certo tempo. Na grande maioria das vezes, porém, os choques se tornam cada vez maiores e passam a ocorrer com maior freqüência. Por fim, qualquer um que possua meio grama de sentido de realidade deve enfrentar o fato de que aquilo que está fazendo não está funcionando, de que a distância entre onde está e onde precisa estar é demasiado vasta para que possa transpô-la. O veículo de suas esperanças e sonhos se desintegrou.

Quando as rodas do velho veículo começam a se atolar, o motor mostra sinais de desarranjo e o corpo começa a se desintegrar, por que as carpas e os tubarões se concentram no espelho retrovisor e apertam mais fundo o acelerador, em vez de mudarem de marcha ou procurarem melhores meios de contornar o problema? Por que eles se entrincheiram, dedicando-se ainda com mais afinco a fazer aquilo que já faziam, em vez de tentarem fazer algo diferente? Por que eles não se "soltam" para maiores visões, maiores capacidades, maiores sensibilidades e sensitividades? Por que se recusam a ser responsáveis – isto é, a reagir apropriadamente ao que estiver acontecendo? E o que os golfinhos fazem de diferente?

Por que as carpas e tubarões não se "soltam"? E o que os golfinhos fazem de diferente?

Perguntas vitais. Existe alguma coisa nesse ato de soltar-se, liberar-se, transformar as perspectivas e a compreensão do que é real, atitude absolutamente fundamental para prosperar e sobreviver em épocas de rápida mudança; no entanto, nada encontra oposição mais encarniçada por parte das carpas e tubarões. Alguns defensores da inteligência artificial sustentam que a perniciosa resistência do cérebro – ao longo dos séculos – em substituir velhas crenças e comportamentos por crenças e comportamentos mais apropriados é o melhor argumento para estimular o desenvolvimento da inteligência artificial. Charles Lecht, o gênio dos computadores, comenta:

> Estamos fazendo as mesmas coisas estúpidas que temos feito desde o início dos tempos. A não ser que haja uma intervenção – talvez realizada por nós mesmos – no curso da história humana, estamos *fadados* à aniquilação. Não há dúvida sobre isso. Jesus Cristo não precisava de nenhuma ligação com os Céus para chegar a essa conclusão. Tudo o que ele tinha de ver era o modo como todas as pessoas ao seu redor estavam se agredindo mutuamente. Enquanto ficamos à espera da evolução ou da intervenção divina, precisamos de uma dosagem adequada de inteligência artificial para manter-nos vivos.[1]

Talvez esse ponto de vista seja demasiado drástico. E quem garante que Lecht e outros conseguirão criar, como estão tentando fazer, aparelhos de computação biológica dotados da

Um dos momentos mais profundos da vida ocorre na fração de segundo em que o familiar é subitamente transformado na fascinante aura do profundamente novo... Essas rupturas são pouco freqüentes, mais raras do que comuns; e durante a maior parte do tempo estamos envolvidos com coisas mundanas e triviais. O surpreendente: aquilo que parece mundano e trivial é a própria matéria-prima de que são feitas as descobertas. A única diferença é a nossa perspectiva, a nossa prontidão em juntar os pedaços de uma maneira inteiramente nova e enxergar padrões onde alguns minutos antes só víamos sombras. EDWARD B. LINDAMAN, *THINKING IN FUTURE TENSE* capacidade de "se tornar mente", uma mente que, esperam eles, possa ser superior à mente humana em sua receptividade ao aprendizado e à mudança? Quem poderá dizer se eles *devem* sequer tentar fazê-lo? Qualquer que seja a resposta a essas perguntas, há uma evidente necessidade de encontrar maneiras de substituir a atormentada, enganosa e destrutiva – tanto em termos pessoais como sociais – resistência às mudanças experimentada pelas carpas e pelos tubarões; os benefícios disso são óbvios.

O que colocaríamos no lugar dessa resistência?

Quando visitarmos novamente o "tanque" para investigar as diferenças no modo como as carpas, os tubarões e os golfinhos lidam com o "fluir", você verá o desafio da "mudança ao longo do tempo", discutida no Capítulo 2. E verá também como um golfinho confere poderes aos processos de autodireção e autocorreção – que tornam possível a vida e o progresso – quando se defronta com a necessidade de fazer alguma coisa diferente.

Um pensamento que não resulta em ação não representa muito, e uma ação que não é precedida de pensamento não representa nada.
GEORGES BERNANOS

Pense sobre a última vez – ou primeira vez – que você esteve numa embarcação, seja uma pequena lancha com motor de 5 h.p. ou um barco equipado com motores duplos de 80 h.p., capaz de rebocar dois esquiadores simultaneamente.

Os barcos criam uma defasagem de tempo.

Na água. Isso ocorre com barcos a motor de qualquer tamanho. Quando se empurra o acelerador, os barcos inicialmente afundam um pouco e ficam muito mais fundos do que ficarão depois, quando a inércia tiver sido superada e o barco ganhar velocidade e começar a fluir. No início, barcos de qualquer tamanho deslocam uma grande quantidade de água. Mais tarde, ao ganhar impulso, eles estarão deslizando muito mais no alto e deslocando muito pouca água.

No início também se gasta muita força. De fato, se tivesse de usar essa potência por metro de avanço na água durante todo o tempo, você logo ficaria sem gasolina antes de ter conseguido ir muito longe.

Em quase todo empreendimento novo, o início do movimento desloca resultados em vez de água. Você pode ver isso na

Figura 6.1. Há uma clara depressão na linha pontilhada à medida que ela se move para a direita, em direção ao futuro.

Essa linha pontilhada representa fazer alguma coisa diferente, alguma coisa nova. A causa da depressão, da defasagem, é que o futuro precisa ser descoberto *e* criado. Embora a parte de descoberta do futuro seja instantânea, conhecê-lo é estar nele. Contudo, criar o futuro em seus inúmeros detalhes, com base na sua descoberta, leva tempo:

No início de novos empreendimentos, os resultados é que são deslocados.

- **Tempo para mobilizar a sua visão.** Tempo para tornar-se versado, adquirir habilidade e eficácia e sentir-se à vontade ao dirigir o novo futuro que você descobriu e agora está criando.

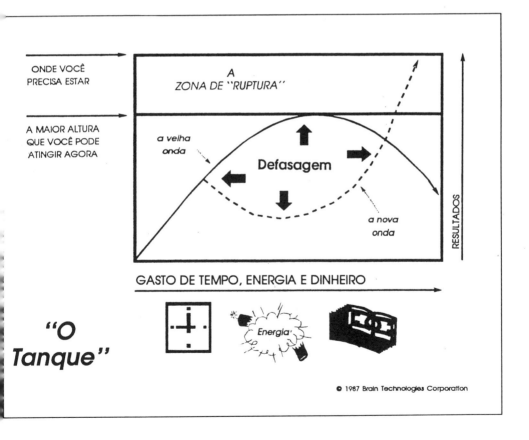

Figura 6.1. Defasagem e Ruptura

- **Tempo para testar a realidade.** Tempo para tirar amostras e estudar as necessidades e expectativas do mercado, corrigindo o seu curso à medida que avança, aprendendo com os seus erros e construindo o seu sucesso.
- **Tempo para encontrar aliados.** Tempo para procurar outras pessoas que descobriram e estão criando futuros semelhantes ao seu, para que você possa atuar em favor dos seus interesses, poder de barganha e do atendimento das suas necessidades e vice-versa.
- **Tempo para encontrar financiamento.** Tempo para persuadir as fontes de dinheiro de que o futuro que você descobriu, agora em processo de criação, pode contribuir para suas metas e justificar o risco de seus capitais, reputações e futuros.
- **Tempo para ganhar impulso.** Tempo para dar ao universo uma oportunidade de decidir se o seu futuro recém-descoberto e em processo de criação representa de fato um caminho rumo a maiores descobertas e complexidades para as forças vitais, e se, portanto, vale a pena dentro do esquema geral das coisas.

Ignorar a defasagem de tempo, suas exigências e suas conseqüências, talvez seja o maior obstáculo organizacional com que se defronta qualquer empreendimento. As carpas e os tubarões simplesmente não conseguem lidar de maneira adequada com a defasagem de tempo diante de circunstâncias que se tornam cada vez piores. Mais do que qualquer outra "dinâmica" que os indivíduos ou equipes tenham de trabalhar para sobreviver em épocas de rápidas mudanças, a defasagem de tempo é um fenômeno do tipo "tudo ou nada". A incapacidade para lidar com ela é o alvo de críticos esclarecidos como W. Edwards Deming, especialista em controle de qualidade, quando atribuem 80% dos problemas de qualquer empreendimento ao "sistema". O sistema quase nunca é projetado para acomodar a defasagem adequadamente e é também um poderoso obstáculo a qualquer modificação bem-sucedida do indivíduo.

O sistema quase nunca é projetado para acomodar a defasagem adequadamente.

A "defasagem", portanto, é onde ocorrem mudanças do tipo ruptura – *se* ocorrerem. Para surpresa até deles mesmos, os estudiosos do caos estão uma vez mais nos proporcionando algumas idéias novas, valiosas e estimulantes para a compreensão das mudanças. Para os golfinhos, os seus conceitos são bastante oportunos: em virtude da revolução global das informações, os golfinhos têm cada vez mais dificuldade para escapar de organizações deficientes. (Uma variante da Lei de Gresham parece ser a regra: A informação ruim difunde-se mais rapidamente do que a boa.) Embora a saída do tanque continue sendo uma das técnicas favoritas dos golfinhos, ela está se tornando proibitiva à medida que o sistema se torna cada vez mais abrangente. Os golfinhos precisam então voltar-se para outro de seus ditados preferidos: "Quando aquilo que você faz não está funcionando, você tem de fazer alguma coisa diferente", e os estudiosos do caos têm algumas das idéias mais interessantes de que dispomos a respeito disso.

> O fato de uma opinião ter gozado de aceitação geral não significa, de maneira alguma, que ela não seja totalmente absurda; de fato, em vista da estupidez da maioria da humanidade, uma crença muito difundida é mais provavelmente uma tolice do que algo sensato.
> BERTRAND RUSSELL

Eis aqui, nas palavras do pioneiro da inteligência artificial Douglas Hofstadler, o que esses cientistas iconoclastas encontraram: "Verificou-se que um misterioso tipo de caos pode esconder-se por trás de uma fachada de ordem – e, no entanto, dentro do caos se oculta um tipo ainda mais misterioso de ordem." Do ponto de vista das ciências administrativas e da física tradicionais, as mudanças estão se tornando cada vez mais estranhas.

É útil fazer uma breve condensação da teoria do "jogo do caos", e podemos fazer isso usando a Figura 6.2. Uma vez mais, vemos a nossa onda; agora, no entanto, em lugar das típicas repetições sinusoidais em forma de "S", a onda se vê cortada repetidamente em secções em forma de disco. Ao longo do tempo, cada uma dessas secções se divide, em cada extremidade, em duas novas secções em forma de disco.

> Todo ato criativo envolve... uma nova inocência de percepção, liberada a partir da catarata da crença aceita.
> ARTHUR KOESTLER

> É um tipo inferior de memória a que só funciona para trás.
> LEWIS CARROLL

Procurando compreender como as organizações de fato mudam e podem mudar, os golfinhos provavelmente vão ter a sua atenção atraída em especial por dois aspectos desse "mapeamento das mudanças": primeiro, pelas próprias concavidades e, segundo, pela região (que destacamos na Figura 6.2 como "Zona de Oportunidade") que fica em torno dos "pontos de bifurcação", a região onde ocorre a defasagem – isto é, a zona fronteiriça entre as diferentes concavidades, a zona onde, como James Gleick escreveu, a vida prospera.

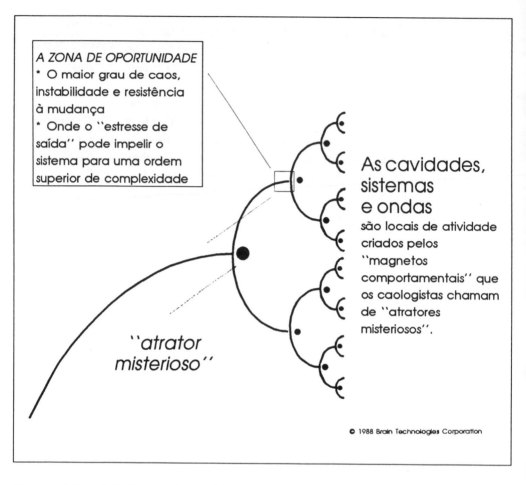

Figura 6.2. O Esforço dos "Atratores Misteriosos"

A seção média da concavidade representa os bons tempos aos quais temos nos referido repetidamente como o "fluir". A concavidade propriamente dita é formada ou dominada por um princípio organizador, alguma influência operativa que esteja suficientemente sincronizada com o ambiente para ser capaz de coexistir com ele ou, mais provavelmente, que também esteja ao mesmo tempo moldando o ambiente.

Segundo os estudiosos do caos, se uma dessas concavidades fosse amplificada, o que se poderia esperar não seria a delicada curva circular vista na Figura 6.2, mas um surpreendente padrão de formas irregulares

Olhe atentamente e você verá um surpreendente padrão de formas irregulares e infinitamente complexas.

e infinitamente complexas que, embora nunca sejam as mesmas, possuem o atributo da *auto-semelhança*. A concavidade é "fractal" – uma combinação de ordem e caos, como tudo o mais no universo, incluindo as organizações. Nestas, nada jamais acontece da mesma maneira duas vezes e, no entanto, durante épocas de relativa sanidade e estabilidade, acontecem coisas suficientes num padrão ordenado para que as pessoas e respostas aparentem ser administráveis.

Qual é o mecanismo que cria a concavidade?

Com o desenvolvimento da teoria do caos ao longo das últimas duas décadas, os matemáticos David Ruelle e Floris Takens levaram as honras pelo conceito e pelo nome que continua a criar a sua própria turbulência nas ciências físicas: *o atrator misterioso*. A idéia foi incentivada pelo biólogo e bioquímico britânico Rupert Sheldrake, que fala sobre "moldes morfogenéticos" dando forma a todas as coisas, de células inanimadas à espécie humana. Na natureza, nas questões humanas e no universo como um todo, parece haver modeladores ou atratores ainda inexplicados que influenciam a mente e a matéria. Imagine-os, como Gleick sugeriu, como "ímãs cravados numa lâmina de borracha". Ou como anéis em torno dos quais circulam pêndulos sujeitos a forças gravitacionais em constante mutação.

> Deus joga dados com o universo. Mas eles são dados viciados. E o principal objetivo da física agora é descobrir por quais regras eles são viciados e como podemos usá-las para os nossos próprios fins.
> JOSEPH FORD, FÍSICO

Os "atratores misteriosos" criam padrões para a organização de empresas e sociedades.

Na Figura 6.2, as concavidades são padrões para a organização de empresas e sociedades, padrões criados pelos *atratores misteriosos*. Padrões, não se esqueçam, que, quando examinados mais atentamente, se revelam "fractais", isto é, ao mesmo tempo ordenados *e* caóticos. Esse aspecto pode ajudar a explicar por que a produção de informações está se acelerando. O físico Robert Shaw foi um dos primeiros a compreender que, em virtude dos padrões fractais que geram, os atratores misteriosos são "instrumentos que modelam o caos" e, portanto, a informação.

Para os nossos propósitos, a outra grande idéia advinda da teoria do caos origina-se da dinâmica da "corcova". A corcova é a nossa onda suficientemente energizada. O físico Mitchell Feigenbaum pôs uma mente brilhante e não-convencional para trabalhar nos arredores da corcova, fazendo todo tipo de descobertas.

> É possível que, afinal de contas, vivamos de fato num mundo amnésico governado por leis eternas. Mas também é possível que a memória seja inerente à natureza; e se descobrirmos que estamos realmente vivendo num mundo assim, teremos de modificar por inteiro o nosso modo de pensar. Mais cedo ou mais tarde, teremos de abrir mão de muitos dos nossos velhos hábitos de pensamento e adotar outros novos: hábitos que sejam mais bem adaptados à vida num mundo que está vivendo na presença do passado – e que também está vivendo na presença do futuro e é receptivo a uma contínua criação.
>
> RUPERT SHELDRAKE, *THE PRESENCE OF THE PAST*

> Por causa de um cravo, perdeu-se a ferradura;
>
> Por causa de uma ferradura perdeu-se o cavalo;
>
> Por causa de um cavalo perdeu-se o cavaleiro;
>
> Por causa de um cavaleiro, perdeu-se a batalha;
>
> Por causa de uma batalha, perdeu-se o reino!
>
> DESCRIÇÃO DO "EFEITO BORBOLETA" EXTRAÍDO DO FOLCLORE

Ao nosso ver, as mais curiosas descobertas para os administradores e teóricos organizacionais são aquelas relacionadas com a constante de Feigenbaum. Um número. No estado atual de nossos conhecimentos, parece que o número de Feigenbaum (4.6692016090, para ser preciso) representa uma maneira de determinar o ponto exato da corcova onde ocorre a bifurcação. Nessa altura, o atrator misterioso se divide. Nesse ponto, uma nova onda de mudança se transforma em realidade. Este deveria ser o objeto das atenções de um administrador consumado se ele soubesse exatamente como fazê-lo, porque é aqui que ocorre a mudança para uma nova realidade na realização de negócios.

Neste ponto, parece que a constante de Feigenbaum é universal: o seu número se aplica a *todas* as corcovas – a todas as formas de onda da natureza. James Gleick explica isso usando uma reveladora analogia, tão surpreendente quanto a própria coisa explicada:

> Imagine que um zoólogo pré-histórico chegasse à conclusão de que algumas coisas são mais pesadas do que outras – que elas têm uma qualidade abstrata chamada *peso* – e desejasse investigar essa idéia cientificamente. Ele nunca mediu de fato o peso, mas acha que tem uma certa compreensão do conceito. Ele vê cobras grandes e cobras pequenas, ursos grandes e ursos pequenos, e imagina que o peso desses animais possa ter alguma relação com o seu tamanho. Faz uma balança e começa a pesar cobras. Para seu espanto, todas as cobras têm o mesmo peso. Para sua consternação, todos os ursos também têm o mesmo peso. Para aumentar ainda mais o seu assombro, os ursos pesam o mesmo que as cobras. Todos pesam 4.6692016090. Obviamente, o peso não é aquilo que ele supunha ser. Todo o conceito precisa ser repensado.[2]

E o mesmo acontece com todo o conceito do modo como as organizações mudam.*

---

* O fato de a constante de Feigenbaum poder ou não ser usada em larga escala na modificação das organizações humanas depende substancialmente da capacidade de os administradores utilizarem o modelo, primeiro para modificar a si mesmos e, depois, para desenvolver sua capacidade de ter como objetivo aquilo que Feigenbaum e outros estudiosos do caos chamam de "parâmetros de sintonia", que são as fontes de energia que alimentam os processos de perturbação e de bifurcação. Podemos esperar que a pesquisa e o estudo das aplicações da constante de Feigenbaum sejam um dos tópicos dominantes do desenvolvimento organizacional na década de 90.

O conceito malthusiano de um desenvolvimento tranqüilo, constante e linear já está sendo contestado. Quando as descobertas dos estudiosos do caos são acrescentadas aos conceitos de estruturas dissipativas de Ilya Prigogine e aos campos arquetípicos ou morfogenéticos de Rupert Sheldrake, os golfinhos passam a dispor de uma gama de perspectivas para aplicar os seus conceitos à idéia até então largamente intuitiva de que a mudança é um nervoso camaleão.

E que mais acontece quando o caos conjuga todas as forças para moldar uma única folha?
CONRAD AIKEN

Observando o futuro próximo de seus ramos de negócios, os golfinhos estão cada vez mais propensos a se comportar como os estudiosos do caos, compreendendo que:

- Em virtude da natureza cada vez mais global do sistema, eles terão uma menor capacidade de evitar as limitações e irritações disfuncionais dos sistemas – e das organizações – do que tradicionalmente tem acontecido. Em termos históricos os golfinhos não passaram muito tempo procurando fazer mudanças sistêmicas porque não estavam dispostos a aceitar as restrições impostas à sua liberdade pessoal. Eles ou deixaram o sistema, criando suas próprias ''bolhas'' isoladas, ou aumentaram sua influência graças às suas habilidades e a tipos informais de liderança. Agora, como o restante de nós, os golfinhos dispõem de menos abrigos. Os sistemas deficientes estão em toda parte.

- Quando o ambiente não suporta mais um sistema, as pessoas que fazem parte desse sistema têm diversas escolhas. Uma delas é procurar ajudar o sistema a ''pular'' para a esfera de influência de um novo atrator misterioso, aproximando-o do limiar definido pela constante de Feigenbaum. Os estudiosos do caos falam em vigor e em desenvolvimento rápido e destruição de sistemas. Se o vigor for demasiado pequeno, o sistema não poderá ser perturbado – não terá como passar para uma ordem superior de complexidade, criando e pegando uma nova onda ou movendo-se para a órbita de um novo atrator misterioso. Sem energia suficiente, o sistema está condenado: ele acabará entrando em colapso. Se o vigor for apenas o suficiente, você obtém um equilíbrio estável: o fluir. Continue acrescentando vigor e você logo criará uma bifurcação. Repentinamente você não tem apenas mudanças dentro do sistema, mas também mudanças *do* sistema.

Como sugere a Figura 6.3., isso requer uma elevação maciça no gradiente de caos ou de informação. Sem um "salto quântico" no novo *input* de energia, um salto suficientemente grande para perturbar o sistema, nenhum sistema terá chance de escapar para um nível superior de complexidade. Uma elevação de 10% na produtividade não fornecerá a energia necessária. A outra escolha que pode ou não estar disponível é a remoção do sistema para um ambiente que continua a respeitar o *status quo* – isto é, em termos da teoria do caos, o sistema gerado pelo atrator misterioso original. Se nenhum desses caminhos for seguido, o sistema provavelmente sofrerá desintegração.

- A mudança também pode ser criada "fractalmente". Como Edward Lorenz descobriu com o seu Efeito Borboleta, a mais ligeira mudança pode ter ao longo do tempo

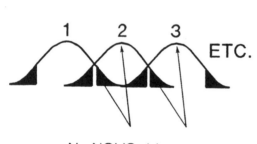

Figura 6.3. Elevando o Nível da Mediocridade

conseqüências da maior importância num sistema fractal. Os sistemas fractais – e nessa categoria se inclui a maioria dos sistemas humanos – são uma mistura de ordem e caos. Os sistemas fractais também são sistemas abertos, interagindo constantemente com os seus ambientes. A sobrevivência desses sistemas é muito dependente do *feedback* de informações. A sobrevivência desses sistemas depende da sua capacidade de usar as informações para *mudar*. A partir desse grande paradoxo – o de que, para "permanecer o mesmo", para sobreviver, o sistema tem de mudar –, surgem numerosos "pequenos" paradoxos. Os golfinhos são extraordinariamente sensíveis tanto ao grande paradoxo como aos pequenos paradoxos por causa de sua capacidade de obter informações a partir do futuro e de uma grande variedade de fontes contemporâneas; por sua receptividade em relação à ambigüidade e à surpresa e por causa de sua capacidade de agir com base em informações no momento em que percebem alguma coisa de valor. Agora que é mais difícil escapar de sistemas deficientes, pode-se esperar que os golfinhos se tornem ainda mais proficientes em identificar e adotar as pequenas providências paradoxais que podem fazer o sistema começar a flutuar. Em termos fractais, essas pequenas providências podem transformar-se rapidamente na influência crítica necessária para perturbar um sistema deficiente. O sistema soviético, por exemplo, provavelmente sofrerá uma profunda mudança em conseqüência de uma medida de importância relativamente pequena representada pela introdução de computadores pessoais. O paradoxo é que os soviéticos tradicionalmente proibiram as pessoas de possuir dispositivos de impressão e reprodução de informações. Não obstante, as lideranças do país precisam permitir a introdução de computadores pessoais e o treinamento de pessoal para operá-los, a fim de o país permanecer competitivo e tecnologicamente competente no mercado mundial. Não se pode entrar na Era da Informação e reprimir essa mesma informação, uma realidade que já está mudando o próprio tecido do sistema comunista.

O que torna a teoria do caos uma perspectiva nova e tão promissora para compreendermos como administrar as organiza-

(Se) a vida evolui em todos os inúmeros universos da cosmologia quântica, e se a vida continua a existir em *todos* esses universos, então *todos* esses universos, o que inclui *todas* as histórias possíveis entre eles, irão se aproximar do Ponto Ômega. No instante em que o Ponto Ômega for alcançado, a vida terá ganho controle sobre toda a matéria e sobre todas as forças, não apenas num único universo, mas em todos os universos cuja existência é logicamente possível; a vida terá se espalhado em *todas* as regiões espaciais de todos os universos que possam logicamente existir, e terá armazenado uma quantidade infinita de informações, incluindo *todo* o conhecimento que é logicamente possível conhecer. E esse é o fim.

JOHN D. BARROW E FRANK J. TIPLER, *THE ANTHROPIC COSMOLOGICAL PRINCIPLE*

ções em épocas de rápidas mudanças é o novo conhecimento que ela traz a respeito do que pode acontecer, do que efetivamente acontece ou do que precisa acontecer na zona de defasagem. Os sistemas, tradicionalmente, têm se mostrado propensos a excluir a excelência e a elaboração de sonhos de longo prazo. Se não houver uma visão de longo prazo e as pessoas estiverem sendo recompensadas e avaliadas com base apenas nos resultados de curto prazo, a defasagem criada ao se fazer alguma coisa diferente será ao mesmo tempo inaceitável e intolerável até que os níveis de sofrimento comecem a forçar a mudança. As empresas nessa situação fazem o seu aprendizado na parte de trás da onda, onde continuam a se desintegrar ou são "rebaixadas" para a concavidade de um atrator misterioso menos complexo. (Em nossa região dos Estados Unidos, onde recessões nos campos da energia, da agricultura e das transações imobiliárias dominaram a segunda metade da década de 80, o "rebaixamento para uma concavidade de um atrator misterioso menos complexo" foi um acontecimento muito comum. Mestres em Administração de Empresas começaram a dirigir táxis, engenheiros começaram a trabalhar como lixeiros, fazendeiros passaram a vender bolinhos, contadores tornaram-se barqueiros e impressores de livros e revistas começaram a imprimir rótulos. Muitos dos sobreviventes entre os nossos pequenos fabricantes de produtos de alta tecnologia do Colorado estão agora fazendo trabalhos manuais para mercados especializados como fabricantes de cabos, ao passo que antes usavam suas habilidades superiores de montagem em favor de consumidores de alta tecnologia.)

A maioria dos sistemas é projetada para se manter, e não para mudar drasticamente. Assim, em tais circunstâncias, geralmente a mediocridade é que é recompensada, enquanto o atrator misterioso operativo impele continuamente a organização para o centro da concavidade de familiaridade dos estudiosos do caos, o que tradicionalmente tem sido chamado de "regressão à média". O desempenho ruim é punido porque pode fazer o sistema se deteriorar, mas – tenha certeza disso – a excelência também é punida porque o seu excesso poderá tornar necessária a modificação do sistema. Em outras palavras, o sistema é projetado para manter o sistema, e isso faz que seja um grande desafio impelir a organização rumo à borda da concavidade do atrator misterioso – onde a vida floresce e são possíveis saltos quânticos de grande magnitude para ambientes promissores.

Os sistemas projetados por carpas geralmente não levam em conta a defasagem e, se o fazem, tendem a não enfrentar a realidade até que seja enorme a distância entre o ponto em que estão e o ponto a que precisam ascender na nova onda. Embora os sistemas das CPEs (ou carpas pseudo-esclarecidas) possam ser apropriados para lidar com as defasagens, eles não conseguem impelir suficientemente as pessoas para novos métodos e níveis de desempenho, e elas quase sempre ficam aquém de suas metas. Os sistemas projetados por tubarões quase invariavelmente se tornam ainda mais freneticamente agitados durante a defasagem. Mais cedo ou mais tarde, em todos os casos, quase sempre algum sangue é derramado na água.

A defasagem é tudo o que existe quando você quer atravessar a Zona de "Ruptura".

Todavia, se o que você está fazendo não está funcionando e você precisa basicamente fazer alguma coisa nova, a defasagem é tudo o que existe. Somente reorganizando os seus recursos e fazendo alguma coisa significativamente diferente você pode adquirir impulso para passar por aquilo que na Figura 6.1. chamamos de Zona de "Ruptura". É apenas superando e sobrevivendo à defasagem de forma criativa, responsável e responsiva que você pode sair de onde está agora e *ir para onde precisa estar.*

A criação e a superação da defasagem – o processo de liberação para uma ordem superior de complexidade – é uma especialidade dos golfinhos. Vamos ver como isso é feito e verificar por que as carpas e os tubarões fracassam com tanta freqüência em suas tentativas, se é que chegam a tentar alguma coisa.

Ninguém deveria pensar superficialmente sobre o paradoxal, pois o paradoxo é a origem da paixão do pensador, e o pensador sem um paradoxo é como um amante sem um sentimento: uma insignificante mediocridade... O supremo paradoxo de todo pensamento é a tentativa de descobrir alguma coisa que o pensamento não possa pensar. SÖREN KIERKEGAARD

As carpas e os tubarões são nocauteados regularmente pela defasagem. Em primeiro lugar, eles talvez não consigam ver a chegada da defasagem e, portanto, demoram para reagir às situações que criam defasagem e às circunstâncias associadas com ela.

Em segundo lugar, quando simplesmente não podem mais ignorar a necessidade de mudança, eles na maioria das vezes não conseguem lidar com as emoções criadas pela defasagem sem que haja uma destrutiva demora e um doloroso prejuízo pessoal e organizacional.

183

A Figura 6.4. mostra o que acontece no "tanque" quando as carpas e os tubarões negam que estejam no "fluir" e continuam a cavalgar a onda depois da crista, descendo rumo aos baixios do desastre e da desintegração potenciais. Nesse caso, as oportunidades para minimizar a defasagem já terão desaparecido. Como o desempenho agora está caindo à medida que os resultados seguem o curso descendente da onda, o controle não está mais internalizado. Ele foi transferido para forças externas – para o próprio ambiente. De uma maneira ou de outra, o ambiente é um professor cada vez mais rigoroso.

Esperemos que a lição seja aprendida rapidamente. Afinal de contas, se estiver alerta e disposto a aprender, você *poderá* fazer isso com tranqüilidade, leve como uma pena. Um golfinho,

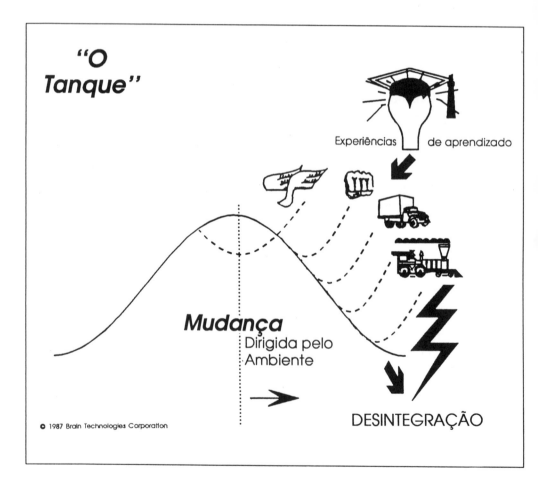

Figura 6.4.   Experiências de Aprendizado

por exemplo, gosta de aprender suas lições com um mínimo de desconforto e pouca expansão desnecessária da zona de defasagem ou consumo de tempo e recursos. Num mundo de crescente complexidade, nem mesmo os golfinhos conseguem ver a chegada da defasagem e reagir adequadamente e a tempo todas as vezes.

Se não conseguir fazer isso leve como uma pena, você certamente terá uma outra oportunidade de aprendizado. Da próxima vez o melhor que você pode esperar é conseguir isso com o punho.

Se não der certo, você terá de usar um caminhão – um caminhão *Mack*.

Se não der certo, uma locomotiva.

Se não der certo, um raio.[3]

E, a essa altura, o golpe afunda a sua cabeça. Se você ainda não conseguiu nada, existe pouca esperança de recuperação. Você apegou-se ao *status quo* durante tempo demasiado ou reagiu a ele diversas vezes de forma inapropriada e ineficaz. Não existe mais a opção de superar a defasagem, de deslocar-se para uma nova configuração, de libertar-se para uma ordem superior. Essas opções agora não estão mais disponíveis.

Mesmo se conseguir isso antes de se aproximar do ponto de desintegração, você ainda terá de lutar contra dois sérios fatores, o primeiro dos quais está representado na Figura 6.5: o fator do "longo caminho de volta".

Como cavalgou a onda original durante muito tempo após a passagem de sua crista, você agora se defronta com uma defasagem realmente enorme. A essa altura, sair de onde você está e ir para onde você precisa estar pode ser simplesmente impensável.

A outra preocupação é o que chamamos de Depressão da Recuperação. É o nome que damos à série de estágios emocionais gerados pelo cérebro quando a mudança lhe é imposta de fora.

O modelo que você vê na Figura 6.6 é adaptado de estudos com pacientes terminais realizados por Elizabeth Kübler-Ross. Esse ciclo ou alguma coisa semelhante foi identificado em nossas experiências pessoais trágicas e naquelas que temos observado.

É uma mistura de emoções. Em qualquer ponto, você corre o risco de ficar preso nesse pesado atoleiro de negações e desvios que inibem a ação. Ao longo do tempo, a maioria das pessoas consegue passar pela Depressão da Recuperação: ela passa pelo choque do fracasso, pela negação, pela raiva, pela barganha, pela tristeza, chegando por fim a uma sensação de estabilidade. Todavia, cada minuto, cada dólar, cada unidade de energia consumida

> Quando tenta entrar no seu carro num dia gelado e a fechadura está congelada, o pensador vertical pode tentar aquecer a fechadura com seu isqueiro ao vento. O pensador lateral pode abrigar-se e aquecer a chave com a chama.
> EDWARD DE BONO, *MECHANISM OF MIND*

> Você nunca pode usar o interior de uma xícara sem o *exterior*. O interior e o exterior estão juntos. Eles são uma coisa só.
> ALAN WATTS

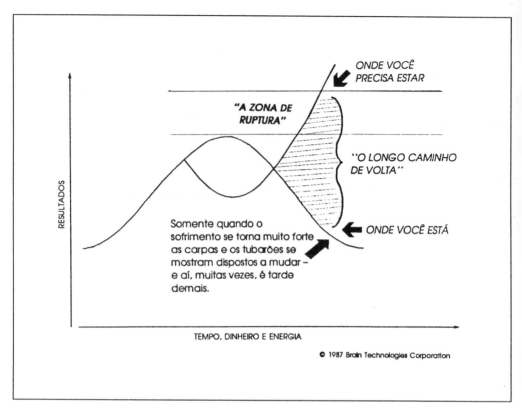

Figura 6.5. "O Longo Caminho de Volta"

pela Depressão da Recuperação é um minuto, um dólar e uma irrecuperável porção de força vital perdida, forçando uma demora adicional no nosso retorno ao desempenho de equilíbrio. Existe um jeito melhor? Bem, nós obviamente achamos que sim: o jeito dos golfinhos. Para continuar nossas pesquisas, vamos voltar ao "tanque" na Figura 6.7.

Ernest Hemingway falou da dignidade sob pressão. Essa era a sua definição de coragem. Nós, seres humanos, temos em alta conta quase qualquer feito brilhante realizado sob pressão. Por exemplo:

- Um político esquiva-se de uma armadilha aparentemente inevitável numa sessão de perguntas com uma resposta

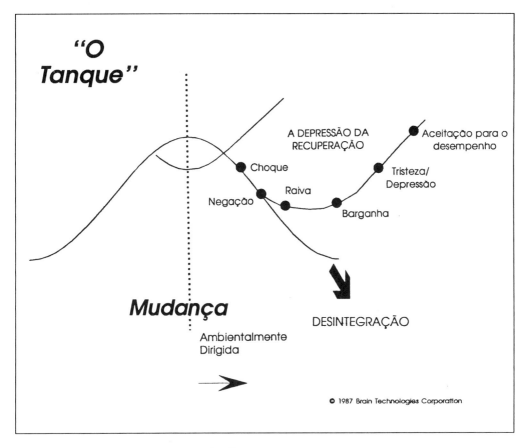

Figura 6.6. A Depressão da Recuperação

que demonstra uma grande presença de espírito, e nós o aplaudimos.
- Nos esportes, o nosso bode expiatório ressurge como herói porque, no último momento, deixa todos nós estarrecidos fazendo o inacreditável diante de uma derrota quase certa.
- Muitas Medalhas de Honra Carnegie foram conferidas a pessoas comuns que reagiram corajosamente diante de um perigo iminente.
- Nenhum de nós que assistiu ao filme *Coming to America* poderia deixar de se maravilhar com a capacidade do ator Eddie Murphy fazer o inesperado e, como nos disseram repetidas vezes durante sua filmagem, fazer as coisas funcionarem melhor do que no *script* original.

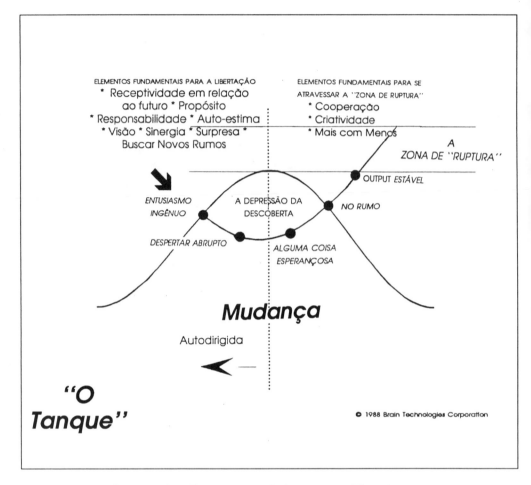

Figura 6.7. Elementos Fundamentais para a Libertação

> Para a maioria dos fundadores da ciência clássica – mesmo para Einstein –, a ciência foi uma tentativa de ir além do mundo das aparências, de alcançar o mundo atemporal da suprema racionalidade – o mundo de Spinoza. Mas talvez exista uma forma mais sutil de realidade que envolva as leis e os jogos, o tempo e a eternidade.
> ILYA PRIGOGINE, *FROM BEING TO BECOMING: TIME AND COMPLEXITY IN THE PHYSICAL SCIENCES*

Sob pressão, tanto as pessoas comuns como as extraordinárias – em todas as áreas da vida – freqüentemente demonstram engenhosidade, astúcia, criatividade, heroísmo e inteligência.

Existe alguma diferença no modo como o golfinho age quando está controlando as suas próprias mudanças? Com certeza.

Pode-se até mesmo dizer que ele faz isso para trás e, neste caso, essa é uma reversão de crucial importância.

Os golfinhos sabem que em épocas de rápidas mudanças freqüentemente é aconselhável começar a mudar *antes* da hora do que correr o risco de esperar para mudar em cima ou depois da hora. Mudar antes da hora significa mudar sem fortes sinais, mudando com base em intuições e suspeitas e, talvez, pela simples insatisfação com o atual estado de coisas. Os golfinhos costumam não esperar pela pressão externa para agir. Eles criam a sua própria pressão internamente, tendo confiança de que, com suficiente freqüência, o resultado será a elegância de algo que funciona, e funciona com força, perspicácia e simplicidade.

Pressão *interna* e depois resultados simples e eficazes. Repetidas vezes.

Essa é uma das habilidades mais importantes dos golfinhos.

A Figura 6.7 nos proporciona importantes indicações sobre os meios que os golfinhos usam para produzir *pressões* originadas neles mesmos e para cultivar as oportunidades de *dignidade* – de abundância, elegância e ruptura.

Os golfinhos aplicam as suas próprias pressões e depois reagem com elegância para produzir mudanças em si mesmos.

Não que os golfinhos não cometam erros. Eles o fazem. Em virtude de sua receptividade ao aprendizado, porém, podem corrigir o seu rumo rapidamente. Os golfinhos geralmente aprendem logo no início e não precisam ficar repetindo-os vezes e vezes sem conta. Não há necessidade de fazer exames finais repetidas vezes; todo o lembrete de que precisam talvez seja um ocasional probleminha.

Não que os golfinhos nunca se sintam desanimados. Eles passam por isso. Todavia, reconhecem o desânimo pelo que ele é: um fragmento de fadiga, uma conseqüência de se encontrar num beco sem saída. Em vez de deixarem o desânimo atuar como um agente depressivo que os induz ao erro, eles o utilizam como um indicador que sinaliza a necessidade de procurar um novo rumo.

Não que os golfinhos sejam imunes ao medo. Dificilmente. Quando chega o momento de soltar o trapézio, somente um ser humano seriamente deficiente deixa de sentir medo na primeira vez. Imagine isso: um dos autores deste livro está de pé na borda de um precipício de 50 metros acima de um rio. Isso é muito alto? Ele mais tarde se recorda que o hotel mais alto de sua cidade natal tem nove andares – cerca de 27 metros. A fita de rio que serpenteia aos seus pés está a quase o dobro dessa distância. Faz

Uma lista de conferência para você trabalhar os seus temores em relação às mudanças.

A alternativa para este mundo incerto é um mundo certo. Num mundo assim... toda a vida pararia. Pois a vida, tal como a conhecemos, só pode existir através do benefício da incerteza, e a segurança é um mito. Não obstante, a segurança está lá. Nós sentimos a sua presença. Mas... temos de aceitar a incerteza de nossas posições. Sem essa incerteza não existe o mundo.
FRED ALAN WOLF, *TAKING THE QUANTUM LEAP*

diferença que ele esteja bastante seguro em um arnês de alpinista e fixado a um cabo soberbamente projetado para conduzi-lo a um lugar seguro nesses 22 segundos do "passeio de sua vida"? Não no início. No momento de tomar a decisão, ele experimenta algo semelhante ao que todo mundo – carpa, tubarão ou golfinho – deve sentir quando chega a hora de fazer alguma coisa radical e substancialmente diferente. Ele sente medo.

Ele também sente uma ponta de ironia: quantas vezes enfrentou auditórios para falar sobre a estratégia do golfinho e reviu os passos para enfrentar e superar a "ansiedade do desempenho"? Muitas vezes. Quantas vezes ele fez discursos – ocasionalmente com bastante fluência –, sobre deixar a zona de conforto e precipitar-se no desconhecido, com toda a trepidação que isso acarreta? Muitas vezes. E o que ele disse ao auditório em todas essas ocasiões? Trabalhem os seus temores. Agora, mais do que em qualquer outra ocasião da vida, parece valer a pena repetir esse conselho:

- *Vá direto ao resultado desejado.* ["Atravesse isso. Chegue ao outro lado! Com segurança, orgulhoso do que fiz e inspirado pela minha façanha."]
- *Pergunte: "O que envolve maior risco – seguir em frente ou não fazer nada?"* ["Se eu não pular, como me sentirei em relação a mim mesmo? Como os meus colegas vão me encarar? O que eu terei perdido ao perder essa experiência?"]
- *Pergunte: "Se eu seguir em frente, qual a pior coisa que poderá me acontecer?"* ["Talvez eu desmaie, ou grite ou pareça a vaca Bossy caindo do céu."]
- *Pergunte: "Estou disposto a aceitar isso?"* ["Ninguém que já tenha pulado ficou parecendo com Evel Knievel."]
- *Pergunte: "Se eu tiver sucesso, qual a melhor coisa que pode acontecer?"* ["Terei passado por uma tremenda experiência pessoal que certamente vai produzir uma nova confiança em minha capacidade de alargar os limites auto-impostos."]
- *Pergunte: "Estou disposto a aceitar isso?"* ["Provavelmente. Sim, eu acho que sim."]
- *Pergunte: "Por que não corri esse risco antes?"* [Porque tive uma boa razão: As pessoas com a cabeça no lugar não saem por aí pulando em precipícios."]

Uma característica essencial da vida inteligente é que ela procura proteger a sua própria vida e bem-estar.
CHARLES T. TART, *WAKING UP*

- *Pergunte: "De que modo a evitação desse risco me ajudou?"* ["Pular num precipício de 50 metros de profundidade normalmente mata o indivíduo. O fato de eu não ter feito disso uma prática salvou a minha vida."]
- *Pergunte: "Por que tenho mais opções agora?"* ["Saltar nestas condições vai me ajudar a compreender visceralmente o conceito de risco e proteção. Agora, chega de perguntas – faça o que tem de fazer!!"]

E assim ele pulou. Os primeiros seis metros foram em queda livre e, pela primeira vez na vida, ele sentiu diretamente como é ficar sem nenhuma espécie de apoio numa lacuna no tempo e no espaço.

Depois o sistema de proteção funcionou. Ele oscilou tumultuosamente por um momento, estabilizou-se e começou sua descida controlada rumo à segurança. Nos poucos segundos que levou para atravessar o precipício, seu cérebro mudou. Para sempre.

A Figura 6.7 é o que o golfinho vê quando olha para o "tanque" da mudança autodirigida, quando o risco de não fazer nada ultrapassa o risco de fazer alguma coisa diferente. Um golfinho compreende que, quando a velha onda perde força, há um futuro alternativo que precisa ser descoberto e criado. No decorrer do processo, existem emoções fortes para serem trabalhadas, emoções no próprio indivíduo e em outras pessoas – emoções a serem administradas de uma forma diferente daquela como as carpas e os tubarões o fazem. Eis aqui o que os golfinhos fazem quando nadam no tanque da libertação, procurando descobrir e criar um novo futuro:

Os Golfinhos se Autodirigem

A mudança antes da hora proporciona uma grande liberdade e satisfação.

Para o golfinho, ser capaz de escolher e de agir com base na sua escolha fortalece sua auto-estima e ajuda a transformar a apreensão natural do confronto com o desconhecido num acontecimento de afirmação da vida.

Boa parte do medo "existencial" deflagrado por um único ser humano que se atreva a questionar o *status quo* arraigado desaparece da realidade do golfinho através do uso de abordagens e procedimentos já esboçados ao longo deste livro:

- *Identificar e exprimir o seu propósito* – na vida, numa organização, numa equipe, no contexto de um determinado projeto ou estrutura.
- *Desenvolver uma "visão" expressa com clareza* daquilo que você vai obter quando conseguir o que deseja – um mapa rodoviário, um instantâneo, um filme, um veículo para fixar na matéria aquilo que você concebeu como realizável em sua mente.
- *Estar aberto para o futuro*, com as antenas sintonizadas com a informação vinda dos centros de processamento conscientes e inconscientes, com formulações de potenciais que estão fora dos limites da percepção comum, com eventualidades que estão sendo moldadas por escolhas que, por enquanto, são apenas projetos indistintos nas bordas da percepção.
- *Cultivar um caso de amor com a surpresa:* Os golfinhos esperam ser surpreendidos. Sem isso, eles compreendem que, para eles, o jogo está acabado. Eles se vêem como um dos jogadores inexauríveis de James Carse. "A surpresa", diz Carse, "é o triunfo do futuro sobre o passado."[4]

O que os golfinhos fazem de diferente é saber quando se soltar. Eles são capazes de fazê-lo porque compreendem o processo de libertação.

Os golfinhos assumem a responsabilidade por suas emoções.

As mudanças autodirigidas fazem que você saia da sua zona de conforto e o retiram do "fluir". Elas também impõem uma tensão a seus relacionamentos com as outras pessoas, pois você está tendo de deixar o seu nicho antes que os outros compreendam

A coragem não elimina a ansiedade. Como é existencial, a ansiedade não pode ser eliminada. Mas a coragem traz para si mesma a ansiedade do não-ser... Aquele que não consegue assumir corajosamente a responsabilidade por sua ansiedade só consegue evitar... o desespero escapando para a neurose... A neurose é uma maneira de evitar o não-ser evitando ser.
PAUL TILLICH, *THE COURAGE TO BE*

essa necessidade. Podem-se esperar todos os medos do desconhecido e da ansiedade da separação.

As carpas e os tubarões tendem a se entregar aos seus medos e a externalizar a responsabilidade por eles. "Eles [ou você, ou as circunstâncias ou os acontecimentos] estão fazendo que eu me sinta mal", dirão essas pessoas.

Os golfinhos encaram isso de forma distinta. Eles:

- não desperdiçam muito tempo tentando atribuir a responsabilidade de seus sentimentos a algum outro fator.
- não se culpam por ter sentimentos.
- não tentam negar os sentimentos, pois sabem que sentimentos reprimidos podem prejudicar a sua vida, mantendo-os em constante reação.
- não ignoram o fato de que estão optando por sentir o que estão sentindo – e que têm a capacidade de sentir de forma diferente se resolverem fazê-lo.

Os golfinhos analisam seus sentimentos tal como fez um dos autores enquanto sentia o medo de se lançar precipício abaixo.

Em segundo lugar, os golfinhos reconhecem os seus sentimentos pelo que eles são – medo, neste caso – e permitem que eles cresçam, atinjam o auge e se extingam.

Quando os sentimentos não são administrados com responsabilidade, ocorrem acontecimentos dramáticos, conflitos e acrimônia.

E enquanto o drama se desenrola, o projeto, a organização, a equipe e a família se enfraquecem. Estão sendo perdidos energia, tempo e, em geral, recursos.

O drama se desenrola na ausência de responsabilidade. Se ninguém estiver disposto a reagir apropriadamente, a cena será repetida vezes e vezes seguidas. Eis aqui o que é necessário para criar o drama:

Um perseguidor: "Johnny, eu lhe disse que, se chegasse atrasado de novo, você iria para a cama sem jantar. E você conseguiu. É exatamente isso o que vai acontecer."

Uma vítima: "Você nunca castiga a Susan dessa forma, Papai. Sou sempre eu."

Um salvador: [Neste caso, Mamãe, que sorrateiramente leva o jantar a Johnny numa bandeja.]

Em qualquer ponto, o desenvolvimento do drama pode ser interrompido e descontinuado por qualquer dos envolvidos que

> Nenhum estudioso da ascensão e queda das culturas pode deixar de se impressionar com o papel desempenhado pela imagem do futuro na sua sucessão histórica. A ascensão e queda das imagens precedem ou acompanham a ascensão e queda das culturas. Enquanto a imagem de uma sociedade for positiva e favorável, a flor da cultura estará em pleno apogeu. Depois que a imagem começa a se deteriorar e a perder sua vitalidade, porém, a cultura não sobrevive por muito tempo.
> FRED POLAK, *THE IMAGE OF THE FUTURE*

assuma a responsabilidade pessoal de agir de forma apropriada. Mas não conte com isso. Quando somos pegos por um drama, é como se tivéssemos segurado um fio de alta voltagem. É muito difícil soltá-lo. Quando exaurem o potencial de uma cena, os participantes do drama tendem a trocar de papéis e a começar uma cena nova:

Mamãe: "Eu realmente achei que foi uma coisa horrível o que você fez com Johnny, Allen." [O novo perseguidor]

Papai: "Eu só estava tentando ser um bom pai, Jennifer." [A nova vítima]

Johnny: "Vamos lá, Mamãe, larga do pé do Papai – ele só estava tentando fazer o melhor que podia." [O novo salvador]

Os golfinhos evitam o drama sendo responsáveis não apenas pelos seus atos mas também por seus sentimentos – e permitem que os outros sejam responsáveis pelos seus. Quando fortes emoções são deflagradas em outros durante o processo de mudança, os golfinhos exibem a mesma deferência que têm em relação a si mesmos: permitem que os outros tenham sentimentos. Eles preferem não se envolver no drama: não há perseguidores, vítimas nem salvadores. Existem apenas sentimentos, que em geral são temporários. Sentimentos aceitos com a compreensão de que é assim que a outra pessoa prefere sentir-se num determinado momento, não importando se esses sentimentos parecem ou não ser justificados pelos "fatos".

Os golfinhos estão preparados para viver com a "defasagem".

Os golfinhos preparam-se psicologicamente para entrar na zona de mudança autodirigida rendendo-se ao desafio, à novidade e à incerteza. O ato de rendição é estimulante. As possibilidades fluem com um ímpeto irresistível, e os golfinhos compreendem que, no início de sua busca para encontrar uma nova onda – para perturbar, descobrir um novo futuro –, são vulneráveis às emoções do *entusiasmo ingênuo*.[5] Chamem a isso de período de "lua-de-mel". Alimentados pela exaltação de novas perspectivas, os golfinhos compreendem que correm o risco de fazer planos de ter a Lua e de esperar por ela. Mas a realidade costuma golpeá-los sem muita demora, e o entusiasmo inicial dá lugar a

O Cosmos é o menor buraco em que um homem pode esconder sua cabeça.
G. K. CHESTERTON

um *despertar abrupto* – o início de um período muito perigoso para as perspectivas de mudanças importantes.

Algumas carpas podem chegar até aqui na curva de mudança autodirigida. Os tubarões também, principalmente aqueles que querem ascender à condição de golfinho ou flertam com ela. No ponto do pessimismo informado, porém, encontra-se o maior nível de *stress*. Nele, a maioria das pessoas desiste de qualquer tentativa de pegar a nova onda.

Por quê? Ainda é cedo demais. As pressões ainda não são grandes o bastante para provocar a perturbação – o salto do cérebro para uma ordem superior, para uma nova configuração que permita um resultado mais elegante e que permita fazer mais com menos. A satisfação da pessoa com aquilo que está fazendo nunca esteve num nível tão baixo. Os resultados continuam caindo, e as despesas, aumentando. As críticas costumam ser violentas. Agora podemos ver com clareza por que você precisa estar absolutamente seguro a respeito do seu propósito. Sem a força de uma inabalável confiança em quem você é e no que está buscando, nesse ponto é fácil – mais fácil do que nunca – simplesmente desistir.

Não desista! Não destrua as suas possibilidades deixando as emoções cauterizarem os vasos capilares do futuro no exato momento em que você e sua equipe podem estar prestes a ficar cara a cara com as forças gerativas básicas da criação. Todo romancista entende isso, e o mesmo acontece com todo roteirista ou contador de histórias folclóricas épicas. A fênix renasce apenas de suas próprias cinzas. A nova ordem emerge porque a antiga foi submetida a uma energia que estava acima de sua capacidade de processamento e, assim, foi transformada.

Os golfinhos sabem que a estrada emocional entre um *despertar abrupto* e *alguma coisa esperançosa* é coberta com as carcaças mortas e abandonadas de sonhos fracassados. Permanecendo no curso, permanecendo fiéis ao seu propósito, corrigindo constantemente o próprio rumo, sendo responsáveis, usando os poderes do cérebro para buscar novos rumos e procurando uma sinergia, eles continuam concentrados, esperando a qualquer momento "saltar", perturbar, identificar o seu nicho na nova onda. E freqüentemente esse é o resultado.

Mirabile dictu! Há luz no fim do túnel e pela primeira vez ela não parece um trem.

> Na ciência... o processo de predição é consciente e racional. Mesmo entre os seres humanos, esse não é o único tipo de predição. Existem boas intuições que com certeza não foram analisadas racionalmente, algumas das quais com certeza nunca o serão. Como às vezes se afirma, por exemplo, pode ser que, quando se trata de identificar por adivinhação uma carta de baralho oculta, a maioria das pessoas se saia um pouco melhor e algumas pessoas muito melhor do que uma máquina que simplesmente escolhe as respostas ao acaso. Isso não seria uma completa surpresa... A evolução certamente nos selecionou com tanta rapidez porque possuímos dons de previsão muito superiores aos de outros animais... A inteligência racional é um desses dons e, no fundo, trata-se de algo tão notável quanto inexplicado. O processo pelo qual a inteligência racional se volta para o futuro e faz inferências a respeito de um amanhã desconhecido a partir das experiências passadas... é um grande mistério...
> JACOB BRONOWSKI

Se têm escolha (o que é comum), os golfinhos sempre optam pela abundância.

A maneira mais rápida de entrar no "fluir" da nova onda é buscar a Ruptura. Buscar a Ruptura, em vez de optar pela Fuga, pela Rendição, pela Conquista ou pela Troca, quase sempre cria abundância – e não escassez – quando você está lidando com os "20 por cento" críticos que realmente importam numa situação onde precisa haver mudança.

Para passar do ponto da Figura 6.7 que chamamos de *no rumo* – o ponto onde você começa a obter resultados significativos – para a zona da onda do *output estável* – a zona onde a maestria e o desafio se misturam no "fluir" –, os golfinhos usam um trio de processos ou princípios quase superordenados.

- *Eles buscam a cooperação, em vez da competição* ou do caminho solitário. Isso às vezes multiplica muito a sua força, freqüentemente com o uso de pouquíssimos recursos.
- *Eles buscam resultados criativos.* Isso os liberta das limitações do passado.
- *Eles procuram fazer mais com menos.* A busca de resultados simples e precisos representa um estímulo para a análise de todas técnicas, tecnologias ou idéias que possam ajudá-lo a conseguir o que precisa com menos do que antes era necessário.

Embora essa seja a estrada menos trafegada, se começar a percorrê-la – no sentido de fazer descobertas –, você já estará lá.

Viajar por esse caminho é a *pièce de résistance* do golfinho.

Por que essa não é a estrada com o tráfego mais pesado? Podemos encontrar o x do problema na Figura 6.8.[6]

Um dos prodígios realizados pela medicina no século XX é uma técnica para dissolver a cárie dentária em vez de removê-la com uma broca. Quando os pesquisadores da faculdade de odontologia da Universidade Northwestern pediram a uma amostra de pacientes que escolhesse entre as duas técnicas, verificou-se que 60% preferiam a nova abordagem. Os

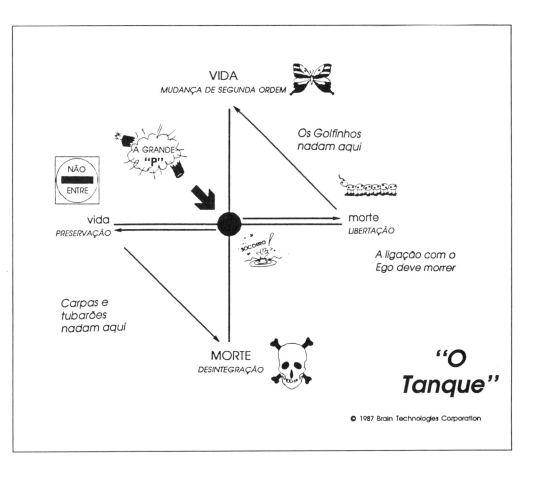

Figura 6.8. A Essência da Libertação

dentistas podem remover o material cariado silenciosa, indolor e eficazmente com uma substância química – chamada Caridex – sem o uso das temidas agulhas hipodérmicas e de suas desagradáveis brocas rotatórias de alta velocidade que queimam os dentes. "Mesmo assim, achamos que são pouquíssimos os dentistas que estão usando isso em seus pacientes", diz o psicólogo Robert Moretti. Indagado sobre a razão disso, Moretti nos proporcionou uma idéia profunda a respeito dos motivos pelos quais as pessoas não mudam facilmente, mesmo quando existem boas razões para fazê-lo. "Os dentistas costumam ser conservadores, e penso que, como a broca tem sido usada na odontologia desde os seus primórdios e muitos profissionais se identificam com esse procedimento, *abrir mão dela*

A rendição à mudança significa nos vermos de uma forma diferente.

exigiria uma modificação no modo como eles vêem a si mesmos [grifos nossos]."

Ouça, ouça!

Por mais espantosa que essa explicação possa parecer para os relutantes profissionais da odontologia, Moretti apontou um truísmo universal: a mudança freqüentemente representa uma ameaça para a auto-estimativa vital da pessoa.

Mesmo uma coisa aparentemente menor e perfeitamente vantajosa como a substituição das brocas odontológicas por uma técnica melhor de remoção de cáries parece ser uma ameaça ao modo como numerosos dentistas vêem a si mesmos. É uma ameaça à formulação que eles mesmos fizeram a respeito de quem são e de qual é o seu valor. Para usar o termo de Freud, é uma ameaça ao ego. É melhor dizer isso abertamente, quer a discussão deste assunto seja ou não julgada conveniente fora de igrejas, aulas de filosofia ou reuniões de psicoterapeutas. *Um dos maiores obstáculos à mudança nas organizações, na família e no próprio indivíduo é um medo associado com a palavra do M maiúsculo – o medo de morrer.* Quer suspeitemos disso ou não, quer estejamos dispostos a reconhecê-lo ou não, quer estejamos dispostos a desafiar ou não o fenômeno, esta condição é bastante real: as pessoas tendem a resistir a mudanças fundamentais porque o ego do indivíduo teme que a mudança daquilo que ele faz represente uma ameaça para quem ele é e para a continuidade de sua existência.

A Figura 6.8 é uma maneira – a maneira dos golfinhos – de considerar o "tanque" quando o cérebro está diante de um desafio que não pode ser ignorado, um desafio que está pressionando o cérebro/mente com aquilo que Ilya Prigogine chamou de perturbação. Talvez a mudança a ser feita seja a adoção de uma nova tecnologia ameaçadora do ego, tal como a remoção de cáries com uma substância química em vez de broca. Ou talvez algo mais importante, como resolver abandonar a religião em que foi criado, mudar de carreira, divorciar-se, reorganizar sua empresa ou assumir um risco empresarial ou uma atitude corajosa do tipo que altera o seu futuro.

O fracasso em compreender a natureza da mudança é algo incapacitante para boa parte dos bilhões de pessoas do mundo.

Na Figura 6.8 está a essência de uma profunda sabedoria que é fundamental para todo grande caminho espiritual e epifania, para toda teoria eficaz acerca da cura e do desenvolvimento psicológico, para toda mudança significativa de rumo na prática das atividades empresariais e até mesmo – como Ilya Prigogine demonstrou – nos processos de mudança reordenadores subjacentes à migração da Mãe Natureza para níveis de complexidade cada vez mais elevados.

O fato de a maioria dos bilhões de pessoas do mundo ainda não ter compreendido isso é um estarrecedor testemunho dos poderes incapacitantes da hipnose do cérebro da carpa e dos vícios do cérebro do tubarão.

Considere o caso de um empresário que enfrenta dificuldades e cujo crescimento foi até agora autofinanciado. Empregando dinheiro todos os meses, do salário da esposa que trabalha como enfermeira, e suplementando isso com sua própria renda como contador *free-lance*, ele desenvolveu um novo programa de computador para agilizar as estimativas de custos de pequenas empresas de construção.

Os admiradores lhe dizem que a sua abordagem é a mais avançada que existe. Estimulado, ele contratou um artista especializado em publicidade para fazer o projeto de um folheto e despachou pelo correio 30 mil dispendiosos folhetos em quatro cores para pequenos empreiteiros dos 48 Estados continentais dos Estados Unidos.

Isso aconteceu há dois meses. Durante vários dias ele corria para a agência dos Correios para verificar sua correspondência. Agora tem pouquíssimas esperanças: sua dispendiosa propaganda produziu exatamente cinco pedidos de informações. A conta da gráfica está para chegar e, como pagou adiantado a empresa que despachou a correspondência e encomendou 250 cópias de seu programa de computador a um fabricante de *software*, os seus recursos se esgotaram. Em termos da Figura 6.8, as condições para a Grande "P" – perturbação – estão se desenvolvendo rapidamente. O veículo que o trouxe até aqui – seu projeto, sua visão de mundo, a programação de seu cérebro, a pequena escala de seus negócios e seus meios e métodos de seguir em frente – está ameaçado.

Tempos difíceis. Para onde ele deve se voltar? Se não consegue nem alimentar a sua família, como poderá pagar as suas dívidas e sobreviver?

Em resumo, o que ele vai fazer?

A resposta: Depende. Depende de ele agir como uma carpa, um tubarão ou um golfinho. Depende de ele optar por uma pequena "vida" ou para uma pequena "morte". De ele procurar preservar a velha ordem ou libertar-se para uma nova. Usando a Figura 6.8, vamos verificar quais são as suas possibilidades:

O Cenário da Carpa: Lembre-se de que uma carpa acredita no seguinte: "Eu não posso vencer." Portanto, quando chegar a hora da Grande "P", o seu instinto natural é render-se, fugir e, se necessário, sacrificar-se.

Em termos da Figura 6.8, as carpas invariavelmente buscam a pequena "vida", onde os riscos parecem ser mínimos, onde parece haver esperança de que as poucas carpas ainda remanescentes possam ser apertadas firmemente contra o colete. Se reagir como uma carpa, o nosso empresário novato provavelmente vai perder a esperança e, intoxicado com as substâncias neuroquímicas da derrota, procurar o abrigo da comiseração e das coisas que lhe são familiares.

O que ele talvez não perceba é que esse não será um abrigo confortável por muito tempo. As dívidas estão aumentando. Os credores batem à porta. A ruína financeira assoma. Assim, o que à primeira vista pode ter parecido um ato de preservação rapidamente começa a degenerar rumo à desintegração, à grande "MORTE" em termos deste episódio e oportunidade específicos. Antes que se passe muito tempo, as carpas se vêem caminhando rapidamente para um grande colapso de objetivos e propósitos – um colapso do qual há pouca esperança de recuperação.

Nesse ponto, as carpas costumam optar por uma entre as seguintes alternativas:

- *Culpa*. Transferir a responsabilidade para outra pessoa lhe permite sair da linha de fogo.
- *Vergonha*. Hostilizar a si mesmo é outra maneira de negar-se a assumir a responsabilidade pessoal de fazer alguma coisa diferente.
- *Justificação*. Arranjar uma boa racionalização o capacita a explicar aos outros por que não há problema em fracassar.

Qualquer que seja a rota escolhida, a carpa mais uma vez conclui: "Não existe nenhuma maneira de vencer."

O Cenário do Tubarão: Acreditando que tem de vencer, um tubarão enfrentará a perspectiva da Grande "P" com uma explosão de atividade. Não necessariamente um esquema de ação ponderado e bem planejado – apenas simples atividade. Até agora, a idéia de fracassar nunca causou problemas para a mente do tubarão. Pensamentos de fracasso são para aqueles que têm estômago fraco – para as carpas!

O tubarão pensa: "Quando um vencedor se entrega a alguma coisa, não existe volta, nem mesmo momentaneamente. Não importa o que seja necessário fazer, ele tem a obrigação de chegar ao topo. Ponha de lado todos os outros pensamentos e concentre-se apenas em vencer, não importando a quem isso possa ferir. *Quando as coisas ficam difíceis, os fortes continuam em frente.*

Assim, quando o envio de correspondência falha, o tubarão fica ainda mais obcecado pela "presa". Em vez de fazer alguma coisa diferente, ele passa a dedicar-se ainda mais a fazer o que já fazia e, assim, se empurra cada vez mais para o lado ruim da onda.

Há uma reputação a ser preservada. Bem, nesse ponto já não é bem uma reputação, mas uma auto-imagem fabricada que ele tem se esforçado por passar aos familiares, amigos e colegas. Aquela conversa sobre vendas de um milhão de dólares neste ano, dois milhões no próximo e cinco no final do terceiro ano, aquela jactância e eloqüente falação temperada com adrenalina vão agora ser postas à prova. A conversa do tubarão consigo mesmo é mais ou menos assim: "Chegou a hora de pôr as coisas nos eixos, de descobrir do que eu sou realmente feito, de correr alguns riscos *reais*, hora de mostrar a algumas pessoas, hora de fazer o que faço melhor, hora de remover todos os obstáculos."

Sob pressão, os tubarões também procuram a preservação – a "pequena vida".

Pensando assim, o tubarão toma a mesma direção fatal que a carpa, rumo à pequena "vida", à preservação, à própria postura que, num ambiente em rápida mutação, reduz significativamente as suas chances de sobrevivência.

Como podemos dizer que o tubarão também busca a preservação diante de toda essa atividade frenética, dessa férrea determinação de vencer a todo custo, da disposição de ir contra todas as probabilidades?

Porque esses atributos estão entre as próprias qualidades que, alimentadas pelos viciantes agentes neuroquímicos da "necessidade de ganhar", impedem as pessoas de aprender. Quando não está aprendendo, você está revelando os seus limites. Quando você revela os seus limites, tem de mantê-los. Quando mantém os seus limites, você preserva o *status quo*. E, em épocas de rápidas mudanças, preservar o *status quo* não costuma ser uma boa opção. Se o aprendizado for a nossa meta, porém, o que vamos aprender com um esforço promocional fracassado envolvendo trinta mil folhetos que divulgam um pacote de *software* para pequenos empreiteiros? Com base no que vimos até aqui, examinemos cuidadosamente o modo como o golfinho encara a mudança e o fracasso, pois as duas coisas estão íntima e inextricavelmente ligadas.

O Cenário do Golfinho: Então a propaganda pelo Correio fracassou. Alguma coisa deu errado.

Desapontado?

Sem dúvida.

Vai desistir?

É muito cedo para dizer. Ainda não sei o que deu errado.

O que você vai fazer agora?

Primeiro, vou ver se consigo entender por que a coisa não funcionou da primeira vez. Depois vou ver que tipo de opções consigo criar.

Parece que você está metido numa bela enrascada.

É verdade, não é?

Aposto que todas as pessoas que lhe asseguraram o sucesso do programa no mercado estavam apenas se divertindo à sua custa.

Esta tem de ser uma possibilidade.

Você não fez nenhuma pesquisa de mercado, fez?

Nada.

Isso foi uma coisa muito estúpida, não foi?

Sem dúvida, parece que você está certo.

Você não poderia pelo menos ter experimentado enviar um número menor de folhetos da primeira vez?

Poderia. Aprecio a sugestão. Provavelmente, farei isso da próxima vez.

Você está terrivelmente endividado, você sabe.

Nem me diga.

Você agora está realmente no fundo do poço, não está?

Com certeza. Alguma coisa tem de ser feita.

Você já perdeu a camisa. Agora vai perder a casa e, provavelmente, a mulher e os filhos, hein?

Ah! Provavelmente não.

Essa não é bem a maneira de começar um negócio promissor, não é?

Isso certamente impõe uma pausa.

Aposto que foi culpa da empresa que despachou a correspondência. Eles lhe venderam uma lista ruim.

A lista me parecia boa, mas isso é algo que vou examinar de novo.

Você provavelmente foi lesado pelo publicitário que fez o folheto.

Gostei do folheto. Mas como alguma coisa deu errado, vou verificar isso também.

Você não tem saída. Que tal se eu comprasse o seu programa de computador – eu lhe pago dois mil dólares – e você pudesse ao menos pagar algumas de suas dívidas?

Agradeço, mas é muito cedo para pular fora.

Não me parece que você tenha muita escolha.

Posso compreender que você veja as coisas dessa forma.

Seja sincero: que outra alternativa você tem?

Bem, não sei se isto vai fazer algum sentido para você mas tenho as opções de desistir de tudo e me enfiar num buraco ou desistir de pouco e ampliar os meus limites. Talvez você possa dizer que eu tenho a opção de continuar sendo uma lagarta ou tentar ser uma borboleta.

Não entendi.

Não é nada importante.

Mas o que uma borboleta tem que ver com os computadores?

Na verdade, nada. É só uma metáfora.

Metáfora?

É, uma metáfora para lembrar-me de que dentro de toda borboleta há uma lagarta que conseguiu se libertar.

Borboletas? Lagartas? Parece-me que você é um sujeito bastante confuso.

E como você está certo! É exatamente assim que eu estou neste exato momento – estou na parte confusa do processo de mudança e descoberta.

E depois?

Isso veremos no próximo capítulo, quando estivermos examinando de que modo um golfinho autodirige o processo de aprendizado e mudança para ''escapar'' de condições e estados mentais que não estão produzindo os resultados desejados e passar para outros que criam oportunidades de sucesso.

Neste caso, o empresário resolveu escrever um *press release* e o enviou para um "boletim eletrônico". Isso deu origem a uma reportagem numa revista especializada em computadores, resultando daí a venda do seu sistema para um grande negociante de *software*.

TRABALHO DE GOLFINHO

Exercício Nº 1

O próprio ato de ler este livro provavelmente lhe despertou idéias a respeito de coisas que você gostaria de mudar em áreas de sua vida, carreira ou atividades empresariais.

Agora é um momento tão bom quanto qualquer outro para identificar as mais importantes. Anote-as numa folha de papel avulsa.

Agora responda por escrito às seguintes perguntas:

1. Qual é especificamente o resultado/desenlace que preciso buscar com esta mudança?
2. Qual é o risco de não fazer esta mudança?
3. Qual a pior coisa que pode acontecer se eu tentar realizar esta mudança e fracassar?
4. Estou disposto a aceitar isso?
5. Qual é a melhor coisa que pode acontecer se eu tiver sucesso?
6. Estou disposto a aceitar *isso*?
7. Por que não corri esse risco antes e como isso me foi útil?
8. Por que tenho mais opções agora?

Exercício Nº 2

Para aumentar suas possibilidades de escolha na questão que você definiu para si mesmo ou em qualquer outra questão importante para você, tome a decisão de gastar o tempo necessário para realizar esse exercício de futurologia.

Durante a próxima semana, fique alerta para informações que estejam relacionadas com a questão, a necessidade ou o desejo prioritários para você. Use parte do seu tempo para buscar maiores informações em bibliotecas, falando com amigos e colegas, lendo jornais e revistas em casa e no escritório, e usando quaisquer outras fontes disponíveis que possam lhe proporcionar novos dados sobre mudanças ou influências tecnológicas, sociais, ambientais ou econômicas que sejam prováveis no futuro.

No final de semana, numa folha de papel à parte, faça uma breve relação das descobertas que lhe pareceram mais importantes.

Agora anote quaisquer semelhanças cuja existência você percebe (esses talvez sejam os resultados mais valiosos de sua pesquisa):

Num lugar que ofereça calma e tranqüilidade, reserve algum tempo para rever os resultados de suas pesquisas e refletir sobre as áreas que lhe são prioritárias. Ouça a sua intuição. Leve a sério os seus sentimentos. Permita que a sua mente faça filmes a respeito de como será o futuro.

Depois de algum tempo, faça mais algumas anotações. O que a sua intuição lhe diz?

Agora, classifique o que você tem de acordo com as seguintes diretrizes:

''Tanto a minha razão *como* a minha intuição concordam que estas coisas provavelmente vão acontecer.''

''Tanto a minha razão *como* a minha intuição concordam que estas coisas provavelmente não vão acontecer.''

''A minha razão e a minha intuição discordam em relação a estas coisas.''

Os itens onde sua razão *e* sua intuição estão de acordo constituem provavelmente uma boa informação sobre o futuro.

Onde houver desacordo entre a sua razão e a sua intuição, convém obter mais informações.

O processo de desenvolvimento de uma abertura para o futuro exige a utilização do cérebro anterior *tanto* no nível racional *como* no intuitivo.

(Agradeço ao futurólogo David Loye pela idéia básica para este exercício.)

7

A ORQUESTRAÇÃO DA PERTURBAÇÃO: COMO OS GOLFINHOS "AMPLIAM SEUS LIMITES"

omo passou parte de sua vida adulta vagueando pela Zona de "Ruptura", na orla do espaço, o aviador Chuck Yeager pensa como um golfinho. Ele e seus colegas pilotos de prova – alguns ainda vivos, outros há muito levados por acidentes de Deus e pela audácia – rasgaram os céus sobre o deserto de Mojave no final da década de 40, indo aonde o homem nunca tinha estado, fazendo o que ele nunca fizera antes. Em suas tentativas de quebrar a barreira do "Mach 1" – a velocidade do som – em máquinas exóticas como o avião experimental Bell X-1, Yeager e seus colegas nos proporcionam um protótipo da experiência de ir contra o desconhecido e uma maneira memorável de nos referirmos a tais episódios. Hoje é comum falar em "ampliar nossos limites" quando nos envolvemos em algum tipo de aventura, desafio ou exploração.

Para Yeager, ampliar os limites significava procurar romper a barreira do som. Havia mais coisas em jogo do que apenas voar mais rápido que Mach 1 – aproximadamente 1.200 quilômetros por hora. Ampliar os limites na alta atmosfera e em altas velocidades cria um perigoso e idiossincrático conjunto de problemas de controle. Sendo pilotos de primeira ordem, os pilotos do X-1 logo aprenderam – com deslumbramento e, às vezes, pânico – que a ampliação dos limites violava instintos afiados por anos de prática. Perto da velocidade do som, os controles do avião não reagiam da forma que se esperava. Para impedir que o X-1 se descontrolasse, um novo universo da arte de voar foi mapeado, novas respostas foram desenvolvidas e novas rotinas, dominadas.

Você aceita o risco como parte de cada novo desafio; ele vem com o território. Assim, você aprende tudo o que pode sobre o avião e seus sistemas, treina controlá-lo em trajetos de solo e em vôos planados e planeja sua reação a qualquer contingência até que as probabilidades contra você pareçam mais favoráveis. Você gosta do X-1; ele é um bom avião, mas também é um aparelho experimental e você, um pesquisador num vôo experimental. Você sabe que pode ser atingido por algo inesperado, mas conta com a sua experiência, sua concentração e seus instintos para superar o problema. E com a sorte. Sem sorte...
CHUCK YEAGER, YEAGER: AN AUTOBIOGRAPHY

Ampliar os limites faz parte do mundo dos golfinhos. Trata-se de um conjunto de habilidades e intuições que oferece uma ajuda preciosa a famílias, organizações e sociedades que estejam enfrentando pela primeira vez os rigores do rápido intercâmbio de informações numa escala global. O desafio rotineiro e coerente de nossos limites – os limites dos nossos pensamentos, atos e sentimentos, limites impostos pelo próprio cérebro – requer um tipo estratégico de reversão no modo como os seres humanos geralmente encaram o processo de mudança pessoal. Usando a metáfora das experiências de Chuck Yeager com a barreira do som, podemos dizer que a ampliação dos nossos limites exige que exerçamos controle sobre o ambiente exterior, manipulando-o para que ele force os controles do *interior* do cérebro a mudar. A orquestração repetida dessas circunstâncias para se fazer alguma coisa fundamentalmente nova e diferente muitas vezes vai contra os instintos naturais da nossa mente, contra a maioria dos conselhos das outras pessoas, contra o relógio e contra outras forças. A ampliação dos limites impele o golfinho a criar uma nova compreensão a respeito de como proceder para modificar a mente. Para compreendermos a abordagem do golfinho, vamos examinar os seus pontos de vista a respeito do "tanque" tal como se acham descritos na Figura 7.1.

A expressão "ampliar os limites" nasceu com os pioneiros da aviação que buscavam romper a barreira do som.

Um tipo estratégico de mudança no modo como os humanos encaram a mudança.

Recordemos uma vez mais o nosso empresário inexperiente que deixamos ser inquirido com certo rigor no final do capítulo anterior. Ele tinha feito alguma coisa diferente – introduzido um novo produto no mercado –, e a resposta inicial tinha sido desencorajadora. E agora?

Nessas circunstâncias, a consciência humana tradicionalmente reagiu esperando até a situação tornar-se terrível ou até mesmo desesperadora e, depois, atravessando aquilo que chamamos de Depressão da Recuperação, que você vê mais uma vez representada na Figura 7.1. São estas as características principais dessa penosa rota de reação ao inesperado e ao desconhecido:

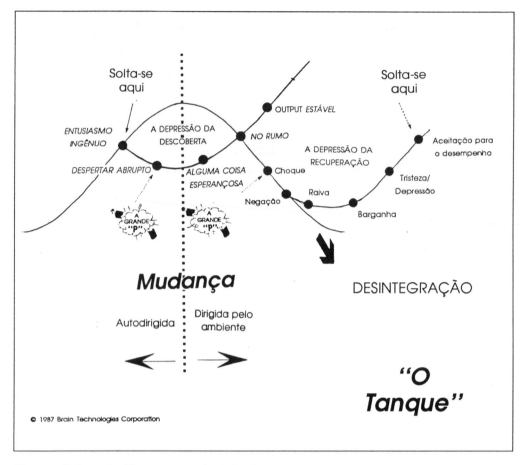

Figura 7.1. As Emoções da Mudança

- **O ambiente está sob controle.** Não existe nenhuma mudança antes da hora. Você está em processo de reação. Você está esperando até que alguma coisa aconteça para só então reagir; essa reação é mais ou menos automática, uma rotina pré-programada de emoções debilitantes. Quando a reação ocorre, esse "*kit* de sobrevivência" para a consciência deixa pouco espaço a estratégias ativas – pelo menos não antes que tenha sido consumida uma quantidade substancial de energia.
- **Você pode ignorar diversas séries de sinais de advertência.** Sem que tivesse sido reconhecido por você, o problema pode ter piorado durante algum tempo. Como você carece de propósito e visão, de qualquer sentido ou preocupação preventivos de perigo, bem como de uma

abordagem mais flexível que lhe permita ir aprendendo à medida que for conhecendo o problema, a sua mente é por demais vulnerável ao Efeito Bumerangue ilustrado na Figura 7.2. Quanto mais você ignorar o problema, tanto mais você afundará na onda e maiores serão as resistências a vencer quando você cair na realidade. Em virtude do Efeito Bumerangue, a sua primeira reação provavelmente será a de procurar os opostos – isto é, você provavelmente reagirá optando pelo contrário do que vinha fazendo, e o fará de forma exagerada. Esse tipo de resposta quase nunca se mostra satisfatória. Num mundo em rápido processo de mudança, mais cedo ou mais tarde *você* vai ter de mudar se pretender continuar sendo um participante viável do jogo e, em razão do caminho de

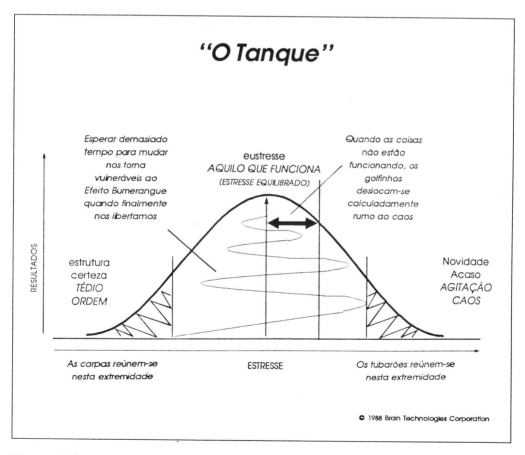

Figura 7.2. O Efeito Bumerangue

mudança que escolher, você poderá ficar à mercê das forças bumerangue durante um longo período, oscilando entre a ordem e o caos.

- **Só no próprio final da Depressão da Recuperação você se "solta", libertando a si mesmo ou à sua organização para experimentar alguma coisa nova, procurar novas soluções e oportunidades.** Você se lembra do processo de Ilya Prigogine sobre a libertação para uma ordem superior de complexidade? Para ser bem-sucedido nesse processo, conseguir pegar uma nova onda e cavalgá-la no "fluir", você precisa efetivamente passar por dois estágios: (1) o ato de soltar-se e (2) a perturbação, o processo de sofrer uma metamorfose mental em que, literalmente, a sua mente é feita em pedaços e remontada de uma forma diferente. Se adotar o caminho tradicional para a realização de mudanças – o roteiro da carpa e do tubarão –, você só se soltará *no último minuto*. Isso significa um longo período no processo de perturbação enquanto você atravessa a Depressão da Recuperação, um processo que provoca maior sofrimento e um prolongado desconforto e infelicidade.

Usando os poderes do lobo frontal do cérebro para disputar com os centros de processamento do "cérebro antigo" o controle do modo como vamos reagir a um mundo em mutação, pelo menos alguns cérebros – os cérebros dos golfinhos – criaram um novo protocolo mental para dirigir as próprias mudanças. A chave para se pegar a nova onda é a reversão da resposta humana tradicional a um encontro com o desconhecido.

Os golfinhos primeiro se soltam e depois perturbam – exatamente o inverso das carpas e tubarões.

Examine novamente a Figura 7.1. Observe a reversão no processo de mudança quando você está mudando como os golfinhos fazem, à frente do tempo. Ao contrário das carpas e tubarões, os golfinhos primeiro se soltam e *depois* perturbam. Dessa maneira, a dinâmica emocional da mudança fixa-se vigorosamente na sua cabeça. Em vez de oferecer um bloqueio debilitante com o prolongamento da dor, as emoções são liberadas para servir como indicadores direcionais, como medidas de precisão, simplicidade e eficácia, como barômetros do propósito. Ainda existe dor, mas ela é rápida, previsível e, acima de tudo, tem significado e propósito porque é você, interiormente, e não o ambiente, exteriormente, que determinou que as coisas têm de mudar. A iniciativa de efetuar as próprias mudanças faz uma gigantesca diferença.

> Quando você encerra um projeto criativo, algo que o consumiu por algum tempo, é como se fosse o fim de um caso de amor.
> SUZANNE EICHHORN

Para percorrer o roteiro autodirigido do golfinho rumo à mudança, o participante começa por:

- *Mostrar-se receptivo às informações que lhe chegam do futuro e identificar a necessidade de mudança.* Os sinais do futuro podem chegar primeiramente na tela de cinema de sua própria consciência ou na tela de outra pessoa. Os golfinhos não são exigentes quanto ao lugar onde são exibidos os filmes rodados no futuro; eles só não querem perder a estréia. Por essa razão, você vai querer disciplinar a sua mente para explorar tanto o ambiente externo como o interno.

- *Enfrentar os receios de soltar-se.* Um processo gradual para se alcançar isso foi sugerido no capítulo anterior (de fato, todo o capítulo trata desses temores e do seu processamento). Para recapitular, os nossos receios de nos soltarmos em geral estão relacionados com estas ansiedades:
  - um medo de que, se mudar, você venha a ser abandonado por aqueles que lhe são mais próximos, uma espécie de *ansiedade da separação.*
  - um medo de que, se tentar alguma coisa nova, você possa fracassar, um tipo de *ansiedade do desempenho.*
  - um medo de que, se mudar o seu modo de ver o mundo, você venha a morrer, uma *ansiedade existencial.*

No caso da carpa, do tubarão e, em certa medida, das carpas pseudo-esclarecidas, esses temores são vivenciados quase por inteiro no nível do inconsciente, uma resistência tão tenaz que requer um longo esforço na Depressão da Recuperação antes que o indivíduo possa soltar-se. O medo existencial de morrer – de que você possa desaparecer no caso de soltar-se, de mudar – nos lembra os comentários da especialista em sofrimento Elisabeth

Kübler-Ross em Quioto, Japão, na Nona Reunião da Associação Transpessoal Internacional:

> Eu não sabia [quando comecei a trabalhar com pacientes terminais] qual era o significado de uma borboleta. Fiquei muito tocada por um poema que diz que o homem não compreende a borboleta nem a borboleta, o homem. Isso foi em 1945. Nos 25 anos seguintes, o homem vai compreender a borboleta e a borboleta, o homem.
>
> Nós usamos o símbolo da borboleta quando trabalhamos com crianças moribundas e elas nos perguntam o que acontece quando alguém morre. Nós não lhes dizemos que elas vão dormir ou que vão para o Céu. Usamos uma linguagem universal e lhes dizemos que a pessoa não é realmente aquilo que parece ser. O seu corpo é como um casulo e, quando esse casulo sofre danos irreparáveis, o que acontece é que ele simplesmente liberta a borboleta, que é muito mais bonita do que um casulo.

Kübler-Ross tem um curioso nome para os momentos de perturbação na vida: *vendavais*. Ela descreve um vendaval como "uma das coisas da qual você vai se lembrar no momento da morte". Ela diz:

> Existem apenas dois tipos de coisas importantes no momento da morte e nas quais você pensará: nos momentos felizes e nos vendavais... [Os vendavais] servem para prepará-lo para a vida.

Ainda existem muitas coisas a serem aprendidas sobre as circunstâncias que envolvem a morte. Os estudos do cérebro/mente que inspiraram este livro sugerem que as coisas que o indivíduo pode esperar sentir por ocasião da morte serão determinadas pelo tipo de "janela" que essa pessoa preparou na vida. E isso talvez seja o que Kübler-Ross está dizendo. Se for esse o caso, os golfinhos podem esperar reviver muitos vendavais, porque geraram muitos deles. Como compreendem o valor dos vendavais e sabem o que eles podem fazer acontecer, os golfinhos superam muito rapidamente os seus temores da mudança e se soltam. Depois disso, eles podem concentrar suas energias, suas capacidades intuitivas e suas habilidades para fazer novas coisas concretas com o propósito de criar uma perturbação, o segundo e não menos crítico estágio pelo qual passamos quando dirigimos a nossa própria mudança.

Aprendemos que a maioria do trabalho realizado pelo cérebro é completamente inconsciente e passamos a ter um saudável respeito pela qualidade e complexidade das funções de controle e computação realizadas dessa maneira. Mesmo naquilo que consideramos nossa atividade mental consciente, nós na verdade só temos consciência de parte do que está se passando no cérebro. Deve haver intricados processos de exploração e mudança de posições que colocam sucessivamente em nossa consciência pensamentos relacionados; nós temos consciência dos pensamentos, mas não sabemos como eles chegaram até lá.

DEAN WOOLDRIDGE, *THE MACHINERY OF THE BRAIN*

Para compreendermos o processo de deflagração da nossa própria mudança, a perturbação que liberta a borboleta, precisamos uma vez mais considerar o "tanque" da perspectiva do golfinho, como observamos agora na Figura 7.3, um mapa do cérebro cuja elaboração foi possível por meio de duas extraordinárias cirurgias:

Os golfinhos compreendem o valor dos vendavais – e superam rapidamente os seus temores.

Duas vezes no século XX os cirurgiões cortaram cérebros humanos vivos em duas partes, procedimento não muito diferente do corte de um melão em metades. Na primeira cirurgia eles seccionaram a porção anterior do cérebro numa tentativa de trazer alívio a pessoas portadoras de psicoses graves. Mais tarde, num esforço para ajudar vítimas de epilepsia generalizada (*grand mal*), eles separaram os hemisférios cerebrais. Essas intervenções drásticas capacitaram os autores a construir um guia do funcionamento do cérebro que pode ser útil em diversas atividades cotidianas – um guia que chamamos de *BrainMap* (Mapa do cérebro). Você o vê representado na Figura 7.3.

Mais do que qualquer outra fonte de conhecimento, as descobertas subjacentes ao *BrainMap* nos habilitaram a descobrir as origens biológicas das estratégias da carpa e do tubarão, embora façamos isso com certa cautela.

Quanto mais estudamos os resultados da observação e de testes aplicados a indivíduos com "cérebros fendidos", tanto mais claro fica que algumas das primeiras conclusões sobre o significado desses resultados eram errôneas: essas singulares cirurgias não revelaram a existência de cérebros distintos dentro do cérebro, mas de diferentes janelas para a observação de um único cérebro com mil habilidades, faces e manifestações. Quando a nossa janela está no cérebro direito – o hemisfério direito –, vemos muitos dos sintomas da carpa. E quando a nossa janela está no cérebro esquerdo, vemos fortes sintomas do tubarão. Podemos fazer mais algumas distinções importantes quando as descobertas relacionadas com a comissurotomia hemisférica – a cirurgia de separação dos hemisférios direito e esquerdo do cérebro – são comparadas com as descobertas pro-

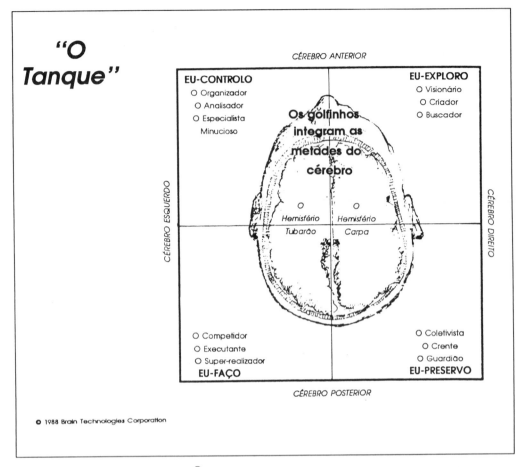

Figura 7.3. O BrainMap®

Cérebro direito, cérebro esquerdo: hemisfério carpa, hemisfério tubarão.

porcionadas pela lobotomia pré-frontal ou pelas cirurgias que separam a parte anterior da parte posterior do cérebro. Utilizamos essas informações para criar os quadrantes do Inventário de Auto-Avaliação do *BrainMap*®: EU-CONTROLO, EU-FAÇO, EU-PRESERVO e EU-EXPLORO.

O modelo do *BrainMap* tem sido usado no treinamento de profissionais de vendas e marketing e na formação de administradores de empresas como uma contribuição para encorajar o trabalho em equipe, desenvolver habilidades de comunicação interpessoal, avaliar metas de carreiras e identificar o modo de processamento de informações.

Para esses propósitos, que envolvem alertar indivíduos e grupos para a "face" atual que os indivíduos e suas organizações atribuem à realidade, o *BrainMap* em geral funciona bem. Mas se ele for usado apenas para isso, os maiores benefícios proporcionados por esse diagrama do funcionamento do cérebro terão sido negligenciados. As carpas deixam de enxergar essa verdade por causa de sua hipnose – seus filtros e seus temores. Os tubarões deixam de percebê-la porque estão viciados no caos e na crise; eles passam nadando por ela. Em contraste, os golfinhos nadam diretamente para o conhecimento de que pegar uma nova onda quase sempre requer que se ponham partes do cérebro temporariamente em guerra consigo mesmas. Antes das informações sobre os cérebros fendidos se tornarem disponíveis, esse processo era apenas algo que algumas pessoas – golfinhos – faziam. Utilizando o modelo do *BrainMap*, o que era principalmente arte pode agora ser acompanhado de um certo grau de técnica. Um avanço assim sempre torna acessível a uma população maior o que até então era um território privilegiado. Eis como o golfinho emprega o poder do mapeamento do cérebro para, literalmente, derrotar outros cérebros:

> Mas o simples já não pode ter englobado o complexo? Onde estavam as sementes da complexidade nos primeiros minutos do universo?...
>
> Ficamos espantados diante desse frenesi de organização. A matéria parece ser capaz de tirar vantagem até das circunstâncias mais adversas...
>
> A organização do universo exige que a matéria se entregue às forças do acaso.
> HUBERT REEVES, *ATOMS OF SILENCE*

Você começa determinando a maneira característica pela qual o seu cérebro tem organizado os seus recursos.

A Figura 7.4 é o resultado de uma década de uso proveitoso do *BrainMap*. Esses onze perfis surgiram quando usuários do instrumento *BrainMap* avaliaram os seus resultados. Os golfinhos fizeram pontos em todo o mapa, pois a "condição de golfinho" é função mais da agilidade e da flexibilidade do cérebro do que da sua dominância. Assim, quando usa o instrumento *BrainMap*, um golfinho poderá detectar o surgimento de quaisquer dessas "maneiras características de utilização de recursos", um resultado da combinação das funções cerebrais que ele usou para cavalgar a onda da qual agora está se desligando.

> "Harmonia" é uma sintonização de opostos, uma unificação de muitos, uma reconciliação de contrários...
> THEON DE ESMIRNA

A maioria dos usuários do *BrainMap* aprende que está refletindo as opções dominantes do funcionamento do cérebro descritas pelos quadrantes do modelo: EU-CONTROLO, EU-FAÇO, EU-PRESERVO e EU-EXPLORO.

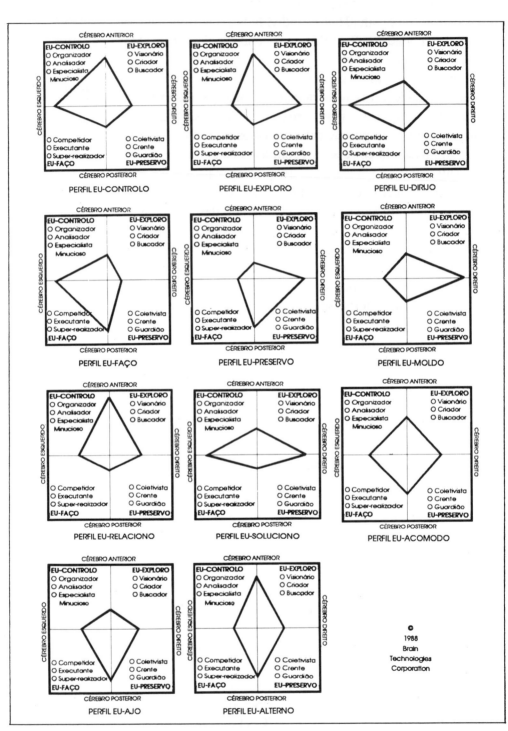

Figura 7.4. Os 11 Perfis do *BrainMap*

Como está representada na Figura 7.3, o hemisfério do tubarão contribui com dois "sistemas" básicos para permitir a construção do modo como o indivíduo vê o mundo. O denominador comum dos dois sistemas é a capacidade de produzir um "roteiro" em meio à desordem, de planejar e produzir resultados que estão razoável e logicamente baseados nas circunstâncias atuais:

O sistema EU-CONTROLO caracteriza-se por

- uma paixão por fatos e outras informações
- padrões exatos para si mesmo e para os outros
- adesão ao ponto de vista de que devemos tentar com mais afinco, nos aperfeiçoar e ficar mais espertos
- insistência na ordem e em abordagens sistemáticas

Ou seja, pessoas e grupos voltados para o perfil EU-CONTROLO valorizam o seu *conhecimento* – seu domínio da informação – e constroem categorias bem delimitadas para arquivar os fatos tal como os vêem. Eles têm grande orgulho dessa estrutura de conhecimento e defendem-se tenazmente. "Eu compreendo", diz o indivíduo; "logo, controlo."

O sistema EU-FAÇO é caracterizado por

- um sentido de vitalidade e valor próprio que está ligado à liberdade de reagir de acordo com os novos acontecimentos e os estímulos prevalecentes
- uma atração por ferramentas que façam as coisas acontecerem
- uma casualidade que traz mobilidade
- competitividade e conseqüências imediatas

Ou seja, as pessoas e os grupos voltados para o perfil EU-FAÇO têm desejos vigorosos e imediatos e consideram a perseguição pelo menos tão real e recompensadora quanto a captura. "Eu quero", diz o indivíduo; "logo, faço."

Quando se orienta pelas indicações fornecidas pelo hemisfério da carpa, esse nosso cérebro holístico produz dois sistemas capazes de ver o mundo como se fosse um "cartum" – atribuindo significado às pessoas, acontecimentos e situações com base em percepções e avaliações rápidas e sucintas muitas vezes a partir de informações escassas:

O sistema EU-PRESERVO é caracterizado por

- ver as coisas em branco e preto, com um mínimo de tons cinzas intermediários
- compromisso mental e emocional de preservar as coisas em que você acredita, protegê-las e estabelecer fortes vínculos com elas
- transformar rapidamente as realidades de hoje num cenário a respeito do que é correto, edificante, ético, verdadeiro e provado pelo tempo
- espontaneidade em situações que envolvem pessoas com as quais você se importa

Ou seja, pessoas e grupos voltados para o perfil EU-PRESERVO se oferecem para servir de guardiões da tradição, da cultura, dos valores e dos costumes. "Eu respeito", diz o indivíduo; "logo, defendo."

O sistema EU-EXPLORO é caracterizado por

- lidar com possibilidades, não com certezas
- estar à frente do tempo e freqüentemente ter de esperar pelos outros
- reagir à variedade – na verdade, insistir nela
- ver a si mesmo como um visionário e idealista dotado da capacidade de levar em consideração as inovações

Ou seja, as pessoas e os grupos voltados para o perfil EU-EXPLORO sentem prazer em desenvolver novas perspectivas a respeito do modo de ver, dispor e explicar as coisas: "Eu imagino", diz esse indivíduo; "logo, tenho expectativas."

Voltando novamente à Figura 7.4, vemos que existem outros sete perfis. No final dos anos 70, quando os pesquisadores da Brain Technologies começaram a testar o *BrainMap*, não havia menções a perfis como o EU-RELACIONO, EU-ALTERNO, EU-MOLDO e EU-DIRIJO em nossas interpretações do *Brain-Map*. Francamente, não tínhamos nenhuma idéia de que eles existissem. Todavia, à medida que o número de indivíduos pesquisados crescia, tornou-se claro que um número pequeno mas significativo de cérebros conceituava seu mundo usando esses perfis especiais:

EU-ALTERNO

"Eu saturo; logo, mudo."
Este perfil indica uma intensa oscilação de humor e interesse entre períodos altamente "intelectuais" e épocas de busca espontânea de prazer; o indivíduo satura-se alternadamente primeiro de um "estado mental" e depois do outro.

EU-SOLUCIONO

"Eu procuro a solução; logo, resolvo."
Um usuário do *BrainMap* com este perfil sente-se fortemente atraído pela solução de problemas em si, mas pode ter pouco interesse pelas utilizações pessoais ou sociais de seus resultados.

EU-RELACIONO

"Eu tenho empatia; logo, estabeleço relações."
Uma pessoa com este tipo de perfil sente-se à vontade com os aspectos técnicos e pessoais de tarefas e situações altamente complexas.

EU-AJO

"Sinto; logo, ajo."

Este perfil descreve uma pessoa que possui um sentido inato de urgência e prefere agir com base em seus "instintos".

EU-DIRIJO

"Eu persevero; logo, termino."

Este perfil sugere um indivíduo com uma forte necessidade de dirigir as coisas para realizar tarefas de uma maneira ordenada, previsível e decisiva.

EU-MOLDO

"Eu vejo; logo, adapto."

Esta é a característica de uma pessoa com um vívido interesse pelo desenvolvimento e pela promoção de novas idéias, mas apenas se elas fizerem sentido no contexto atual dos valores e crenças do indivíduo.

EU-ACOMODO

"Eu modero; logo, reconcilio."

Se este for o seu perfil-padrão ao longo de um extenso período de tempo, você tende a ser sensível às preocupações e expectativas de pessoas com outros perfis do *BrainMap*. (Existe uma outra interpretação possível para o EU-ACOMODO, que será discutida em breve.)

Quando um golfinho está no "fluir" da onda, suas características de processamento cerebral servem basicamente como um conhecimento a ser usado para a sintonia fina. Quer o desafio consista em melhorar relacionamentos, a proficiência em vendas, a apresentação e a eficácia de um pronunciamento público, o uso do tempo ou uma miríade de outras possibilidades, a questão é tratada com mais competência sempre que você está no "fluir". Quando o desafio consiste em ampliar os seus limites, porém, o uso das informações a respeito das características atuais de processamento do seu cérebro é muito diferente. Nesse estágio, o objetivo não é a sintonia fina, mas a perturbação. Desta vez queremos desorganizar as coisas e não temos a intenção de voltar a juntá-las como eram antes. Eis como o golfinho procede:

> (A bissociação) é uma fuga do tédio, da estagnação, dos apuros intelectuais e da frustração emocional... ela é caracterizada pela percepção espontânea que mostra uma situação ou acontecimentos familiares sob uma nova luz e faz surgir uma nova reação a ela. O ato bissociativo liga matrizes de experiências até então sem contato entre si; ela nos faz compreender o que é... ''viver em diversos planos ao mesmo tempo''.
> ARTHUR KOESTLER

Você amplia os seus limites apenas o suficiente para dar início ao processo de perturbação.

Isso é chamado de equilíbrio pontuado. Encare isso como uma condição na qual as coisas funcionam bem e de acordo com o planejado durante certo período de tempo apenas para serem seguidas por uma renovação e desordem depois das quais, se o sistema sobreviver, a estabilidade e o equilíbrio retornam uma vez mais.

Deve-se à genialidade de Ilya Prigogine a descoberta e definição desse processo como sendo exatamente a maneira pela qual mudam os sistemas abertos de energia, incluindo o cérebro humano.

Prigogine advertiu-nos de que:

- A mudança nem sempre é positiva. Especialmente quando é imposta a você pelo ambiente, a perturbação pode produzir desintegração em vez de transformação.
- Mesmo se você evitar a desintegração, o Efeito Bumerangue pode produzir conseqüências desagradáveis. Como vemos na Figura 7.2, a entrada de uma inovação extrema numa situação que já passou da hora de mudar pode criar uma reação excessiva, empurrando o sistema para o outro pólo. Mesmo se o sistema – o cérebro, neste caso – recuperar-se e fizer uma mudança, muito tempo é perdi-

do, energia e recursos são desperdiçados, há confusão e suporta-se um sofrimento que poderia ter sido evitado.

É justamente esse ciclo desvitalizante que os golfinhos procuram evitar. O importante é a nossa descoberta ou percepção tardia de que as paredes invisíveis que indicam os compartimentos dos sistemas abertos, como é o caso do cérebro, têm a capacidade de ser barreiras ao mesmo tempo sólidas e flexíveis.

Quando as circunstâncias são tais que elas conseguem realizar o trabalho que lhes foi atribuído, essas barreiras ao caos são fortes e resistentes, permitindo um desempenho estável. Quando chega a hora de perturbar, porém, é como se o cérebro de um golfinho subitamente começasse a secretar uma enzima psíquica que transformasse as membranas inflexíveis em plásticos semelhantes a borracha, passíveis de ser moldados e transformados na próxima geração de possibilidades.

Trabalhando com grupos onde rotineiramente esperamos encontrar pelo menos alguns golfinhos, os autores deste livro aprenderam a não ser surpreendidos se o *Brain-Map* identificar um golfinho que esteja perturbando. No início, as características do *Brain-Map* que serviriam para nos indicar um cérebro possivelmente envolvido num processo de perturbação nos deixavam bastante desorientados.

O golfinho que perturba é testado como EU-ACOMODO.

Tratava-se do perfil do EU-ACOMODO, a configuração ''quadrada'' que indica haver pouca diferenciação entre os quatro quadrantes do cérebro. Desde a primeira vez que nos confundimos, desenvolvemos grande respeito pelas características do EU-ACOMODO. Agora percebemos que os indivíduos que residem aí permanentemente são peritos em lidar com o restante de nós, pelo menos no mundo razoavelmente rotineiro do ambiente de trabalho. Para a pessoa voltada para o perfil EU-ACOMODO, as barreiras e filtros que podem fazer outros fugirem, se rebelarem, atacarem ou mostrarem desinteresse não são obstáculos. O estilo EU-ACOMODO costuma ser uma maneira muito ágil, produtiva e até mesmo criativa de lidar com a vida.

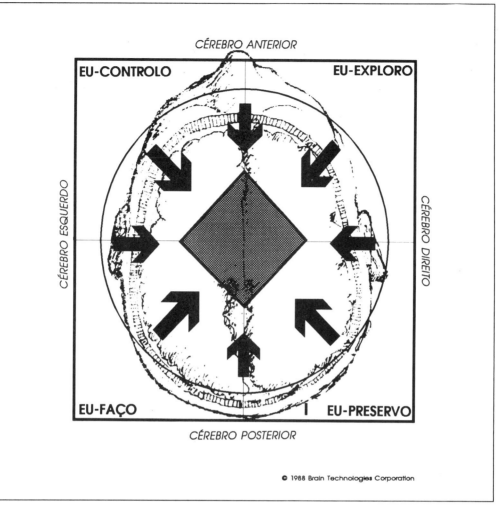

Figura 7.5. O Estágio de Acomodação

Quando interrogamos os golfinhos que estávamos testando como EU-ACOMODO, porém, começamos a perceber que às vezes outras coisas estavam vindo à tona. A linha de inquirição muitas vezes era mais ou menos assim:

Nós: "O modo de processamento do EU-ACOMODO descreve a maneira como você sempre tem sido?"

Eles: "Oh, não. Sempre tive idéias muito claras a respeito de como as coisas devem ser."

Nós: "Você quer dizer que até recentemente um dos outros quadros característicos do *BrainMap* se encaixaria melhor em você?"

Eu havia me levantado para olhar dentro daquele frasco, mas agora estava afundado em minha poltrona, sem fala. Os meus olhos se fixaram naquele frasco enquanto eu tentava compreender que aqueles pedaços de material escorregadio e pegajoso, balançando para cima e para baixo, tinham causado uma revolução na física e, possivelmente, mudado o curso da civilização. Lá estava ele.
STEVEN LEVY DESCREVENDO SUA REAÇÃO AO VER O CÉREBRO DE EINSTEIN

Eles: "É verdade."

Nós: "Embora isto seja apenas um palpite, será possível que vocês estejam neste exato momento envolvidos em algo muito importante?"

Eles: "Como o quê?"

Nós: "Como uma grande mudança em seus valores e visão de mundo?"

Eles: "Como vocês descobriram?"

Agora temos todas as razões para acreditar que, quando o cérebro de um golfinho se prepara para perturbar, ele é inundado por essa suposta "enzima" forte e frágil e adquire temporariamente a condição do EU-ACOMODO, que representamos na Figura 7.5. A partir desse estado, o golfinho fica livre para tentar muitas coisas rapidamente, procurando indícios de uma nova configuração cerebral apropriada para pegar a nova onda. É nesse momento que o cérebro começa a aumentar a sua capacidade cognitiva. Mesmo se ele se recristalizar ou formar um novo perfil de *BrainMap*, ainda assim vai conservar a capacidade cognitiva que tinha antes, apesar de acrescentar as habilidades de processamento demonstradas pelo novo perfil. É nesse ponto também que entram em colapso os filtros cognitivos e de processamento da velha visão de mundo, permitindo não apenas que a nova informação penetre sem ser distorcida por tendenciosidades ou julgamentos, como também que o conhecimento implícito do perfil anterior venha à tona como conhecimento explícito do novo. Não é grande a probabilidade de que o perfil EU-ACOMODO seja adotado em caráter permanente por um golfinho. Por hora, no entanto, essa *é* a sua casa, e a busca de uma nova elegância pode prosseguir.

Eis aqui as maneiras pelas quais os golfinhos, guiados pelo *BrainMap*, acionam o modo perturbativo do EU-ACOMODO:

Alterando deliberadamente alguma coisa que você valorizava no antigo modo.

Se você estava antes no EU-CONTROLO, abra mão de alguns de seus controles pessoais.

Se você estava no EU-PRESERVO, deixe de ser membro de alguns dos grupos de que faz parte.

Se você estava no EU-EXPLORO, concentre-se intensamente em algo que esteja acontecendo agora, e não no futuro.

Se você estava no EU-FAÇO, relaxe, esvazie-se.

Se você estava no EU-DIRIJO, ponha-se nas mãos de outra pessoa e deixe-a dirigi-lo por algum tempo.

Se você estava no EU-MOLDO, ponha-se nas mãos de outra pessoa e deixe-a moldá-lo por algum tempo.

Se você estava no EU-RELACIONO, faça alguma coisa espontânea e louca.

Se você estava no EU-AJO, comprometa-se a fazer alguma coisa com prazos fatais inflexíveis.

Se você estava no EU-ALTERNO, procure um problema de longo prazo para resolver.

Se você estava no EU-SOLUCIONO, esqueça-se dos enigmas.

Se você estava no EU-ACOMODO, diga a outra pessoa para dar um jeito nas coisas para variar.

Fazendo uma amostragem das atividades de outros perfis.

Os indivíduos que apresentam o perfil EU-CONTROLO escrevem livros, pesquisam suas genealogias, programam computadores, estudam, julgam, ensinam, desenvolvem planos detalhados.

Os indivíduos que apresentam o perfil EU-FAÇO disputam cargos públicos, praticam esportes competitivos, caçam, controlam as coisas, representam, dançam, dedicam-se a atividades de resistência, fazem discursos de improviso.

Os indivíduos que apresentam o perfil EU-PRESERVO ajudam as pessoas, apresentam-se como voluntários, visitam lugares antigos, mantêm diários pessoais e livros de recortes, associam-se a outras pessoas, riem, adotam posições fortes e têm sentimentos fortes.

Os indivíduos que apresentam o perfil EU-EXPLORO pintam, fotografam, escrevem poesia e ficção científica, andam de bicicleta, velejam, fazem excursões a pé pelo campo, praticam *jogging*, assistem a filmes, fazem novos amigos, experimentam novas técnicas, mudam-se para lugares diferentes e seguem os seus palpites.

Estudando e emulando os pontos fortes dos outros.

As pessoas que apresentam o perfil EU-CONTROLO são boas em:

- preferir métodos verbais, em vez de métodos visuais de inquirição
- dar nome e rotular as coisas
- operar computadores
- dirigir métodos que sejam fortemente seqüenciais e "digitais"
- arrefecer os ânimos exaltados e proporcionar tempo, condições materiais, ferramentas e espaço para reflexões mais prolongadas, análise e construção de modelos

As pessoas que apresentam o perfil EU-FAÇO são boas em:

- introduzir novos estímulos ao acaso e observar os resultados
- combinar várias idéias, abordagens, componentes ou processos ao acaso e reagir espontaneamente às conseqüências
- agir e basear a próxima rodada de ação na resposta à primeira rodada
- verificar os seus temores e atuar rapidamente na reorganização de sua consciência para eliminar as causas desses temores

As pessoas que apresentam o perfil EU-PRESERVO são boas em:

- tirar proveito de jogos e outras atividades lúdicas
- expressar os seus sentimentos a respeito de um assunto ou interesse
- usar a memória
- ser leal e dar apoio às pessoas que aprovam
- preservar os valores do passado, a tradição e a cultura
- estabelecer relacionamentos e vínculos duradouros
- descobrir e deixar-se levar pelo verdadeiro poder das crenças

As pessoas que apresentam o perfil EU-EXPLORO são boas em:

- produzir idéias e percepções revolucionárias
- reestruturar
- dar o tom
- ver relações que não são evidentes
- explorar uma vasta gama de possibilidades
- tentar coisas novas
- apressar o ''estresse de saída'' através da geração de escolhas

No fluir, a meta do golfinho é sempre o ''eustresse'' – o estresse positivo, o estresse que, embora possa ser momentaneamente desconfortável, consegue produzir um resultado positivo porque é gerado pelo próprio indivíduo e está em alinhamento com um propósito inabalável.

Mas quando identifica a necessidade de mudar, o golfinho produz o ''estresse de saída'' colocando o seu cérebro em situações novas e diferentes e, mesmo assim, mantendo um sentido de equilíbrio, propósito e visão.

Orientado por um modelo como o *BrainMap*, ele pode preservar o seu sentido de equilíbrio e ainda estar aberto para fazer explorações e novas escolhas.

Você relaxa e passa para uma ordem superior.

Nossa escolha do nome para o perfil EU-ACOMODO não foi casual. Tomamos o tempo do psicólogo Erik Erikson, que o usou para descrever um estado semelhante da mente em que o mobiliário mental estava sendo reordenado em sua essência.

Ele também nos forneceu um nome para o estado do cérebro que está no fluir, gozando os frutos decorrentes de uma perturbação bem-sucedida, depois de ter relaxado, passado para uma ordem superior e conseguido pegar uma nova onda. Embora Erikson não tenha usado o modelo e a linguagem dos sistemas abertos em suas idéias sobre a mudança do cérebro e da mente, ele estava afinado e a par de alguns dos

Quando retornamos ao estágio de assimilação, estamos mais uma vez agindo sob a forte influência de nossas predisposições.

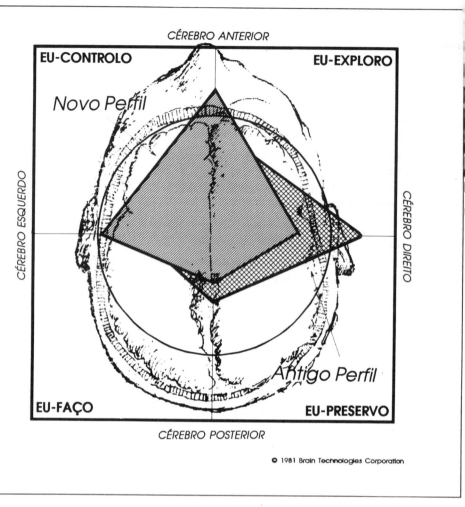

Figura 7.6. O Estágio de Assimilação

A mente é uma entidade sociológica, e não psicológica, composta de muitos sistemas submentais. As coisas que podem ser feitas através de cirurgias e por anestesia dos hemisférios cerebrais são apenas casos exagerados de um fenômeno mais geral. A singularidade do homem, com respeito a isso, é a sua capacidade de verbalizar e, assim fazendo, criar um sentido pessoal da

conceitos fundamentais do estresse de saída, da perturbação e da transformação para uma ordem superior.

Ele aderiu a uma espécie de teoria mental do equilíbrio pontuado e deu o nome de "assimilação" ao estágio relativamente tranqüilo – o estágio do fluir – que vem após a perturbação. No estágio de assimilação ocorrem absorção e incorporação de informações ao longo das linhas de uma predisposição ou ponto de convergência óbvios.

É isto, basicamente, o que o *BrainMap* faz: ele mede predisposições. Ao passar para o modo EU-ACOMODO, o cérebro do golfinho reduz momentaneamente a poderosa influência de suas predisposições ou julgamentos. Ele cria confusão por si mesmo como uma maneira de gerar novas opções, de descobrir o que funciona, de alcançar novos resultados e de obter novos poderes cognitivos. Então, como sugere a Figura 7.6, chega um momento em que voltam a fazer sentido fixar-se a algo, adotar novos focos e empregar as capacidades e configurações cerebrais recém-adquiridas para navegar uma nova onda.

Algumas perturbações agigantam-se em nossas recordações; outras mal são registradas, porque parecem coisas muito comuns no turbilhão de nossa vida mental e emocional.

À medida que o golfinho avança, perturbações maiores e menores ocorrem com crescente freqüência, enquanto o sistema que é o cérebro desenvolve e aprimora sua capacidade e familiaridade com o processo de automudança. Em *Megabrain*, Michael Hutchison chamou essa atividade de metamorfose progressivamente auto-induzida de *autocatalítica* (que significa, literalmente, um agente auto-indutor autônomo). Com o tempo, as perturbações no cérebro de um golfinho tornam-se cada vez mais autocatalíticas, o que quer dizer que se torna cada vez menos necessário criar condições externas para coagir o cérebro a mudar. Avaliando a necessidade e aproveitando as oportunidades, o cérebro do golfinho torna-se cada vez mais capaz de perturbar por sua própria conta, espontaneamente.

As conseqüências do enriquecimento contínuo do ambiente interno de criação de opções e de escolha de uma pessoa são sugeridas na Figura 7.7. Com o tempo, um golfinho desenvolve a capacidade de operar de forma eficiente e efetiva numa esfera cada vez mais ampla, cultivando competência em meio a uma crescente variedade de visões de mundo e maneiras de lidar com os competidores e buscar a ruptura. Como indica a Figura 7.7, essa combinação de habilidades e sensibilidades envolve o equilíbrio entre a maestria do golfinho, por um lado, e o desafio, por outro.

Esses dois termos – maestria e desafio – surgiram nos anos 70 como um termo técnico de um tipo de auto-aperfeiçoamento voltado para as realizações e chamado de movimento do "desempenho máximo". Numerosos tubarões e carpas pseudo-esclarecidas apressaram-se a experimentar os exercícios de atitudes mentais positivas, estratégias de visualização, cerimoniais tranqüilizantes e exercícios de transformação de estresse – e os

realidade consciente a partir dos múltiplos sistemas presentes.
MICHAEL GAZZANIGA,
THE INTEGRATED MIND

Cada nova mudança para uma ordem superior nos proporciona novos poderes para lidar com a complexidade.

Não se pode fortalecer o fraco enfraquecendo o forte. Não se pode construir o caráter retirando-se do homem a capacidade de iniciativa. Não se pode ajudar os homens permanentemente fazendo por eles aquilo que eles poderiam e deveriam fazer por si mesmos.
ABRAHAM LINCOLN

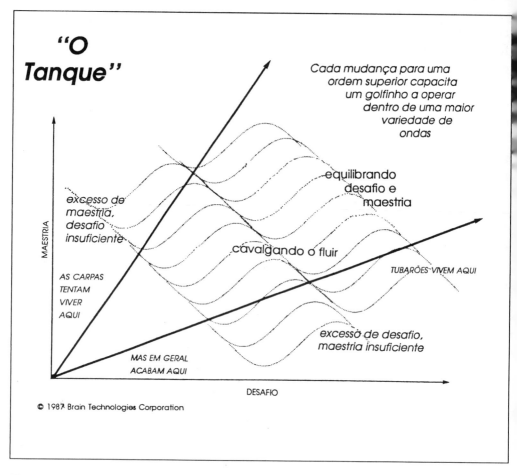

Figura 7.7. Desafio e Maestria

consideraram eficazes e transformadores. Os golfinhos, porém, reconheceram imediatamente as deficiências e os perigos da abordagem do desempenho máximo. As ausências mais óbvias dessa filosofia, entusiasticamente adotada por executivos, publicitários e personalidades do mundo do esporte, são as seguintes:

- **Um entendimento da perturbação.** Os adeptos do desempenho máximo não compreendem o poder potencial e a necessidade estratégica dos "erros". No seu léxico, um erro é algo a ser aceito graciosamente, deixado de lado e ultrapassado tão rapidamente quanto possível. Para o golfinho, os erros são ferramentas a serem usadas para perturbar.

- **Receptividade em relação ao futuro.** Concentrar-se no futuro, advertem os defensores do desempenho máximo, pode causar ansiedade, medo e nervosismo. Assim, eles aconselham as pessoas a se concentrar no presente para aumentar a sensação de calma, de relaxamento e de ausência de pressão. Nenhum golfinho está disposto a sucumbir a essa estratégia, pois sabe que, em épocas de rápidas mudanças, tirar os olhos do futuro equivale a fazer um vôo cego.

- **Receptividade em relação ao passado.** Da mesma forma como condenam a orientação para o futuro, os adeptos do desempenho máximo desaprovam as olhadelas para o passado. Olhar para o passado é um convite ao espectro da culpa, da raiva e da frustração. Os golfinhos pedem licença para discordar, percebendo que o passado abriga um tesouro de experiências valiosas.

- **Um verdadeiro sentido da onda.** Os adeptos do desempenho máximo exibem uma desconcertante ingenuidade acerca da natureza da realidade. Eles reconhecem apenas o fascínio da abundância e procuram ocultar a realidade da escassez. Os golfinhos compreendem que, quando a onda vacila e desaba, nenhuma quantidade de ''manutenção do fluxo de energia positiva'' e nenhuma quantidade de ''obtenção do desempenho máximo'' vão alterar a realidade de que o cérebro físico precisa agora relaxar e passar para uma ordem superior ou tornar-se cada vez mais vulnerável. Enquanto os golfinhos têm o poder de se transformar, os adeptos do desempenho máximo, em grande parte por não se sentirem à vontade e pela falta de familiaridade com o ciclo natural de crescimento, são prejudicados por sua incapacidade de se aceitar atuando de forma construtiva se estiverem em qualquer outro nível de desempenho que não seja o máximo.

Tratamos com alguma profundidade a questão do ''desempenho máximo'' porque ela representa a essência do fracasso do movimento da consciência em nos oferecer uma abordagem realmente eficiente para lidarmos com a mudança de forma simples, precisa e eficaz.

Em virtude de seu fascínio pela psicologia existencial, o movimento – incluindo os adeptos do desempenho máximo – compreendeu a importância de as pessoas se dedicarem ao que

Há muito tempo sabemos que a ciência é apenas um dos métodos de estudar o mundo à nossa volta. Um outro método – complementar – é a arte. A existência conjugada da ciência e da arte é em si mesma um bom exemplo do princípio da

complementaridade. Você pode dedicar-se completamente à ciência ou viver exclusivamente em sua arte. Ambos os pontos de vista são igualmente válidos mas, tomados em separado, são incompletos. A espinha dorsal da ciência são a lógica e a experimentação. A essência da arte são a intuição e a percepção. Mas a arte do balé requer precisão matemática e, como Pushkin escreveu, "A inspiração é tão necessária na geometria quanto na poesia". Em vez de se oporem, uma complementa a outra. A verdadeira ciência tem afinidades com a arte, da mesma maneira que a verdadeira arte sempre inclui elementos da ciência. Elas refletem aspectos diferentes e complementares da experiência humana e só nos proporcionam uma idéia completa do mundo quando consideradas em conjunto. Infelizmente, não conhecemos a "relação de incerteza" para o par conjugado de conceitos "ciência e arte". Portanto, não podemos avaliar o grau de prejuízo que sofremos com uma percepção unilateral da vida.
LEONID PONOMAREV, *IN QUEST OF THE QUANTUM*

Administrar a mudança e mudar são duas coisas muito diferentes.

estão fazendo, de assumirem a responsabilidade pelos próprios atos, de desenvolverem confiança em si mesmas e em seus recursos interiores. Os adeptos do desempenho máximo caracterizam-se pela dedicação, pela confiança e pelo controle.

Todavia, uma coisa está faltando, e a mais importante: *mudança*. Sem a compreensão do processo de mudança do golfinho, o adepto do desempenho máximo é na melhor das hipóteses um tubarão tentando convencer os outros de que é um boto, ou uma carpa pseudo-esclarecida beneficiando-se da feliz circunstância de pegar a onda antes do pico com suficientes habilidades inatas para garantir, pelo menos por enquanto, o passeio de sua vida.

Equilibrar maestria e desafio usando todos os truques – visualização, relaxamento, conversas consigo mesmo, exercício, respiração profunda e tudo o mais – dos adeptos do desempenho máximo é uma grande maneira de convencer a nós mesmos e aos outros de que somos peritos em "administrar as mudanças".

Entretanto, administrar a mudança e mudar são duas coisas diferentes.

Existe apenas uma ligeira semelhança entre aquilo que um golfinho faz e o que um tubarão ou uma carpa pseudo-esclarecida (isto realmente não diz respeito à carpa autêntica, que não vê nenhuma perspectiva de triunfar) querem dizer quando falam em equilibrar maestria com desafio. E o que o golfinho faz?

Uma vez mais, rapidamente, ele:

- monitora o futuro regularmente
- aprende constantemente com o passado
- procura uma resposta apropriada
- compreende a dinâmica do risco e do estresse
- antevê a defasagem
- não se deixa levar pelas aparências
- está aberto a um propósito, tanto na condição de bússola como na de barômetro
- define claramente o que espera do futuro
- corrige o seu curso
  - controla os próprios atos
  - toma a iniciativa de perturbar
  - aprende cedo
  - aprende rápido
  - aprende de forma permanente

- conta a si mesmo e aos outros a verdade, com rigor
- usa os erros para verificar as tendências
- sabe onde está
- sabe onde quer chegar
- sabe em que parte da curva se encontra
- usa o poder de fluir
- usa o poder da inovação
- usa o poder da ordem
- dissocia o ego do fracasso e do sucesso
- evita a culpa
- evita a vergonha
- evita a necessidade de autojustificar-se
- evita fazer drama
- assume responsabilidades
- cria opções
- atua para aumentar o tamanho do tanque
- modifica o significado dos acontecimentos
- procura alternativas
- faz mais com menos
- faz alguma coisa diferente
- dá preferência a soluções simples e precisas
- agüenta a pressão se houver alguma coisa importante em jogo
- sai do tanque se a questão não for importante
- compreende que nem todo mundo pode ser um golfinho
- compreende que nem todo mundo quer ser um golfinho
- compreende os bons atributos das carpas
- sabe quando faz sentido pensar como um tubarão
- acredita tanto na escassez como na abundância
- acredita na retaliação apropriada
- acredita no perdão imediato
- acredita que todos podemos vencer na maioria das vezes
- sabe como usar o poder das partes do cérebro
- sabe como usar o cérebro inteiro
- aceita o fato de existirem algumas coisas sobre as quais ele não tem nenhum controle
- está preparado para as surpresas
- aceita a responsabilidade por experiências e sentimentos
- consegue admitir o fracasso
- evita a estupidez

- busca a ruptura
- compreende que a consciência não é exclusivamente a consciência do golfinho
- compreende as lagartas
- admira as borboletas
- amplia seus limites

TRABALHO DE GOLFINHO

Uma boa regra geral para os golfinhos é que aproximadamente 80 por cento dos nossos limites são impostos por nós mesmos. Para gerar maior número de opções, precisamos modificar as crenças que nos limitam. Eis aqui um exercício para ajudá-lo a identificar coisas que mudaram para você e coisas que podem vir a mudar.

Pense em sua infância e nos anos de adolescência e, numa folha à parte, complete as duas partes de cada uma das seguintes afirmações:

"Eu acreditava que não podia... mas agora acho que..."

"Eu pensava que era... mas agora sei que sou..."

"Eu costumava pensar que sempre deveria... mas agora sei que não há problema em..."

"O meu maior medo era... mas agora sinto que..."

Na segunda parte deste exercício, pense em sua vida futura e complete as seguintes frases em sua folha de papel:

No futuro não serei capaz de:

No futuro serei capaz de:

Ao examinar os dois conjuntos de informações, que tipo de tendência você detecta?

Você está se tornando mais limitado ou menos limitado?

Como é o seu futuro, comparado com o seu passado?

Se você fosse redefinir as suas crenças para proporcionar a si mesmo maior número de opções, quais seriam as suas novas crenças?

Tome notas para si mesmo em sua folha de papel.

8
O MUNDO "AUTOCATALÍTICO" DO GOLFINHO: PODEMOS MUDAR A TEMPO?

Não, John Locke, por melhor pensador que você tenha sido, um erro você cometeu: O cérebro humano não é uma *tabula rasa* – uma "lousa em branco". Experimentos sem precedentes realizados nas décadas de 50 e 60 pelo Dr. Stanislav Grof, o psiquiatra de origem tcheca que utilizou legalmente drogas psicodélicas como o LSD-25 para ajudar os clientes a investigar o "conteúdo histórico do ADN", nos fazem perguntar: Qual é exatamente o tipo de informação que *está* armazenado no tecido cerebral de um recém-nascido? (Recordando a teoria do caos, parece agora provável que o ADN seja codificado "fractalmente" e possa conter variedades arquetípicas de moldes que atuam como "atratores misteriosos" que ajudam a moldar valores e crenças.)

Até o momento, não conhecemos nenhuma evidência coerente que possa contestar a idéia de que todo cérebro humano sadio nasce como um golfinho em potencial. Esse cérebro precisa ser bem nutrido, ter acesso a um ambiente estimulante e, de alguma forma, ser modelado para o amanhã. Todavia, pode-se argumentar – e nós o faremos – que mesmo as pessoas dotadas de uma inteligência substancialmente menor que a do gênio têm alguma coisa de golfinho. Nossa posição é esta: pode-se tirar uma criança dos Yi e educá-la amorosa e inteligentemente no "Primeiro Mundo", e há a possibilidade de se criar um cérebro adulto capaz de lidar fluentemente com a novidade *e* com a estrutura. Essas são as boas novas.

Se tivéssemos o dom de enxergar todo o universo da vida, não o veríamos como um deserto esparsamente habitado por plantas idênticas que só podem sobreviver em raros nichos especializados. Em vez disso, veríamos algo mais parecido com um jardim botânico que contém inúmeras espécies, cada uma prosperando em seu próprio ambiente.
GERALD FEINBERG E ROBERT SHAPIRO, *LIFE BEYOND EARTH*

> Vivemos aterrorizados porque a persuasão não é mais possível... porque (o homem) não pode mais ter acesso àquela parte de sua natureza – uma parte tão real quanto a histórica – que ele retoma ao contemplar a beleza da natureza e dos rostos humanos... Nós sufocamos entre pessoas que acreditam estar absolutamente certas, quer em suas máquinas ou em suas idéias. E para aqueles que só conseguem viver numa atmosfera de diálogo humano... esse silêncio é o fim do mundo.
> ALBERT CAMUS, *NEITHER VICTIMS NOR EXECUTIONERS*

No ambiente empresarial moderno há uma busca frenética de um nicho seguro.

Para o líder perspicaz dos negócios e de outros tipos de organização, um pensamento mais grave é a percepção de que os desenvolvimentos tecnológicos rapidamente deixaram para trás a capacidade de o cérebro humano acompanhar os seus avanços. Ondas épicas de mudanças – tal como a Onda da Informação – rolam nas marés montantes das descobertas de laboratório e das inovações na área de pesquisa e desenvolvimento, fazendo-nos perceber subitamente que a evolução da nossa tecnologia ultrapassou a evolução da nossa capacidade de lidar com ela.

Trata-se de um caso em que os atos de poucos afetam um número muito maior de pessoas. Um número relativamente pequeno de cérebros dotados da capacidade de lidar com desafios e questões de alta complexidade está produzindo um avanço tecnológico que está alterando e modificando o mundo de todos nós.

Num certo sentido, podemos dizer que isso está acontecendo há seis mil anos – começando com a aceleração do processo de amadurecimento da consciência humana. Todavia, seria mais correto dizer que esse é um fenômeno do segundo milênio depois de Cristo e, em particular, um fenômeno do século XX. Você poderia dizer que a espécie humana fez um tremendo progresso – ainda que em grande parte não-premeditado e inconsciente – e, até agora, conseguiu escapar de suas conseqüências mais elementares. O que tivemos até o momento foi um demorado período no qual a mente e o ambiente evoluíram em conjunto. Foi um desenvolvimento gradual. Um pequeno avanço tecnológico, um pequeno avanço na capacidade de o cérebro lidar com a complexidade. Uma ruptura na comunicação do que foi aprendido, uma ruptura para um novo nível de pensamento sobre o pensamento. A cada avanço, tem havido menos tempo para que grande número de pessoas se prepare coletivamente para lidar com uma nova visão de mundo e com suas novas capacidades – até agora, porém, tempo *suficiente.*

O dirigente e o administrador de hoje enfrentam repentinamente um conjunto muito diferente de possibilidades – um conjunto para o qual as visões de mundo da carpa, do tubarão e da carpa pseudo-esclarecida são inapropriadas. As evidências, argumentaríamos nós, já estão em toda parte. Uma situação muito semelhante àquela representada na Figura 8.1 parece estar se desenvolvendo diante de nossos olhos alarmados, uma situação que ameaça deixar bilhões de pessoas aprisionadas em sociedades e organizações deficientes. Como reação a isso, o ambiente empresarial de hoje é um cenário frenético onde os jogadores buscam um nicho seguro, no qual haja algum elo funcional e defensável entre a maestria e o desafio, entre a proficiência e aquilo que é necessário para sobreviver. Não podemos ver uma instrutiva ironia no fato de Tom Peters, o guru favorito da área da administração, passar, em meia década, da busca da excelência para a prosperidade no caos? Ele está parcialmente certo. O caos nós temos. A excelência, na administração, em geral nos tem escapado...

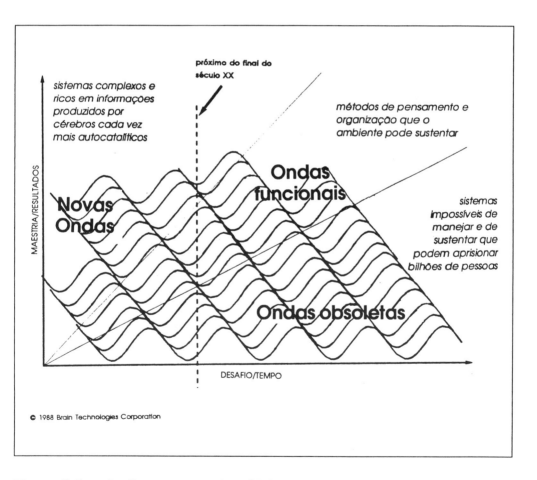

Figura 8.1.   As Conseqüências Globais das Mudanças Cada Vez Mais Rápidas

Como seu nome indica, a Cummins Engine Company, de Columbus, Indiana, fabrica motores a diesel. Mais do que a maioria das corporações, a Cummins tem tido muito orgulho ao longo dos anos em construir um bom nome: junto a seus administradores e empregados, à sua comunidade e no ambiente empresarial como um todo. Quando os modeladores que estudavam o modo como as empresas norte-americanas "deveriam ser" buscavam modelos de empresas socialmente responsáveis e esclarecidas, a Cummins Engine quase sempre era incluída entre os exemplos citados.

Em geral, considera-se que a empresa tem sido bem administrada. Como a Cummins monitorava os mercados que poderiam absorver os seus motores em todos os cantos do globo, habitualmente se podia ter a certeza de que a resposta da empresa seria – uma vez mais – confiável e responsável. Em 1984, por exemplo, as previsões da companhia projetavam uma queda na demanda por motores de caminhão, e a Cummins agiu rapidamente, cortando custos, reduzindo estoques e fechando uma fábrica de componentes de motores em Walesboro, Indiana.

Ainda não ocorreu nenhuma grande ruptura na administração de empresas.

Em três meses, porém, estava claro que a Cummins tinha errado na previsão. Enquanto as previsões internas tinham projetado uma produção de apenas duzentos motores por dia no início de 1987, as linhas de produção estavam fazendo trezentos. A demanda cresceu ainda mais, e a situação ficou pior. Por fim, convencidos de que estavam diante de um *boom* de certa duração, os executivos da Cummins começaram a convocar os empregados que haviam sido demitidos. Ironicamente, ao entrar na fábrica, esses trabalhadores costumavam encontrar os funcionários mais hábeis deixando a empresa definitivamente, depois de terem aceito uma proposta de aposentadoria precoce.

O antes elogiado sistema de estoque *just in time* criou grandes problemas. Com o dólar caindo, a Cummins uma vez mais procurou fornecedores dentro dos Estados Unidos – mais de 20% de seus componentes estavam sendo produzidos no exterior –, mas as compras da empresa no mercado externo e as políticas conservadoras de manutenção de estoques adotadas no início dos anos 80 haviam produzido uma onda de falências e de fusão de empresas entre os fabricantes nacionais de componentes. Os fornecedores nacionais precisavam de tempo para equipar suas fábricas; eles não estavam propensos a cometer outra vez a imprudência de investir em excesso e contratar mais pessoal do que o necessário. Um proprietário de fundição disse ao *The Wall Street Journal* que dificilmente iria expandir-se com rapidez, pelo menos a curto prazo. Mas e se a Cummins precisasse dos componentes? Ela teria de procurar por eles no exterior, onde o valor do dólar na época era menos da metade do que tinha sido apenas alguns meses antes.

A lição representada pela Cummins, uma das melhores, torna-se ainda mais importante quando observamos milhares de empresas e outras organizações cujas capacidades de atuar eficazmente num mundo em rápida mudança são apenas razoáveis. No momento, a afirmação mais realística é que a "nata" dos grandes jogadores – as Hewlett-Packards, as 3Ms, as IBMs – emprega estratégias de ruptura como a do golfinho apenas esporadicamente, em pequenas doses de pensamento de golfinho. Embora a mentalidade organizacional tenha encontrado maneiras de provocar repetidas rupturas em áreas técnicas como comunicações, processamento de dados, fabricação de componentes, projetos informatizados, robótica e até determinados níveis de marketing, *até agora não houve nenhuma ruptura em grande escala na área da administração*! Isso não ocorreu nas organizações comerciais, não ocorreu nas organizações políticas, não ocorreu nas organizações governamentais e não ocorreu em nenhuma organização de vulto. Até agora não houve aceitação generalizada nem a implementação, como um "paradigma organizacional", da idéia de capacidades humanas de pensamento que resultam em freqüentes soluções de ruptura, num uso simples e preciso dos recursos, numa filosofia coerente de abundância global e no uso persistente e sustentado do poder com inteligência e humanidade. E, assim, são cada vez mais fortes as evidências da maior limitação da humanidade – sua estupidez intrínseca e sua incapacidade de aprender.

Considere estes exemplos, que estão ao alcance de qualquer um que preste atenção aos acontecimentos em curso:

- A Europa Ocidental carece de controladores de tráfego aéreo e espacial, bem como de outras condições materiais, para atender à demanda atual, e o movimento está se expandindo em cerca de dez por cento ao ano. Todavia, pouco está sendo feito para aumentar a capacidade.

- Segundo pesquisas da Faculdade de Medicina de Wisconsin, as mulheres que fumam correm maior risco de apresentar anormalidades ginecológicas como a menopausa precoce e têm maior probabilidade de desenvolver pêlos faciais – para não mencionar o câncer no pulmão – do que as mulheres que não fumam. Não obstante, as adolescentes constituem o mercado de mais rápido crescimento dos fabricantes de cigarros. Dezoito por cento das estudantes universitárias fumam diariamente, em comparação com dez por cento dos homens.

- Nos dias seguintes à Segunda-Feira Negra na Bolsa de Valores, em outubro de 1987, os membros de comissões legislativas como a Comissão de Energia e Comércio do Congresso estavam preparados para uma revisão geral dos mercados financeiros semelhante à dos anos 30. Mas, quando os seus telefones não tocaram e suas caixas de correspondência permaneceram vazias, eles perceberam que pouca coisa seria feita. As discussões sobre os problemas dos mecanismos de mercado duraram pouco tempo.

- Muito tempo depois de a Agência de Eletrificação Rural ter completado a tarefa de levar eletricidade ao campo, que lhe fora designada durante o *New Deal*, esse poderoso *lobby* continua a drenar dezenas de milhões de dólares do tesouro todos os anos, emprestando dinheiro dos contribuintes aos seus cooperados a taxas de 2% e 5%. Até o momento, a Agência de Eletrificação Rural proporcionou a seus cooperados *51 bilhões de dólares* para eletrificar praticamente todo centímetro quadrado dos Estados Unidos não-urbano. Nem mesmo Ronald Reagan, no auge de sua popularidade, conseguiu persuadir o Congresso a corrigir esse sacrossanto anacronismo.

- Por volta da virada do século, havia cerca de cinco mil golfinhos brancos no rio São Lourenço. Hoje eles não passam de 450. Eles estão morrendo de septicemia, pneumonia, hepatite, úlceras gástricas perfuradas, abscessos pulmonares e câncer na bexiga. Os pesquisadores identificaram níveis muito elevados de mais de trinta substâncias químicas perigosas nas águas do rio, incluindo DDT, bifenilos policlorados, o pesticida Mirex, metais como o mercúrio e o cádmio, e hidrocarbonetos aromáticos policíclicos semelhantes aos encontrados nos cigarros.

- A Associação Mexicana de Estudos para a Defesa do Consumidor estima que 90% dos pontos de venda de *tortilla* do país – e só a Cidade do México possui 55 mil – enganam os seus clientes, dando-lhes menos *tortillas* do que aquelas pelas quais pagaram. Um estudo com biscoitos embalados constatou que o seu peso costumava ser metade do indicado no rótulo. O diretor da associação, Arturo Lomeli, diz que os mexicanos estão tão habituados a ser enganados que não se queixam muito.

- As grandes corporações sobrecarregaram de forma tão ineficiente os seus programas de computador que os programadores que atuam nessas empresas gastam cerca de 80% de seu tempo trabalhando de forma improvisada. "Sua manutenção é um pesadelo", diz um chefe de contabilidade a respeito de programas que após um período de dez a vinte anos se tornaram tão difíceis de manejar que, depois que um programador identifica um problema menor, ele consegue ter tempo de digitar apenas cinco a dez linhas de linguagem de computador num dia de serviço.

- Os luminares da política externa de Washington produziram um estudo assinado por um grupo que atende pelo auspicioso nome de Comissão de Estratégia Integrada de Longo Prazo, estudo que defende o gasto de bilhões de dólares em "armas inteligentes" de alta tecnologia. Quase ao mesmo tempo, o professor Paul Kennedy, da Universidade Yale, escreve em *The Rise and Fall of the Great Powers* que os Estados Unidos já estão em declínio porque, tal como grandes nações e impérios fizeram no passado, estão insensatamente indo à falência ao tentar defender sua posição mundial com coisas como "armas inteligentes" de alta tecnologia.

- Quando viajam para fora da União Soviética, os economistas desse país reúnem todas as informações que podem obter em lugares como Viena, Bonn e Londres, pois as pessoas de fora geralmente conhecem melhor o "quadro geral" do país do que os cidadãos soviéticos. Durante anos a União Soviética aumentou artificialmente o seu progresso econômico disfarçando inflação como crescimento. Até os soviéticos estão começando a admitir esse tipo de má administração: produzindo duas vezes mais aço do que os Estados Unidos, mas deixando boa parte dele enferrujar nos armazéns; produzindo 4,5 vezes mais tratores do que os Estados Unidos, mas, como o país tem uma área menor de terra arável, vendendo as máquinas a fazendas coletivas que não precisam delas; produzindo 3,2 pares de sapatos por cidadão anualmente, muitos dos quais não chegam a ser vendidos por causa da má qualidade.

- Os banqueiros internacionais continuam a se preocupar com o desenlace da crise global da dívida, que está se agravando. O Banco Mundial estima que as dívidas externas dos países em desenvolvimento vão chegar a 1,25 trilhões de dólares em 1988, em comparação com os 1,12 trilhões de 1986. Os banqueiros que fizeram esses empréstimos freqüentemente questionáveis estão procurando dividir o máximo de responsabilidade com os governos e os contribuintes.

- A África está passando por uma explosão de cultos. Em Guiné-Bissau, na costa atlântica, o culto Yank Yank ("Sombra de Deus") levou dezenas de milhares de mulheres a abandonar os seus maridos e tudo o mais – exceto as crianças de peito – e a se retirar para as florestas e os mangues. Nesses lugares, elas costumam mascar raízes e folhas, entrando em estado de transe.

> (A) atual ênfase no poder do cérebro e não na força dos músculos produziu irrevogavelmente o declínio e a queda da era da administração. As práticas empresariais da Era Industrial, criadas para o fabricante de produtos físicos, são flagrantemente inadequadas para estimular a criatividade do domínio mais rarefeito das idéias intangíveis. É a inovação institucionalizada que diferencia as empresas que se destacam daquelas que ficam estagnadas ou simplesmente afundam. A nata dos administradores deve ter consciência de que produzir, processar, embalar e expedir conhecimento requer uma abordagem drasticamente diferente. Eles precisam aceitar o fato freqüentemente desagradável de que as velhas regras e a lógica que as engendrou comprometem inevitavelmente as perspectivas de sucesso na Era da Informação.
> ROBERT E. KELLEY, *THE GOLD-COLLAR WORKER*

Extraordinário, não é? Nós nos defrontamos com essa variedade de comportamentos humanos tão universais e enlouquecedoramente previsíveis num mundo onde há transplantes cardíacos, explorações espaciais com a nave Voyager, computadores pessoais, o supermercado americano, aparelhos de tomografia axial computadorizada para formar imagens do cérebro vivo, impressoras a laser e uma tecnologia capaz de encontrar o *Titanic*. A maioria dos estudiosos do comportamento humano tem ignorado claramente o estudo da *anti*inteligência, embora nem todos. O dr. James F. Welles escreve em seu devastadoramente preciso *Understanding Stupidity: An Analysis of the Premaladaptive Beliefs and Behavior of Institutions and Organizations*:

> Embora se dê muita ênfase à capacidade do cérebro humano de associar várias cognições (idéias) em relações causa/efeito relevantes e significativas, a quantidade de estupidez no mundo sugere que o cérebro também pode impedir ou inibir essas associações funcionais, ao mesmo tempo que promove conexões irrelevantes.
>
> O cérebro da criança trata de início todas as possibilidades como igualmente prováveis. A aprendizagem associa certos estímulos com certas reações. Todavia, nenhum modelo behaviorista de recompensas funcionais poderia explicar a diversidade de religiões existentes no mundo nem a guerra que a ciência tem movido contra a ignorância e o agnosticismo.
>
> Nesse contexto cognitivo, parece que a estupidez é uma maneira muito comum de a mente humana lidar diretamente com as informações que chegam do ambiente físico e com as recompensas do ambiente social. Essa é basicamente uma reação esquizofrênica que nos permite lidar com aspectos distintos mas interativos da condição humana. Para cada um de nós, a invenção e o desenvolvimento de nossas estratégias especiais são funções de um compromisso emocional com determinado estilo de vida definido por nossa cultura e moldado por nossas experiências.[1]

Nessas condições, faz sentido formular o que talvez seja o principal problema de toda a humanidade no final do século XX: podem as nossas experiências nos influenciar o suficiente a tempo de evitar um período realmente doloroso para o planeta, desta vez afetando bilhões em vez de milhões? Essa é uma pergunta que deveria de fato estar na cabeça dos líderes empresariais sérios, porque é essencial para a sua compreensão do melhor modo de planejar, mesmo para um prazo moderadamente curto.

Alguns críticos – nós os chamamos de ''escatologistas de terceiro grau'', para distingui-los dos ''futurólogos'' – sugeriram que deveríamos ir mais devagar para poder lidar melhor com as situações. A partir de uma visão estreita das coisas, essa é uma idéia aparentemente sensata. Por que correr para o futuro se você

Por volta de 1965, os seres humanos puderam pela primeira vez acreditar inteligentemente tanto na abundância como na escassez.

Um faminto caranguejo azul da baía de Chesapeake é atraído por um naco de peixe morto para uma armadilha que, no final das contas, fará que ele seja cozido vivo. A promessa de um glorioso crescimento atrai investidores e executivos irrequietos para armadilhas igualmente letais. Existe alguma diferença intrínseca entre um caranguejo faminto e um ser humano que quer dar um passo maior do que a perna? Deve haver, porque os seres humanos têm supostamente a capacidade de aprender com a história. Todavia, apesar do que deveria ser uma vantagem decisiva, milhões de pessoas pretensamente sofisticadas rastejam como caranguejos todos os anos para dentro de armadilhas que prometem crescimento. P. T. Barnum estava errado. Uma taxa de nascimento de um otário por minuto não poderia de modo algum explicar o número atual de otários.
G. RAY FUNKHOUSER E ROBERT R. ROTHBERG, *THE PURSUIT OF GROWTH*

não está pronto? A resposta é que tirar o pé do acelerador é uma opção que não está mais disponível. Ela provavelmente deixou de existir na década de 60. Essa foi a década que de fato difundiu a visão de mundo da carpa pseudo-esclarecida. A idéia de criar uma utopia espiritual – a idéia, como Timothy Leary se expressou, de "sintonizar, ligar e deixar-se levar" – foi uma das mais estranhas reações a este espantoso fato: pela primeira vez na história a espécie humana pôde dizer "Acredito na escassez potencial *e* na abundância potencial". Antes disso, era razoável dizer apenas, como a maioria do mundo ainda faz, "Eu acredito na escassez". Hoje, graças aos nossos avanços tecnológicos, o planeta tem a capacidade de alimentar todos os seus habitantes, abrigá-los e proporcionar-lhes uma vida relativamente decente. Obviamente, fica-se muito aquém do ideal. Mas *agora* isso é possível; antes, não era.

Buckminster Fuller disse que o momento decisivo chegou por volta de 1965. Essa parece ser uma data tão boa quanto qualquer outra. Nós poderíamos sugerir que desde meados da década de 60 o "cérebro da cultura" tem dirigido, em grande parte de forma inconsciente, as suas próprias mudanças. Não podemos voltar no tempo ou reduzir a velocidade do progresso porque, como quase sempre acontece no caso de sistemas abertos, o avanço adquiriu vida própria. Para usar uma de nossas palavras favoritas, o processo de mudança tornou-se autocatalítico. Ele está reproduzindo a si mesmo. As ondas estão chegando mais rápido agora e, com a chegada de cada uma delas, as "tecnologias fractais" da mente, identificadas pelo falecido Clare Graves e por outros, fazem que o cérebro tenha de sintetizar e adotar pelo menos duas novas grandes visões de mundo. Você deve se lembrar de que, no Capítulo 4, associamos o surgimento das visões de mundo do Participador e do Buscador de Opções com o aparecimento da Onda da Informação. No Capítulo 2 foi observado que a Onda 4 parece estar tomando forma rapidamente e que os padrões de aceleração que estamos vendo nos fazem suspeitar que outras ondas, ainda indefinidas e não avaliadas, estão logo além do horizonte.

Se é assim, então nós, seres humanos, sejamos empresários, políticos, professores ou o que for, estamos vivendo numa época em que o avanço tecnológico está nos impelindo para um ponto de hiperaceleração na geração de mudanças. E o nosso cérebro, falando claramente, não está conseguindo acompanhar esse progresso. O que um golfinho ou qualquer outra pessoa deve esperar, e o que um golfinho deve fazer?

Refletindo acerca dos nossos estudos sobre o pensamento do golfinho, podemos relacionar as seguintes idéias como sendo fundamentais para o modo como o cérebro de um golfinho vê as mudanças necessárias, particularmente nas organizações e nas culturas/sociedades geralmente consideradas avançadas numa época em que as mudanças estão se acelerando e as conseqüências disso não são nada claras:

A criatividade tem de ser buscada com o propósito de "combater a entropia".

A entropia – a perda de vivacidade – é conseqüência da estupidez. (Lembre-se de que estamos usando o termo "estupidez" num sentido muito preciso e até técnico. Nós o definimos como a incapacidade do cérebro ou de qualquer outra parte da natureza de aceitar informações úteis, aprender com elas e atuar inteligentemente com base nisso.)

Em termos da "estratégia do golfinho", a estupidez *sempre* evolui para um resultado do tipo perde/perde. Assim, a entropia e a estupidez constituem barreiras ao surgimento da força crítica da vida que "impulsiona" todo empreendimento de valor e cuja medida determina seu destino, suas chances de sobrevivência.

Por causa de sua flexibilidade mental e "trans*estabilidade*" emocional, os golfinhos capacitam as organizações a combater a entropia por meio da criatividade. Ao contrário dos tubarões, os golfinhos não se dedicam tanto a procurar novas maneiras de solucionar problemas como a conceber novos modos de eliminar a entropia.

Embora possa parecer pequena, essa diferença é na verdade crucial. A solução de problemas, em oposição ao combate à entropia, é a diferença entre uma visão newtoniana e uma visão quântica. Essa é a diferença entre um Band-Aid e uma cura. É a

No inverno, em Woods Hole, as gaivotas marinhas são a minha principal companhia. Essas gaivotas têm uma mancha vermelha no bico. Ela tem um importante significado, porque as gaivotas alimentam seus filhotes saindo para pescar e engolindo o peixe que capturaram. Depois, quando voltam para casa, os filhotes famintos bicam o ponto vermelho. Isso evoca um reflexo de regurgitação na Mamãe Gaivota, e o filhote apanha o peixe na garganta da mãe. Tudo isso pode parecer muito simples, mas envolve toda uma série de complicadas reações em cadeia num sistema nervoso terrivelmente complexo. Como um sistema assim pôde se desenvolver? O ponto vermelho não faria sentido sem o complexo mecanismo nervoso do filhote que bica e da mãe que regurgita. Tudo isso teve de ser desenvolvido simultaneamente, o que tem probabilidade zero como uma mutação aleatória. Abordei esse problema sem pressupor a existência de um "impulso" inato da matéria viva para aperfeiçoar a si mesma.
ALBERT SZENT-GYOERGYI

> *A entropia retarda o surgimento da força vital de uma organização.*

distinção entre uma sessão ocasional de *brainstorming*, ou um frenético exercício de busca de soluções sob pressão, e um estado mental produzido pela constante vigilância nas frentes avançadas.

Arquimedes gritou "Eureca!" na banheira, não porque as coisas subitamente tivessem entrado nos eixos, mas porque algumas coisas indesejáveis de repente desapareceram. A entropia que estava retardando o seu propósito foi inesperadamente "eliminada", e uma maior quantidade dessa poderosa força vital de que estamos falando invadiu sua consciência. Esse é um acontecimento estimulante. Ele nos confere maior poder, nos faz ganhar tempo e alarga os nossos horizontes, permitindo que operemos num nível de complexidade mais elevado.

> Há mais coisas entre o céu e a terra, Horácio, do que supõe a sua filosofia.
> SHAKESPEARE

O processo de criatividade pode ser estonteante para uma carpa ou um tubarão. Olhando a criação de uma nova onda, eles com freqüência só conseguem ver um obstáculo. Como foi dito no Capítulo 6, o processo de perturbar ou criar ondas leva tempo e quase sempre cria uma defasagem. As carpas e os tubarões muitas vezes cometem o erro mortal de encarar a defasagem como apenas mais uma entropia, mais desperdício, mais demora.

É grande, enorme, o valor do dirigente, administrador ou empregado que consegue distinguir entre um acontecimento *sintrópico* e um entrópico.

É tempo de lançar um desafio à estupidez organizacional – a incapacidade de aprender com os erros de nossas organizações.

Nas grandes organizações existe muitas vezes uma tendência a socorrer ou esconder unidades empresariais com problemas, em vez de corrigi-las ou eliminá-las, e o resultado disso é a estupidez

> *Os golfinhos encaram um fracasso como um caminho potencial para a ruptura.*

organizacional. Não há aprendizado, e freqüentemente o erro é repetido. Os focos de fracasso da organização continuam fracassando – isto é, continuam a fazer com mais afinco o mesmo que já vinham fazendo. Isso é uma tragédia generalizada, porque os participantes nunca podem vencer, e o fator entrópico da entidade como um todo continua aumentando. Nesse meio tempo, a organização afasta-se cada vez mais do seu rumo (razão pela qual as experiências tardias de aprendizado são tão penosas; quanto mais fora do curso você estiver, tanto maior o sofrimento causado pelo ''longo caminho de volta'' à viabilidade).

Os administradores que estão fazendo trapalhadas precisam ouvir o seguinte: ''Ei, companheiro, isto não está funcionando. Vamos lhe dar algum tempo para você descobrir o que está errado e todos os recursos, apoio e orientação de que você precisa para dar um jeito nas coisas. E se não funcionar, você está fora.''

Os golfinhos encaram o fracasso como algo que encerra um potencial para a ruptura, ao passo que as carpas se espojam nele, os tubarões brincam com ele ou o negam, e as carpas pseudo-esclarecidas o aceitam como uma simples ilusão e nunca o utilizam para aprender nada.

Devemos estar dispostos a suportar a dor causada pela perda de nossas ilusões.

Certa vez ouvimos um terapeuta dizer que achava ser fácil escrever boa poesia.

Ele pediu a um cliente escritor que fizesse uma apreciação crítica da *sua* poesia.

De forma tão branda quanto possível, o cliente disse-lhe a verdade. Sua poesia tinha um longo caminho a percorrer.

O terapeuta ficou zangado. De fato, ele explodiu diante da audácia do paciente em falar com franqueza dos problemas de seus esforços literários. Ele não aprendeu nada e conservou as suas ilusões.

Na cultura administrativa moderna, vivemos cercados de ilusões. E tendemos a mantê-las porque não estamos nos saindo muito bem na tarefa de avaliar onde estamos em comparação com onde queremos estar. Na cultura administrativa norte-americana, em particular, não somos bons em matéria de introspecção. Não conseguimos dar uma boa olhada em nós mesmos e identificar o que está acontecendo e o que precisa acontecer. Assim, criamos ilusões a respeito dos nossos resultados e do nosso desempenho que nos impedem de fazer alguma coisa diferente.

Os golfinhos podem corrigir o seu rumo porque estão praticando constantemente a introspecção. Eles são peritos na arte da

> Cada época é caracterizada por suas próprias miríades astronômicas de novas experiências e problemas especiais a serem armazenados pela capacidade ótima recém-adquirida pelos cérebros humanos. Esse armazenamento, por sua vez, pode revelar às mentes humanas a presença de princípios eternos generalizados até então desconhecidos e de cuja existência não se suspeitava.
> BUCKMINSTER FULLER

autonavegação. Você poderia dizer que existe uma caixa na mente deles que lhes diz onde estão a outra caixa que lhes diz para onde estão indo. Uma terceira – e importantíssima caixa corrige a diferença. As carpas, os tubarões e as carpas pseudo-esclarecidas se metem em problemas cortando os fios entre as três caixas. Como mostra a Figura 8.2, as carpas cortam as conexões entre as três caixas e, assim, não fazem muita idéia do seu *status*, das suas necessidades ou condição; elas não sabem onde estão nem para onde estão indo, e destruíram sua capacidade de corrigir o curso. Os tubarões podem criar um cenário futuro de curto prazo e estão dispostos a agir, mas tendem a eliminar a caixa que lhes diz onde estão. As CPEs geralmente desligam a caixa de correção e, muitas vezes, a caixa que lhes diz onde estão. Elas têm uma visão intensa,

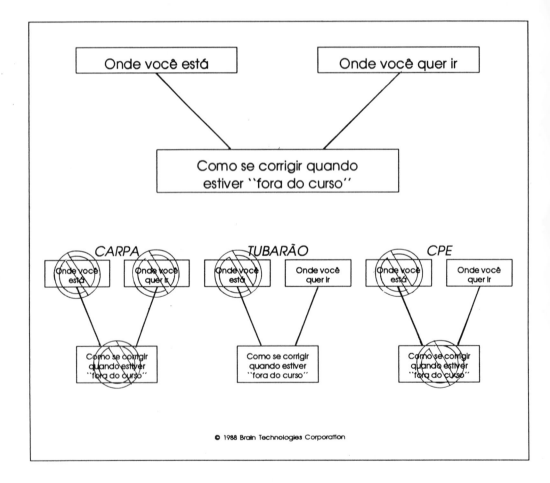

Figura 8.2. Diagramas de Navegação

global e humanitária, mas carecem da capacidade de saber onde estão e de como se corrigir quando estiverem fora do curso.

Precisamos aprender a aproveitar eficazmente a onda duas vezes.

A onda, obviamente, é o nosso caminho em forma de sino ao longo do qual todo esforço ou empreendimento avança dentro dos limites impostos pela correção do seu curso, pelo equilíbrio entre os níveis de desafio e de maestria e pelo grau até o qual sua quantidade de força vital está sendo dispersada pela entropia.

Uma importante maneira através da qual os golfinhos utilizam eficazmente a onda é evitando a perspectiva do "tudo ou nada".

Se administrado com habilidade, o custo de fazer alguma coisa diferente pode ser "rateado" quando o indivíduo continua a usar o "fluir" e se liberta de todos os constrangimentos para

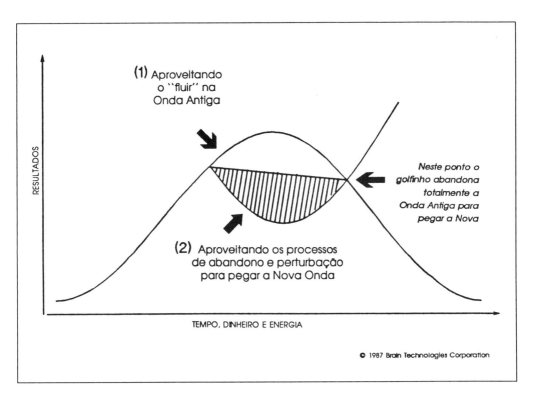

Figura 8.3. Aproveitando a Onda Duas Vezes

pegar uma nova onda, tudo ao mesmo tempo. Ilustramos na Figura 8.3 o que queremos dizer. Se o golfinho em questão é um empreendedor, seja sozinho ou com um pequeno número de empregados, ele poderá controlar esse processo quase completamente dentro de sua cabeça.

Num momento ele está se desviando de boa parte do risco e do drama da defasagem – de preparar-se para fazer alguma coisa diferente – continuando a vender os seus velhos produtos e serviços aos seus mercados tradicionais de sua maneira tradicional. Ao mesmo tempo, ele minimiza o sofrimento emocional reunindo apoio e recursos e proporcionando uma compreensão do processo àqueles que fazem a mudança. Todavia, como a onda ainda tem energia, ele continua a beneficiar-se do "fluir".

No próximo momento, porém, ele poderá estar profundamente envolvido com a tarefa de abandonar a primeira onda e pegar a segunda. Aqui ele enfatiza o drama emocional e os custos da defasagem. Mas, como na verdade aproveitou a onda duas vezes, seus custos foram reduzidos à metade.

O nosso pensador golfinho também aumenta seu desempenho na onda abstendo-se de interpretar incorretamente o modo como as coisas mudam.

> Se as únicas leis que descobre são aquelas que acabou de observar, você nunca poderá fazer previsões. Obviamente, isso significa que a ciência é incerta – no momento em que você faz uma proposição sobre um domínio da experiência que não viu de forma direta, você tem de estar incerto. Mas sempre temos de fazer afirmações sobre domínios que nunca vimos, ou a coisa toda se torna inútil.

> Consigo viver com dúvidas e incertezas. Penso que é muito mais interessante viver sem saber do que ter respostas que possam estar erradas.
> RICHARD FEYNMAN

O pensador tubarão costuma supor que a "mudança exatamente antes da hora" é a única defasagem a ser evitada. A Figura 8.4, todavia, mostra algo diferente. Curiosamente, até a "mudança na hora" cria mais defasagem do que "mudar exatamente antes da hora". De fato, ao mudar "na hora" você vai experimentar uma defasagem várias vezes maior do que se mudasse exatamente antes da hora. "Mudar de rumo antes da hora" também não representa nenhuma melhoria. Mudar cedo demais em geral é uma garantia de que você não terá virtualmente nenhum ganho em termos de resultados. (Pergunte a Leonardo da Vinci, cujos desenhos futuristas de objetos como o helicóptero estavam *quinhentos* anos à frente de seu tempo.)

O melhor costuma ser a mudança exatamente antes da hora.

As próximas grandes rupturas devem vir das "tecnologias do cérebro".

Neste momento de rápida mudança, quase todo mundo vai precisar tornar-se um operário das informações. Talvez um bom

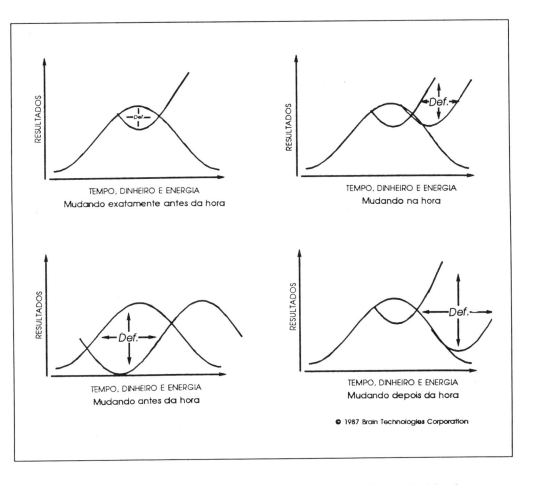

Figura 8.4. Defasagem Associada com as Escolhas de Mudanças

termo para descrever isso seja "tecnologia ainda mais alta". Como nosso colega Ken Adams nos lembrou, "a alta tecnologia é como dinheiro num jogo de pôquer. Ela lhe permite entrar no jogo, mas não significa que você vá ganhar".

Também gostamos das estocadas das avaliações de Robert E. Kelley em *The Gold-Collar Worker: Harnessing the Brainpower of the New Work Force*:

> Não vai demorar muito para que as organizações enfrentem duas situações perturbadoras que indicam o fim iminente da era da administração. Os funcionários altamente especializados [que correspondem, em parte, mas não totalmente, aos nossos golfinhos], a maioria dos quais conhece o seu trabalho melhor que seus

chefes, constituirão o grosso da força de trabalho, e uma nova geração de computadores, cuja inteligência artificial ultrapassa a inteligência natural dos administradores, estará amplamente disponível. Os administradores, conseqüentemente, terão a opção de se tornar ludditas* modernos, resistindo às investidas do progresso, ou se adaptar à nova era, aprendendo a usar as máquinas e as pessoas inteligentes sobre as quais exercem cada vez menos controle.[2]

Se discordamos de Kelley em algum ponto é por não acreditarmos ser suficiente a adaptação. O futuro que temos pela frente encerra a perspectiva de uma época na qual só a criação de maneiras totalmente novas de administrar empresas e organizações será suficiente. A idéia de que as pessoas possam ficar "acomodadas" – presas num tipo de limbo inerte em suas carreiras profissionais – é na verdade um mito. O que foi considerado acomodação é, com efeito, desintegração. Hoje as mudanças ocorrem de modo tão rápido que a viabilidade da acomodação virtualmente desapareceu. Ou você muda sintropicamente ou muda entropicamente. Ou cresce ou morre. Ou está obtendo resultados ou está caindo.

Ameaçada também fica a oportunidade de aproveitar o fluir numa onda de um só estágio. Essas ondas de mudança estão se acumulando. Antes que você possa sentir-se à vontade com o seu nível de maestria diante da dinâmica de uma onda de mudança, lá vem outra. E outra. E outra. No futuro vamos operar cada vez mais no fluxo e cada vez menos no fluir, até que o próprio fluxo se transforme num estado de fluir.

> Segue-se que, quanto mais especializada se torna a sociedade, tanto menos atenção ela presta às descobertas da mente, que são intuitivamente enviadas ao cérebro, onde só serão recebidas se os interruptores estiverem "ligados". A especialização tende a desligar os sintonizadores de faixa larga e, assim, evita posteriores descobertas de princípios gerais onipotentes.
> BUCKMINSTER FULLER, *SYNERGETICS*

Nesse ponto, a rápida disseminação global da mudança vai provavelmente criar o caos numa escala sem precedentes. Esse extraordinário desenvolvimento prepararia todo o planeta para a perturbação e representaria uma oportunidade em grande escala para escaparmos para uma ordem superior de processamento e complexidade. Antecipando essa possibilidade, os golfinhos serão cada vez mais atraídos pelas nossas novas percepções numa miscelânea fascinante de campos como a teoria da informação, a física quântica, a neurofisiologia e a teoria geral dos sistemas, reforçando sua percepção de que o processamento do "cérebro

---

* Grupo de operários ingleses que, no início do século XIX, se organizaram para destruir as máquinas, consideradas responsáveis pelo desemprego e pelo rebaixamento de salários. (N. T.)

velho" simplesmente não é adequado ao tipo de ambiente em processo avançado de mudança que está emergindo.

Como a natureza já produziu suficiente variedade de escolhas para nos oferecer uma saída, este não é de fato um dilema, mas certamente envolve uma dicotomia. O modelo *BrainMap*® do funcionamento do cérebro, desenvolvido pela Brain Technologies Corporation, e os estudos nos quais ele se baseou estão se mostrando extraordinariamente férteis e esclarecedores para a compreensão das limitações humanas em épocas de rápida mudança, embora por vezes tenham sido controversos.

O que percebemos agora é que não importa se o indivíduo, a organização ou a cultura tendem a privilegiar o hemisfério carpa ou o hemisfério tubarão; se os poderes integradores vitais dos lobos frontais estiverem ausentes, os "limites" operacionais da mente em questão não irão além disso.

Se recordar a sua física de colegial, você compreenderá aquilo que queremos expressar quando dizemos que o cérebro tem um inexplicável problema de "viscosidade". Pode-se dizer que um lado do cérebro armazena água; o outro, óleo. Os dois, obviamente, não se misturam com facilidade. A resistência do cérebro em misturá-los em determinadas configurações de processamento é demonstrada na Figura 8.5.

Cedo ou tarde, o próprio fluxo se transforma num estado de fluir.

Os indivíduos que apresentam o perfil EU-FAÇO no *Brain-Map* – no hemisfério esquerdo inferior – têm uma forte percepção do presente enquanto estão realizando uma tarefa. Embora o tempo e o espaço possam "continuar correndo" para o restante de nós, vistos de fora, esses atributos parecem suspensos durante boa parte do tempo para os indivíduos que apresentam o perfil EU-FAÇO. (Um de nossos colegas compara isso com observar um gato tocaiar uma ave. Em suma, a meta das pessoas que apresentam o perfil EU-FAÇO é "conseguir aquilo que procuram".)

A resposta do "cérebro velho" dos indivíduos que apresentam o perfil EU-PRESERVO no hemisfério carpa – o cérebro direito – é a "preservação" do que já existe. As pessoas que se classificam nessa categoria e vivem a vida dessa forma constroem fortes relacionamentos e favorecem os modos de operação tradicionais. (Isso é verdadeiro quando você começa a trabalhar com mais afinco para fazer o mesmo que já vinha fazendo.)

Nossas instituições políticas, religiosas, empresariais e educacionais tendem a perpetuar pessoas com vendas nos olhos – estreitando suas mentes em vez de alargá-las.
PAUL MACCREADY

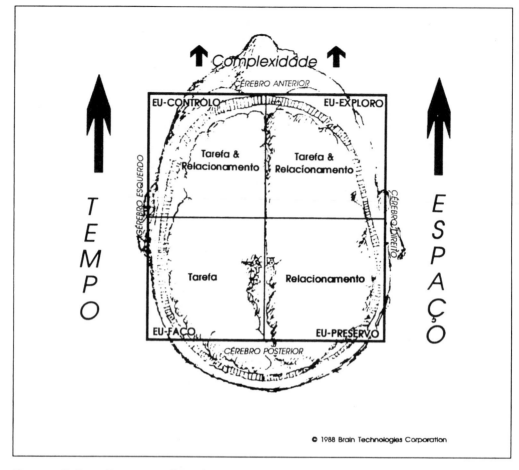

Figura 8.5. Como o Cérebro Divide Tarefa e Relacionamento

Se o poder dos lobos frontais for diminuído, o mesmo acontecerá com a capacidade de expansão da mente.

À medida que vamos ativando cada vez mais os atributos de processamento do lobo frontal, provocamos certa alteração na natureza dos resultados em ambos os hemisférios. Vemos as qualidades características do perfil EU-CONTROLO se materializarem frontalmente no hemisfério do tubarão. Para aqueles de nós cujo processamento de preferências ocorre predominantemente nesse local, a questão passa a ser "O que *faço* com isto?" E frontalmente, no hemisfério da carpa – o tecido do EU-EXPLORO –, a pergunta fundamental de processamento é "Para onde vou a partir daqui?" Em ambos os casos há uma mistura de tarefa e relacionamento, mas com resultados muito diferentes.

A partir de nossas contemplações teóricas, emerge um conceito que tem a capacidade de expandir a nossa compreensão a respeito do motivo pelo qual as carpas e os tubarões resistem à mistura entre óleo e água – tarefa e relacionamento – de forma tão desabrida e, assim, fazem o necessário para impor a si mesmos terríveis sofrimentos.

Sob estresse, o cérebro geralmente passa a dedicar-se com mais afinco para fazer o mesmo que já vinha fazendo antes.

Quando a mudança é rápida, e fazer alguma coisa nova e integrar o mundo em novos níveis de complexidade são as prescrições escolhidas, o cérebro, sem o elemento fundamental representado pelo lobo anterior, parece *sempre* retirar-se para uma visão mais simples e limitada.

A não ser que tenhamos em nossas mãos um auto-estresse ou estresse de saída do tipo que produz e "torna reais" os golfinhos, o cérebro humano ainda costuma passar para os modos de operação do cérebro posterior enquanto se afasta para "dedicar-se com mais afinco a fazer aquilo que já vinha fazendo". Se surge uma crise, no caso de grupos, existem dois resultados prováveis: (1) a utilização de toda a mente grupal, coisa que em geral produz uma sinergia, ou (2) a retirada do grupo para o seu mínimo denominador comum. Penosamente e, às vezes, tragicamente até, observamos ser mais comum a ocorrência da segunda possibilidade. Depois, as substâncias neuroquímicas da estupidez organizada assumem o controle, produzindo a insanidade das turbas e a futilidade das "massas".

A Figura 8.6 mostra que isso é verdadeiro para todos os quadrantes do cérebro tais como definidos pelos estudos que serviram de base para a elaboração do *BrainMap*: as extensas pesquisas desenvolvidas pelo dr. Paul D. MacLean, no Laboratório de Evolução do Cérebro e Saúde do Instituto Nacional de Saúde Mental; a obra do neurofisiologista soviético A. R. Luria; e os trabalhos de Michael Gazzaniga, Jere Levy, Roger Sperry e de um número cada vez maior de pesquisadores do fenômeno do "cérebro cindido".

Você e eu nunca ficaríamos sentados observando os nossos negócios resvalarem para o desastre. Nós agiríamos. Mesmo a mais ligeira possibilidade de que a nossa empresa pudesse falir dentro de alguns anos nos impeliria a reavaliar pressupostos básicos, a eliminar políticas potencialmente desastrosas e a procurar alternativas viáveis. Na condição de empresários, aprendemos que só temos a lucrar reconhecendo um compromisso equivocado e mudando de rumo. Os erros são perdoáveis. O que é imperdoável – tanto para os países como para as corporações – é seguir um curso prejudicial, especialmente se esse curso pode revelar-se suicida. HAROLD WILLENS, *THE TRIMTAB FACTOR*

Os modos de apoio ou de estresse dos sistemas EU-FAÇO e EU-PRESERVO parecem-se agora um com o outro. Não existe um movimento para a frente, voltado para a integração entre tarefa e relacionamento, e para a expansão do tempo e do espaço.

Para o EU-CONTROLO e EU-EXPLORO, o modo de apoio está abaixo do EU-FAÇO ou EU-PRESERVO.

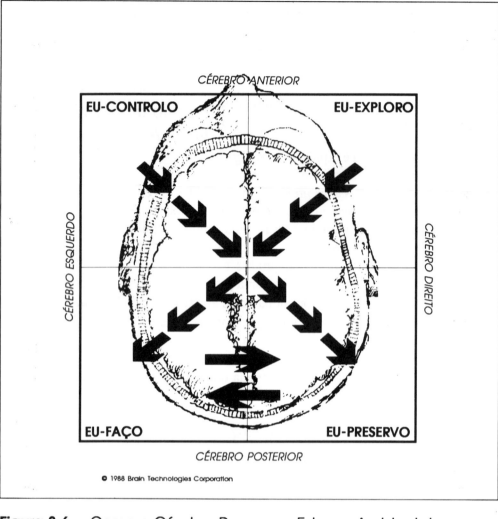

Figura 8.6. Como o Cérebro Reage ao Estresse Ambiental

> Como tudo o que fazemos e tudo o que somos está em perigo, e como o perigo é imediato e constante, toda pessoa é a pessoa certa para agir, e todo momento é o momento certo para começar, o que se aplica ao momento presente.
> JONATHAN SCHELL, *THE FATE OF THE EARTH*

Em todos os casos, é uma coisa ou outra. É óleo ou água. É tarefa ou relacionamento.

Assim, chegamos a uma das principais razões por que os golfinhos sinalizam uma mudança tão ampla nos negócios e em outras formas de consciência humana. Pela primeira vez estamos integrando tarefa *e* relacionamento num único cérebro, com uma visão voltada para o futuro de um espaço-tempo mais amplo, e o resultado é mais do que uma mera alteração de perfil do *Brain-Map*. O resultado é uma verdadeira expansão dos limites de espaço-tempo nos quais o indivíduo opera. Portanto, não são

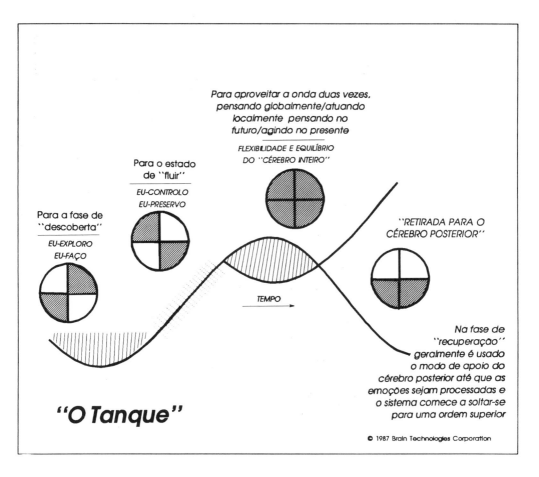

Figura 8.7. Aplicando a Flexibilidade do "Cérebro Inteiro"

apenas os "horizontes de tempo" de Elliott Jaques que são expandidos num golfinho. É também a utilização do espaço.

Pense então numa bolha de espaço-tempo em expansão ocupada por um cérebro/mente capaz de responder à onda e à sua posição na onda com crescente flexibilidade e seletividade funcional. Esse conceito é ilustrado na Figura 8.7. Para a fase de "descoberta" – a fase inicial – da onda, os sistemas operacionais dos cérebros EU-EXPLORO e EU-FAÇO podem proporcionar o impulso e a receptividade para a variedade e a possibilidade necessárias para alimentar o processo de "conquistar e prosseguir". Mais tarde, quando você se vê firme e prosperamente refestelado numa nova maneira produtiva de agir e produzir, os calmos ventos da estabilidade devem ser preferidos às vigorosas ventanias da experimentação; para esse estado de "fluir", os sistemas operacionais EU-CONTROLO e EU-PRESERVO são os modos de funcionamento preferidos. Mais adiante ainda, quando chegar a hora de aproveitar a onda duas vezes, surge a necessidade de atuar com a flexibilidade e o equilíbrio de "todo o cérebro", passando de um papel a outro, jogando primeiro numa posição e depois em outra, trocando de camisa e de pontos de vista com a mesma rapidez e freqüência com que um camaleão modifica suas cores. Esse virtuosismo cognitivo simplesmente não é mais possível depois que o cérebro tropeça no atoleiro emocional da "Depressão da Recuperação", onde com freqüência encontramos as qualidades mais maníacas do sistema EU-FAÇO ou as qualidades depressivas do EU-PRESERVO.

Uma bolha de espaço/tempo expandido vai exigir graus cada vez maiores de liberdade, interconexões e tolerância à instabilidade tanto do cérebro individual como do global. Podemos presumir isso em virtude das crescentes evidências de que os sistemas que escapam para níveis mais elevados de complexidade se tornam mais instáveis, desenvolvem maior número de conexões e requerem graus mais elevados de liberdade.

Assim, à medida que aumenta o número de pessoas que aprende a aprender, a estabelecer relações e a escolher – como o futurólogo Alvin Toffler disse de forma tão eloqüente – um novo tipo de mundo se torna possível, porque um novo tipo de pensamento foi transformado em realidade.

Um tipo integrado de pensamento, todo ele processado no mesmo cérebro.

Uma combinação de tarefa e relacionamento.

Um tipo de integração que envolve o cérebro todo, colocando o cérebro anterior em harmonia com o posterior, o cérebro da carpa coligado ao do tubarão, o cérebro esquerdo frontal em cooperação com o direito inferior, e assim por diante. Teremos não apenas de pensar globalmente e agir localmente, como Marshall MacLuhan sugeriu, mas também de pensar no futuro e agir agora.

A qualidade da integração do cérebro é a chave para a mentalidade do golfinho, e a chave para se alcançar essa síntese é o cérebro anterior. Citamos uma vez mais Ken Adams: "O cérebro anterior é o mecanismo biocognitivo para a expressão viva da relatividade enquanto esta integra o espaço-tempo e o transforma num mundo-espaço."

Um mundo-espaço. Nós o teremos? Um número suficiente de cérebros vai aderir à mentalidade do golfinho e modificar-se suficientemente rápido para nos permitir navegar todo o planeta com razoável segurança através de nossas ondas de mudança cada vez mais rápidas? Se em qualquer momento a simbiose entre cérebro e ambiente – que até agora tem tantos pontos positivos quanto negativos – sucumbir em virtude da estupidez suprema de uma guerra nuclear ou de alguma outra terrível calamidade, então, a despeito da fé da carpa pseudo-esclarecida em "finais felizes", a humanidade talvez tenha de recomeçar da estaca zero.

Excluindo isso, porém, podemos nos ver participando de um dos paradoxos deliciosamente impessoais do universo. O atual caos e agitação com os quais nós e nossas organizações nos defrontamos pode ser justamente a maneira como a mente cultural perturba a si mesma. Quanto mais erros cometermos, tanto mais rapidamente isso acontecerá.

É razão de sobra para começarmos a pensar mais como um golfinho do que como um tubarão ou uma carpa, mesmo pseudo-esclarecida.

NOTAS

INTRODUÇÃO

1. Anthony Rais, *Human Resource Planning*, Vol. 8, Nº 4, 1985, pp. 201-7.

2. Por essa citação e por diversas outras idéias desenvolvidas neste capítulo e em outras partes deste livro, estamos em débito com o dr. James F. Welles e *Understanding Stupiddity: An Analysis of the Premaladaptive Beliefs and Behavior of Institutions and Organizations*, Orient, Nova York, Mount Pleasant Press, 1986.

Capítulo 1

1. Stewart Emery, *Actualizations: You Don't Have to Rehearse to Be Yourself*, Garden City, Nova York, Doubleday & Company, 1977, p. 66.

2. Anne Wilson Schaef e Diane Fassel, *The Addictive Organization*, Nova York, Harper & Row, 1988, pp. 75-76.

3. Emery, p. 70.

4. Douglas K. Ramsey, *The Corporate Warriors: Six Classic Cases in American Business*, Boston, Houghton Mifflin Company, 1987, p. xvii.

5. Robert Lawrence Kuhn, *Dealmaker: All the Negotiating Skills & Secrets You Need*, Nova York, John Wiley & Sons, 1988, p. 178.

6. Alfie Kohn, *No Contest: The Case Against Competition*, Boston, Houghton Mifflin Company, 1986, p. 190.

7. James P. Carse, *Finite and Infinite Games*, Nova York, The Free Press, 1986, p. 10.

8. Carse, p. 190.

9. Kohn, p. 67.

10. Robert Axelrod, *The Evolution of Cooperation*, Nova York, Basic Books, 1984, p. 100.

11. Martin Patchen, "Strategies for Eliciting Cooperation from an Adversary", *Journal of Conflict Resolution*, Vol. 31, Nº 1, 1987, pp. 164-85

12. Os três itens acima são os títulos dos Capítulos 5-7 do livro *Winning Through Intimidation*, de Robert J. Ringer, Nova York, Fawcett, 1976, índice.

13. Kohn em *No Contest: The Case Against Competition* desenvolve argumentos a respeito dos motivos pelos quais cada um dos quatro fatores anteriores deixam de proporcionar os benefícios freqüentemente atribuídos a eles.

Capítulo 2

1. Sherry Turkle, *The Second Self: Computers and the Human Spirit*, Nova York, Simon & Schuster, 1984, p. 87.

2. Jeremy Rifkin, *Time Wars: The Primary Conflict in Human History*, Nova York, Henry Holt and Company, 1987, p. 15.

3. Ver *The Tomorrow Makers: A Brave New World of Living Brain Machines*, Nova York, Macmillan Publishing Company, 1986, de Grant Fjermedal.

4. Stanley M. Davis, *Future Perfect*, Reading, Massachusetts, Addison-Wesley Publishing Company, 1987, p. 25.

5. Michael Hutchison, *Megabrain*, Nova York, William Morrow & Company, 1986, p. 85.

6. Hutchison, p. 67.

Capítulo 3

1. George Ainsworth-Land, "The Dynamics of Creative Process – Key to the Enigmas of Physics", *Journal of Creative Behavior*, Vol. 15, Nº 4, 1981, p. 241.

2. James W. Botkin, Mahdi Elmandja e Mircea Malitza, *No Limits to Learning*, Elmsford, Nova York, Pergamon Press, 1979, p. 10.

3. Botkin, pp. 11-12.

4. Paul Watzlawick, John H. Weakland e Richard Fisch, *Change: Principles of Problem Formation and Problem Resolution*, Nova York, W. W. Norton & Company, 1974, pp. 90-91.

5. Matthew McKay, Martha Davis e Patrick Fanning, *Thoughts & Feelings: The Art of Cognitive Stress Intervention*, Richmond, Califórnia, New Harbinger Publications, 1981, p. 184.

6. McKay, Davis e Fanning, p. 198.

7. Watzlawick, Weakland e Fisch, p. 95.

8. Jay Haley (org.), *Advanced Techniques of Hypnosis and Therapy: Selected Papers of Milton H. Erickson*, Nova York, Grune & Stratton, 1967, p. 131.

Capítulo 4

1. John Sculley, *Odyssey*, Nova York, Harper & Row, 1987, pp. 79-81.

2. Dr. George Edgin Pugh, *The Biological Origin of Human Values*, Nova York, Basic Books, 1977, pp. 151-52.

3. Harold Willens, *The Trimtab Factor: How Business Executives Can Help Solve the Nuclear Weapons Crisis*, Nova York, William Morrow & Company, 1984, p. 27.

4. Jean Houston, *The Search for the Beloved*, Los Angeles: Jeremy P. Tarcher, 1987), p. 133. [*A Procura do Ser-Amado*, Editora Cultrix, São Paulo, 1993.]

Capítulo 5

1. Elliott Jaques, "The Development of Intellectual Capability: A Discussion of Stratified Systems Theory", *The Journal of Applied Behavioral Science*, Vol. 22, Nº 4, 1986, p. 364.

2. A. R. Luria, *The Human Brain and Psychological Processes*, Nova York, Harper & Row, 1966, p. 531.

3. David Loye, *The Sphinx and the Rainbow: Brain, Mind, and Future Vision*, Boulder, Colorado, Shambhala, 1983, p. 58.

4. Jaques (org.), *Levels of Abstraction in Logic and Human Action*, Londres, Heinemann, 1978, pp. 258-61.

5. Citado por Lawrence LeShan, *The Medium, the Mystic, and the Physicist*, Nova York, Viking, 1974, p. 69.

6. Jaques, *Levels of Abstraction in Logic and Human Action*, p. 14.

7. Jaques, *Levels of Abstraction in Logic and Human Action*, pp. 253-61.

Capítulo 6

1. Fjermedal, p. 201.

2. James Gleick, *Chaos: Making a New Science*, Nova York, Viking, 1987, p. 174.

3. Este conceito foi desenvolvido por Marshall Thurber.

4. Carse, p. 18.

5. A idéia para este termo e outros semelhantes a ele que aparecem na Figura 6.7 foi inspirada por um desenho de *The Emotional Cycles of Change*, Atlanta, Recourses, Inc.

6. O conteúdo deste gráfico baseia-se numa idéia de Ken Wilber.

Capítulo 8

1. Welles, p. 5.

2. Robert E. Kelley, *The Gold-Collar Worker*, Reading, Massachusetts, Addison-Wesley Publishing Company, 1985, pp. 182-83.

UMA BIBLIOTECA DE GOLFINHO: SUGESTÕES DE LEITURA

Axelrod, Robert, *The Evolution of Cooperation*, Nova York, Basic Books, 1984.

Um bom estudo a respeito do modo como a cooperação evolui quando a comunicação é limitada.

Barrow, John D., e Frank J. Tipler, *The Anthropic Cosmological Principle*, Nova York, Oxford University Press, 1986.

Sistematiza com grande riqueza de detalhes – inclusive os matemáticos e físicos – as principais possibilidades teleológicas sobre a direção e o significado do universo, o lugar que a humanidade ocupa dentro dele e o nosso papel como coletores de informações.

Beattie, Melody, *Codependent No More*, Nova York, Harper & Row, 1987.

Oferece um sumário competente do grande e variado número de comportamentos co-dependentes característicos da maioria das carpas que operam nesses sistemas viciosos. Infelizmente, suas soluções ainda são essencialmente soluções de carpa, pois sua autora adota uma abordagem semelhante à dos Alcoólicos Anônimos e reforça com eloqüência a crença da carpa de que um co-dependente é uma vítima que necessita de um longo período de cura.

Botkin, James W., Mahdi Elmandjra e Mircea Malitza, *No Limits to Learning: Bridging the Human Gap*, Elmsford, Nova York, Pergamon Press, 1979.

Embora algumas das tendências previstas neste relatório do Clube de Roma nunca tenham se materializado, *No Limits to Learning* constitui uma vigorosa defesa da importância de continuar aprendendo coisas durante a vida toda.

Capra, Fritjof, *The Turning Point: Science, Society, and the Rising Culture*, Nova York, Simon & Schuster, 1982. [*O Ponto de Mutação: A Ciência, a Sociedade e a Cultura Emergente*, Editora Cultrix, São Paulo, 1986.]

Um breve sumário da evolução histórica e cultural, com uma oportuna discussão dos atuais problemas e das futuras ondas e necessidades, escrito por este físico transformado em filósofo.

Carse, James P., *Finite and Infinite Games*, Nova York, The Free Press, 1986.

Chama a atenção, sucinta e legivelmente, para a necessidade de permanecermos receptivos à surpresa vivendo com flexibilidade.

Davis, Stanley M., *Future Perfect*, Reading, Massachusetts, Addison-Wesley Publishing Company, 1987.

Uma "leitura" agradável para administradores que estão receptivos à sua mensagem: em épocas de rápidas mudanças, você precisa gastar algum tempo criando o seu "futuro do presente composto no modo indicativo" e concentrando-se em fazer o esforço necessário para puxar o seu "presente" para dentro dele.

Dixon, Douglas, *After Man: A Zoology of the Future*, Nova York, St. Martin's Press, 1981.

Uma hipótese fascinante e criativa sobre o caráter da evolução da vida com a humanidade fora de cena.

Emery, Stewart, *Actualizations: You Don't Have to Rehearse to Be Yourself*, Garden City, Nova York, Doubleday & Company, 1977.

Põe os sistemas de crenças das carpas sob a luz impiedosa dos holofotes e enfatiza a necessidade de haver responsabilidade pessoal e de se corrigir o curso.

Foster, Richard N., *Innovation: The Attacher's Advantage*, Nova York, Summit Books, 1986.

Muitos argumentos convincentes e exemplos vigorosos que testemunham a importância de se mudar antes da hora.

Frankl, Victor, *Man's Search for Meaning*, Boston, Beacon, 1962.

Um clássico escrito por um sobrevivente do Holocausto que argumenta eloqüentemente em favor da importância de se saber por que vale a pena estar vivo.

Fuller, R. Buckminster, *Synergetics: Explorations in the Geometry of Thinking*, Nova York, Collier Books, 1982.

Uma visão abrangente como só Bucky poderia ter e uma descrição do modo como a natureza usa a sinergia para fazer mais com menos.

Garfield, Charles, *Peak Performers: The New Heroes of American Business*, Nova York, William Morrow & Company, 1986.

Embora excessivamente generalizada, trata-se de uma boa representação da necessidade de estar centrado no "presente" e de haver um equilíbrio entre desafio e maestria quando se está no fluir.

Gleick, James, *Chaos: Making a New Science*, Nova York, Viking, 1988.

Um daqueles soberbos livros pós-modernos no qual o discurso científico se aproxima do limiar da literatura clássica. Reconstitui o surgimento da ciência do caos, examinando as descobertas fundamentais e os principais descobridores antes de passar para as implicações globais dessa surpreendente nova maneira de encarar a realidade.

Graves, Clare W., *The Graves Technology*, Denton, Texas, National Values Center, 1988.

Uma coleção de artigos e transcrições de palestras sobre ou proferidas pelo autor da teoria "biopsicossocial" fractal a respeito dos valores e crenças humanas, teoria que enfatiza a questão da escala.

Hutchison, Michael, *Megabrain: New Tools and Techniques for Brain Growth and Mind Expansion*, Nova York, Beech Tree Books, 1986.
Um dos primeiros trabalhos a lidar imaginativamente com as implicações para o cérebro humano da teoria do prêmio Nobel Ilya Prigogine sobre as estruturas dissipativas.

James, Muriel e Dorothy Jongeward, *Born to Win*, Nova York, New American Library, 1971.
Um bom livro antigo que nos oferece extraordinárias informações sobre o Triângulo do Drama e os jogos associados com ele.

Jaques, Elliott (org.), com R. O. Gibson e D. J. Isaac, *Levels of Abstraction in Logic and Human Action*, Londres, Heinemann, 1978.
Uma obra eminentemente técnica que combina as pesquisas de Gibson e Isaac sobre a descontinuidade no desenvolvimento psicológico com os estudos de Jaques sobre os níveis de abstração nas atividades mentais e na estratificação burocrática; este livro dá uma contribuição convincente para a idéia de que a modificação da sociedade e da organização requer uma modificação no cérebro.

Kelley, Robert E., *The Gold-Collar Worker: Harnessing the Brainpower of the New Work Force*, Reading, Massachusetts, Addison-Wesley Publishing Company, 1985.
Assim como os golfinhos, os funcionários altamente especializados de Kelley destacam-se pela importância que atribuem aos recursos, à flexibilidade, ao trabalho significativo e à autogestão.

Kohn, Alfie, *No Contest: The Case Against Competition*, Boston, Houghton Mifflin Company, 1986.
Uma argumentação abrangente, bem pesquisada e bem fundamentada de que a competição não demonstra ter nenhuma das características positivas tipicamente atribuídas a ela e que, portanto, é um comportamento inadaptado.

Kuhn, Robert Lawrence, *Dealmaker: All the Negotiating Skills and Secrets You Need*, Nova York, John Wiley & Sons, 1988.
Um breve curso sobre o comportamento dos tubarões.

Kuhn, Thomas S., *The Structure of Scientific Revolutions*, 2ª ed., Chicago, University of Chicago Press, 1970.
Um marco na identificação da natureza das mudanças de paradigma.

Land, George T. Ainsworth, *Grow or Die*, Nova York, John Wiley & Sons, 1986.
Uma reedição da obra original de Land antecipando a aplicação em larga escala das teorias da "evolução pontuada" ao desenvolvimento de todos os sistemas, incluindo as sociedades e as organizações.

Laszlo, Ervin, *Evolution: The Grand Synthesis*, Boston, New Science Library, Shambhala, 1987.
Narra o que acontece quando você sobe na curva de crescimento.

Levy, Amir e Uri Merry, *Organizational Transformation: Approaches, Strategies, Theories*, Nova York, Praeger, 1986.

Um excelente sumário da teoria "OD" e de abordagens anteriores à "estratégia do golfinho".

Loye, David, *The Sphinx and the Rainbow*, Boulder, Colorado, Shambhala, 1983.

Investiga e documenta o papel do cérebro anterior no que tange a pensar sobre o futuro e a receber informações dele.

Lynch, Dudley, *Your High-Performance Business Brain: An Operator's Manual*, Englewood Cliffs, Nova Jersey, Prentice-Hall, 1985.

Um passeio por duas décadas de pesquisas sobre o cérebro, tendo como objetivo detectar descobertas que possam ser úteis aos atores da área empresarial.

Mandelbrot, Benoit B., *The Fractal Geometry of Nature*, Nova York, W. H. Freeman & Company, 1977.

Às vezes exasperadoramente obscuro, este trabalho pioneiro sobre os fractais, suas implicações e aplicações ainda consegue evocar sentimentos de admiração à medida que o criador do conceito de fractal o conduz numa excursão pelas freqüentemente primorosas bordas denteadas da natureza.

Prigogine, Ilya, e Isabelle Stenders, *Order Out of Chaos: Man's New Dialogue with Nature*, Nova York, Bantam Books, 1984.

O tipo do livro fundamental numa época em que o cérebro e os sistemas humanos passam a ser vistos cada vez mais como o "parente afastado" das estruturas dissipativas da natureza.

Ringer, Robert J., *Winning Through Intimidation*, Nova York, Fawcett, 1976.

Um dos primeiros e melhores guias sobre como navegar em águas empresariais infestadas de tubarões – e sobreviver a eles.

Schaef, Anne Wilson, e Diane Fassel, *The Addictive Organization*, São Francisco, Harper & Row, 1988.

Embora não tenham conseguido apresentar soluções originais, as autoras fazem um trabalho meritório de identificação da natureza e das características viciosas do comportamento dos tubarões nas organizações.

Stableford, Brian, e David Langford, *The Third Millennium: A History of the World: A. D. 2000-3000*, Nova York, Alfred A. Knopf, 1985.

Uma fantasia sobre a história e a evolução cultural futuras que estimula a nossa imaginação.

Toffler, Alvin, *The Third Wave*, Nova York, William Morrow & Company, 1980.

A obra definitiva sobre as duas primeiras grandes ondas de mudança.

Watzlawick, Paul, John H. Weakland e Richard Fisch, *Change: Principles of Problem Formation and Problem Resolution*, Nova York, W. W. Norton & Company, 1974.

Um manual sobre o que fazer quando a solução se torna o problema. E a resposta é... utilizar o poder do paradoxo.

_____. *The Situation Is Hopeless but Not Serious: The Pursuit of Unhappiness*, Nova York, W. W. Norton & Company, 1983.

Uma utilização engraçada, informativa e vigorosa do pensamento paradoxal para mostrar como sistemas de crenças deficientes criam resultados ineficazes por meio de comportamentos ineficazes.

Welles, James F., *Understanding Stupiddity: An Analysis of the Premaladaptive Beliefs and Behavior of Institutions and Organizations*, Orient, Nova York, Mount Pleasant Press, 1986.

Um guia ''completo'' da estupidez em sua forma atual.

Willens, Harold, *The Trimtab Factor: How Business Executives Can Help Solve the Nuclear Weapons Crisis*, Nova York, William Morrow & Company, 1984.

Diagramas de fácil interpretação mostram as conseqüências autodestruidoras de se fazer com mais afinco aquilo que já se vinha fazendo.

Wolf, Fred Alan, *Star Wave: Mind, Consciousness, and Quantum Physics*, Nova York, Macmillan Publishing Company, 1984.

Uma análise interessante que serve para ampliar os horizontes e faz suspeitar ainda mais das alegações do paradigma newtoniano sobre a questão da mente, ao mesmo tempo que tende a fazer ignorar os substitutos sugeridos por Wolf, considerando-os algo intrigante mas provavelmente longe da verdade.

OS IMPLEMENTOS PARA O APRENDIZADO DO GOLFINHO

O modo como os golfinhos abordam a administração é mais do que uma estratégia. Ele é também uma tecnologia de aprendizado e treinamento à qual você pode ter acesso através do uso de diversas ferramentas educacionais e orientadoras muito eficazes desenvolvidas pela Brain Technologies Corporation.

Os autores deste livro criaram um guia para o estudo individual ou de grupo: *DolphinThink*[TM]*: Mastering the Skills You Need to Get Tough, Get Free, Get Focused and Get Going as a New Kind of Winner*. Essa publicação oferece exercícios, atividades individuais e coletivas, ilustrações e material escrito adicional para ajudá-lo a desenvolver uma mentalidade de golfinho em seu cérebro e em sua organização.

O *mCircle*® *Instrument* freqüentemente é chamado de ''o instrumento do golfinho'', porque a idéia desse instrumento autoadministrado e auto-interpretado foi em parte conseqüência de pesquisas sobre a capacidade de os golfinhos responderem de forma criativa a um ambiente em processo de mudança.

O *BrainMap*®, mencionado nos Capítulos 7 e 8, e *The Couples BrainMap*® lhe oferecem indicações a respeito da parte do mundo que o seu cérebro foi condicionado a reconhecer e sugere numerosas opções para a geração de novas escolhas e oportunidades. A contagem de pontos e a interpretação dos resultados também são feitas pelo próprio indivíduo.

O *MindMaker6*® é outro instrumento de aprendizado que o ajuda a representar graficamente os seus valores e crenças usando o modelo gerado pelo Grande Atrator descrito no Capítulo 4.

Também estão disponíveis guias e material audiovisual (incluindo conjuntos de *slides* de 35mm, transparências e roteiros) para ajudá-lo a utilizar cada um desses instrumentos em equipe, no treinamento de funcionários e em outras atividades gerenciais.

Para maiores informações sobre esses materiais e sobre a apresentação de seminários ou serviços de consultoria ou execução oferecidos pelos autores deste livro, ligue para (303) 237-2200 ou escreva para Brain Technologies Corporation,

P.O. Box 280467, Lakewood,
CO 80228-280467, U.S.A., FAX (303) 237-1611

Leia também:

O EMPRESÁRIO CRIATIVO

Peter Russell e *Roger Evans*

O ritmo de mudanças sem precedentes que veremos nos anos 90 exige que usemos nossos recursos criativos como nunca antes. *O Empresário Criativo* é uma obra única no que se refere a uma abordagem prática para estimular o pensamento criativo e a solução de problemas, demonstrando o que realmente significa ser criativo diante dos novos e complexos desafios que o mundo empresarial hoje enfrenta.

Baseado numa ampla experiência de consultoria e de treinamento em grandes corporações do mundo inteiro, este livro é um guia indispensável para os empresários e administradores em geral. Contudo, pelo fato de lidar com princípios que são comuns a cada um de nós, torna-se um livro relevante para todas as pessoas.

"Empresários de sucesso serão aqueles com a capacidade de aprender e, também, de usar o pensamento criativo para encarar e solucionar problemas. Achei não só fascinante, como também útil a descrição desse processo em *O Empresário Criativo*."

Sir John Harvey Jones, MBE

"Este é um livro definitivo, e tenho a séria impressão de que as idéias incorporadas aqui serão a influência predominante nos próximos anos. Compartilho inteiramente de suas idéias."

Anita Roddick, *The Body Shop International Plc.*

"Um livro sensacional sobre o desenvolvimento do potencial humano. A verdadeira revolução na era da informação é a habilidade de usar a nossa mente de um modo diversificado. *O Empresário Criativo* será o seu guia."

John Sculley, CEO Apple Computers Inc.

"Eis um livro extraordinário, útil e inspirador, cheio de fé no potencial humano."

Prof. Charles Handy, Visiting Professor London Business School.

EDITORA CULTRIX

Leia também:

PERTENCENDO AO UNIVERSO

Explorações nas fronteiras da ciência e da espiritualidade

FRITJOF CAPRA
e
DAVID STEINDL-RAST
com Thomas Matus

Desde 1975, quando Fritjof Capra escreveu *O Tao da Física*, *best-seller* internacional sobre a ciência e a religião oriental, os leitores descobriram, ou redescobriram, uma tradição notavelmente rica de espiritualidade cristã bem mais compatível com o seu modo de pensar. *Pertencendo ao Universo* estabelece um vínculo entre a ciência e a espiritualidade ocidental de maneira tão surpreendente quanto *O Tao da Física* vinculava a ciência com a religião oriental.

Nesta obra, Capra e David Steindl-Rast, monge beneditino comparado por muitos a Thomas Merton, investigam os paralelismos entre o pensamento do "novo paradigma" na ciência e na religião, que, juntas, oferecem uma visão notavelmente compatível do universo — um modelo holístico e profundo baseado numa percepção da complexa natureza da verdade e do mito da objetividade.

Estes diálogos cheios de vigor e de vida projetam novas luzes sobre as surpreendentes e inéditas conexões entre a ciência e a experiência de Deus. Como peritos reconhecidos em seus campos — Capra em física teórica e em teoria sistêmica e Steindl-Rast em espiritualidade contemporânea e em ecumenismo —, ambos se deslocaram para além de suas especializações, em direção a uma criativa busca de significado, num nível ao mesmo tempo interdisciplinar e de cruzamento cultural. O resultado é este livro admirável no qual eles descobrem uma compatibilidade profunda nas fronteiras do pensamento científico e da experiência religiosa, onde as descobertas da ciência e a sabedoria da espiritualidade produzem introvisões paralelas a respeito da natureza última da realidade.

FRITJOF CAPRA (Ph.D. em física, Viena), físico e especialista em teoria sistêmica, autor dos *best-sellers* internacionais: *O Tao da Física*, *O Ponto de Mutação*, *Sabedoria Incomum*, *As Conexões Ocultas* e *A Teia da Vida*, todos publicados pela Editora Cultrix, é o fundador e o presidente do Elmwood Institute, organização para o desenvolvimento de novas idéias no campo da Ecologia, em Berkeley, Califórnia.

DAVID STEINDL-RAST (Ph.D. em psicologia, Viena), autor de *Gratefulness* e de *A Listening Heart*, assim como Thomas Matus, é membro da comunidade beneditina camaldulense de Big Sur, Califórnia.

EDITORA CULTRIX

Impressão e Acabamento
Prol Editora Gráfica Ltda - Unidade Tamboré
Al. Araguaia - Barueri - SP
Tel.: 4195 - 1805 Fax: 4195 - 1384